DIE
INDISCHE
THEOSOPHIE

AUS DEN QUELLEN DARGESTELLT

VON

J. S. SPEYER
PROFESSOR AN DER UNIVERSITÄT LEIDEN

© Copyright: Irene Huber, Graz 2014
Verlag: Edition Geheimes Wissen
Internet: www.geheimeswissen.com
E-Mail: www_geheimeswissen_com@gmx.at

ISBN 978-3-902974-90-7

Inhaltsverzeichnis.

Für die Aussprache ist folgendes zu beachten:

Sanskrit c entspricht unserem *tsch*, satiskr. j unserem
dsch; z. B. sanskr. c a n d r a , r â j â .

Sanskr. y = deutsch j; z. B. y o g a , y a m a .

h hinter Konsonanten ist deutlich hörbar; z. B. d h a r m a ,
p h a l a .

sh wie im Englischen = *sch*.

ś ist ein anderer *sch*-Laut, ungefähr wie im Englischen
s e s s i o n .

e und o sind in Sanskritwörtern immer geschlossen; s ist
immer scharf.

Im Übrigen habe ich meinen Lesern zu Liebe so viel wie
möglich fremd erscheinende Zeichen vermieden, wenn hierdurch auch manchmal feinere Unterschiede fortfallen mussten. Der sachkundige Leser wird verstehen, wo und weshalb
dies geschehen ist.

Vorwort.

Das vorliegende Buch ist aus populär-wissenschaftlichen Vorträgen hervorgegangen, welche der Verfasser in den Jahren 1908 und 1909 in Rotterdam und Bussum gehalten, und später zu einem Ganzen vervollständigt hat. Es hat den Zweck, dem in vielen Kreisen empfundenen Bedürfnisse nach einer richtigen Erkenntnis der indischen Religionslehren durch eine streng wissenschaftliche, unparteiische und objektive Darstellung entgegenzukommen.

Den indischen Heilslehren und der indischen Mystik wird in unsrer Zeit von vielen Seiten großes Interesse entgegengebracht. Viele vermeinen sogar, dort die höchste dem Menschen erreichbare Weisheit zu finden. Dieses Interesse ist aber nicht immer mit der nötigen Sachkenntnis verbunden. Häufig treten als Führer und Wegweiser Leute auf, die dieser Aufgabe nicht gewachsen sind und in das Studium der Quellen nicht eindringen konnten, weil ihnen die hierzu notwendigen Sprachkenntnisse fehlen. Oft werfen sie Heterogenes durcheinander und übersehen, dass in den Lehren der indischen Religionsphilosophen verschiedene Zeitalter und Systeme unterschieden werden müssen.

Wenn von den auf unser Geistesleben wirkenden indischen Ideen und den damit zusammenhängenden Denkmethoden wirklich ein Einfluss zum Guten ausgehen soll, so ist es vor allem notwendig, dass unser Wissen davon so richtig und rein wie möglich sei. Halbes Wissen und schiefe Vorstellungen sind niemals und nirgendwo von Nutzen. Vor Begriffsverwirrungen und törichter Schwärmerei für Dinge, die man nur halb kennt und falsch versteht, hat man sich zu hüten. Deshalb schien es mir in unseren Tagen nicht überflüssig zu sein, die indische Theosophie gemeinverständlich, sachlich und aus den Quellen selbst darzustellen.

In solcher Absicht wurde dieses Buch verfasst. Denn ein Diener der Wissenschaft hat nicht nur nach seinen Kräften zur Läuterung und Vermehrung der Kenntnisse innerhalb seines eigenen Gebietes beizutragen, sondern auch, wo dies nötig ist, sie im besten Sinne des Wortes zu popularisieren. Darum hat der Verfasser versucht, sein Fachstudium dem allgemeinen Interesse dienstbar zu machen. Möge ihm dies gelungen sein.

Leiden, im März 1910.

J. S. S.

Einleitung.

Von alters her gilt Vorderindien, diese große herrliche Halbinsel, die sich von den Schneebergen des Himâlaya, allmählich schmäler werdend, bis zu dem scharf zulaufenden Kap Komorin erstreckt, für das Land der großen Denker, für die Pflegestätte einer geheimnisvollen und vielverheißenden Weisheit. Gar lange bevor die Entdeckung der Verwandtschaft der heiligen Sprache der Inder mit der übergroßen Mehrheit der in Europa gesprochenen Sprachen das Interesse für die Insichversunkenheit der Brahmanen von neuem kräftig erweckte, stand der Westen unter dem Bann einer mit Scheu und Achtung vermischten Ehrerbietung vor dieser geheimnisvollen Philosophie und Mystik, die von unserer westlichen in der Form so verschieden war. Als vor mehr als zweiundzwanzig Jahrhunderten in dem Gefolge Alexanders des Großen griechische Forscher in dem Fünfstromland den heiligen Boden Indiens zum ersten Mal betraten, waren sie auf das äußerste betroffen über die von ihren Denkgewohnheiten und Untersuchungsmethoden so ganz abweichende Betrachtungsweise, mit der die indischen Männer, mit denen sie in Berührung kamen, nach dem höchsten Wissen strebten; welche besitzlos und ohne festen Wohnsitz, von Almosen lebend, frei von jedem Verlangen nach materiellem Vorteil, sich körperlicher Kasteiung und geistlichen Übungen ergaben, in der Erwartung, auf diesem Wege einst zu dem höchsten Heil im Jenseits zu gelangen. Es scheint jenen Griechen nicht recht bewusst geworden zu sein, dass die Lehren dieser „Gymnosophisten" oft im Einzelnen recht beträchtlich auseinander gingen; trotzdem brachten sie von dem jenen gemeinsamen Charakter, dem „Familienzug", der jene von ihren eigenen Weisheitssuchern unterschied, im Großen und Ganzen richtige Eindrücke in die Heimat zurück. Dass es das Schicksal der menschlichen Seele vor und nach diesem Leben war, welches eine hervorragende Stellung in ihren Betrachtungen einnahm, sahen sie, der Wahrheit entsprechend, ein; was sie jedoch hierüber und von der damit zusammenhängenden Welterklärung zu hören bekamen, scheint nicht über einige Allgemeinheiten hinausgegangen zu sein.

In den folgenden Jahrhunderten wurden die Beziehungen zwischen Indien und dem Westen lebhafter, und in der Zeit des römischen Weltreiches trat sogar ein reger Handelsverkehr zwischen Alexandrien und der Südküste Indiens ein; dennoch wurde der Schleier, hinter dem man die indische Weisheit in rohen Umrissen gewahren konnte, nur wenig gelüftet.

Verhältnismäßig das meiste bekam man noch von den Anhängern der Lehre Buddhas zu wissen, die gerade in jener Zeit eines gesteigerten Verkehrs zu hoher Blüte gelangte. Der Buddhismus schließt sich nicht ab, er predigt sein Evangelium allen Kreaturen. Auch den Nâgas und Râkshasas und anderen jener unsichtbaren übermenschlichen Wesen. Die Überlieferung weiß sogar von Fällen, in denen Geschöpfe wie Elefanten, Büffel, Schlangen zur Heilslehre bekehrt wurden. Die Theorien, die die buddhistischen Mönche verkündigten, standen für einen jeden offen, ohne Unterschied der Geburt, des Standes oder der Nation. Schon früh breitete sich ihre Lehre außerhalb Indiens aus und machte in der Fremde Proselyten. So dehnte sie sich nach Westen aus, z. B. in das heutige Afghanistan, wo noch einige Jahrhunderte nach Alexander dem Großen eine griechische Dynastie die Gewalt in den Händen hatte. Sogar der Name eines jener griechisch-baktrischen Könige, Menander, ist in einem berühmten philosophischen Werk der Buddhisten, „Die Fragen des Königs Milinda", verewigt worden. So kann es keine Verwunderung erregen, dass griechisch schreibende Kirchenväter aus den ersten Jahrhunderten des Christentums ziemlich richtige Vorstellungen von der buddhistischen Lehre und dem buddhistischen Klosterleben besaßen.

Völlig anders stand das Abendland dem eigentlichen Hinduismus und vor allem den brahmanischen Lehren im engeren Sinne gegenüber. Hier haben wir es mit einer nationalen und mit einer Standesreligion zu tun. Die brahmanischen Überlieferungen waren nur für eine verhältnismäßig kleine Zahl der durch ihre Geburt dazu Befugten zugänglich; es war eine schwere Sünde, sie Außenstehenden mitzuteilen. Und diese religiöse Verpflichtung wurde auf das strengste eingehalten. Sodann machte sich neben der Furcht, sich durch die Mitteilung heiliger Texte zu versündigen, der Hochmut des Brahmanenstandes geltend, der ja alle anderen Stände unter sich stellt und dem verachteten Fremdling gegenüber natürlich größte Zurückhaltung für angebracht hielt.

Auf diese Weise sind die Veden bis vor verhältnismäßig kurzer Zeit der abendländischen Wissenschaft verschlossen geblieben; das musste begreiflicherweise die Neugier erregen, und trug seinerseits dazu bei, in den Augen der Europäer den mystischen Wert jener spröden Weisheit zu erhöhen. Wie wenig man noch vor einem Jahrhundert in dieser Hinsicht erfahren konnte, ersieht man aus dem Zeugnis des französischen Abbé Dubois, der nach einem Aufenthalt von 30 Jahren eine vortreffliche und in der Hauptsache auch heute noch nicht veraltete Beschreibung von den Gebräuchen, Satzungen und Zeremonien der Völker Indiens gab. So vertraut er auch mit der Sprache und Lebensweise der Inder war, so großes Vertrauen seine allgemein verehrte und geliebte Persönlichkeit bei der Bevölkerung genoss — über die Veden selbst konnte er nur einige oberflächliche und wenig besagende Bemerkungen erlangen. Was er in seinem Buch darüber berichtet, ist so gut wie wertlos. Zu seiner Zeit war eben noch in voller Geltung, was er in seiner Art folgendermaßen ausdrückt:

„Les brahmes seuls ont le droit de lire les vêdams; et ils en sont si jaloux, ou plutôt ils ont tant d'intérêt à empêcher que les autres castes ne prennent connaissance de ce que ces livres contiennent, qu'ils sont parvenus à accréditer l'opinion absurde que si un imprudent de toute autre tribu s'avisait seulement d'en lire le titre, sa tête se fendrait aussitôt en deux parties. Les brahmes, en très petit nombre, qui sont en état de lire ces livres dans l'original, ne le font jamais qu'á voix basse et en secret. La moindre peine que pourrait encourir un brahme, qui aurait osé les exposer à des regards profanes, serait d'être exclu de sa caste sans aucune espérance d'y jamais rentrer".

Dubois will hierin, da es sich um heidnische Bücher handelt, nur Eigennutz sehen und bringt gar nicht in Anschlag, dass auch dort Glaubensüberzeugung und Treue gegen uralte Traditionen vorhanden waren. Sieht man aber von diesen Vorurteilen ab, so gibt dieser Missionar eine im Wesentlichen richtige Schilderung der herrschenden Auffassung.

Es ist bekannt, wie sich dann im Laufe des 19. Jahrhunderts dieser Zustand der Dinge völlig verändert hat. Was in den längst vergangenen Tagen einer politischen Selbständigkeit der Hindustaaten undenkbar gewesen wäre; was zur Zeit des Druckes der mohammedanischen Oberherrschaft, auch wenn tolerante und den Hindus sympathische Fürsten den Thron innehatten, als unmöglich erschienen war: das Durchbrechen dieser von Religions- und Standesvorurteilen errichteten Schranken, die den Nichtgeweihten den Zugang zu den Veden, diesem heiligsten des Heiligen, verwehrten — das hat die in religiösen Dingen so milde und freidenkende Regierung der Engländer allmählich und ohne Erschütterungen zuwege gebracht. In der neuesten Ausgabe der englischen Übersetzung des Buches von Dubois (Oxford 1906) sagt der englische Bearbeiter denn auch in einer Anmerkung, dass heute die Veden und die anderen heiligen Schriften der Hindus einem jeden zugänglich sind. Und als um die Mitte des 19. Jahrhunderts der Bann einmal gebrochen war, gelangte aus dem unerschöpflichen Reichtum von Handschriften, in denen das Vedawissen niedergelegt und verwahrt ist, eine nach der anderen in unseren Besitz, um durch den Druck allgemein verbreitet zu werden. Um mehrere Generationen schon liegt die Zeit hinter uns, in der kein brahmanischer Vedakenner es über sich gewinnen konnte, die heiligen Texte einem Europäer vor Augen zu bringen. Die heutigen *Pandits* haben ja in der Regel einen akademischen Unterricht nach englischem Muster genossen und haben sich größtenteils daran gewöhnt, nicht nur bei profaner Literatur, sondern auch bei religiösen Schriften mit europäischen und amerikanischen Gelehrten zusammen zu arbeiten und deren Methoden und Resultate zu verwerten. Kurz, bei dem Studium der indischen Religion und Philosophie kann gegenwärtig ein jeder unbeschränkt seine Kenntnisse aus den ältesten und authentischsten Quellen schöpfen. Alle, oder wenigstens alle wichtigen und bedeutenden Werke dieser Art sind herausgegeben, auch die allerältesten und die, in denen nach der Wertung der Brahmanen die allergeheimnisvollste Kraft verborgen liegt; ich meine die uralten Sprüche und Lieder, die, rezitiert, gesungen oder gemurmelt, eine unentbehrliche und wirksame Begleitung zu den vielen und mannigfaltigen Opferhandlungen und religiösen Feierlichkeiten bildeten, wofür sie eingesetzt waren oder bestimmt wurden.

Diese Sprüche und Lieder sind es, die man im engeren Sinne mit dem Namen Veda zu bezeichnen pflegt. Für den Forscher der indo-germanischen Sprachen haben sie den unschätzbaren Wert, das älteste erreichbare Denkmal einer indogermanischen Sprache zu sein; wer aber, wie der Indologe, die indische Welt und Kultur zum Gegenstand seiner Studien macht, den versetzen sie in die früheste Periode, die uns zugänglich ist. Besonders gilt dies für jene Sammlungen von Sprüchen und Liedern, die die heiligen Texte für die rezitierenden Priester enthalten, und die unter dem Namen Rigveda, genauer Rigveda Sanhitâ (Sanhitâ bedeutet „Sammlung"), bekannt ist. Neben dieser sind einige ebenfalls sehr alte, aber doch im Vergleich zur Rigveda Sanhitâ jüngere Sammlungen zu nennen: Die Sammlung der Priester-Sänger, der Sâmaveda, der größtenteils aus in Musik gesetzten Rig-Versen besteht; die Sammlung der ausübenden Priester, der Yajurveda, der dementsprechend einen stark liturgischen Charakter trägt; endlich — last not least — der Atharvaveda, dem Inhalt nach gewiss nicht jünger, mag auch seine Sprache nicht so alt sein, als der Rigveda, aber von der allergrößten Bedeutung für die Kenntnis der indischen Religion, weil allerlei Volksglauben und Beschwörungsformeln, die in den anderen Sammlungen keinen Platz finden durften oder konnten, hier zusammengetragen sind. Im Rang und in der Schätzung der Brahmanen stehen oder zum mindesten standen lange Zeit die drei anderen Sammlungen viel höher als diese letzte. Ihr Verhältnis zueinander könnte man sich durch die Unterscheidung von gottesdienstlichen Verrichtungen höherer und niederer Ordnung klarmachen. Jedoch, auch diese niedere Ordnung ist über den Kultus der großen Menge erhaben. Auch die Atharvasprüche sind nur für die drei höchsten Stände, die Arier, bestimmt; die vierte und zahlreichste Klasse der Bevölkerung, die die vielen Kasten der Śûdras unter sich befasst, ist auch hiervon ausgeschlossen.

Theosophische Texte in strengem Sinne können diese uralten Sammlungen nicht genannt werden, obwohl man, worauf wir später zurückkommen, schon in dem Rigveda und dem Atharvaveda verschiedene Lieder findet, in denen es sich um die Lösung des Welträtsels handelt. Bei der Betrachtung der indischen Weisheit dürfen sie trotzdem nicht übergangen werden. Denn auf dem Boden der Vorstellungen und Gedanken, die durch den Opferritus geweckt wurden, fand die reiche Entwicklung zu theosophischer Betrachtungsweise statt. Wer den Ursprung des Âtman, des Karma, des Sansâra sucht, muss sich auch von diesen vedischen Liedersammlungen Rechenschaft geben.

Aber diese Lieder und Opfersprüche, die *Mantras*, d. h. die zu dem alten und verwickelten Ritus gehörigen wirksamen und unentbehrlichen Sprüche, machen nicht den ganzen Inhalt der Veden aus. Sie bilden nur die älteste und ehrwürdigste Schicht. Eine jüngere Schicht von *liturgischen Texten*, Erklärungen und Betrachtungen der einzelnen Teile des

Ritus, hat sich darüber gelagert. Die jüngsten, aber die für die Entwicklung der indischen Theosophie und Philosophie maßgebenden vedischen Schriften sind die berühmten *Upanishads*. Obwohl der gesamte Veda dem orthodoxen Hindu als unfehlbare Offenbarung gilt, so ist es doch vor allem diese letztgenannte Klasse von Werken, die heute noch, wie schon vor vielen Jahrhunderten, auf die Weltbetrachtung und das Denken der Hindus den größten Einfluss ausübt.

Diese zwei jüngeren Lagerungen der vedischen Bücher, vor allem die jüngste, die der Upanishads, sollen bei der Beschreibung, die in diesem Werk von der indischen Theosophie gegeben wird, näher in Augenschein genommen werden. Alle anderen Schriften, die ganz oder teilweise theosophischen Inhalt haben, sind jünger als die der vedischen Periode. Hierhin gehören zunächst solche, die sich auf die Upanishads beziehen — besonders die, welche die Vedânta-Lehre behandeln — oder auf ihnen beruhen sollen, wie die das Sânkhya und den Yoga betreffenden. Sodann die heiligen Schriften jener Heilslehren, die außerhalb des Veda stehen und von den Hindus als ketzerische bezeichnet werden; unter diesen steht die buddhistische Literatur obenan. Auch auf diesem Gebiet sind die wichtigsten Quellen sowohl in der Ursprache wie in zuverlässigen Übersetzungen einem jeden verhältnismäßig leicht zugänglich. Und das, was ursprünglich Geheimlehre gewesen ist, ist dies schon längst nicht mehr. Von geheimnisvollen, unbekannten, ja unsichtbaren „Meistern", die die Träger und Verkünder einer von ihnen allein bewahrten und ohne sie nicht erreichbaren höchsten Weisheit gewesen wären — ein beliebtes Dogma vieler abendländischen „modernen Theosophen" — weiß die indische Weisheit nichts.

Erste Abteilung.

Die Vorgeschichte der indischen Theosophie

Erstes Kapitel

Die vedische Religion.

Opferbräuche. Opfersprüche.
Animistische und magische Elemente.

Gebete und Lobgesänge, Bestandteile eines ausgebildeten und verwickelten Ritus, der zu dem Gottesdienst jener arischen Geschlechter und Stämme gehörte, die zwischen 2000 und 1000 v. Chr. am Indus und in dem Fünfstromland ansässig waren, bilden, was schon gesagt wurde, den Inhalt der Rigveda-Sammlung. Der unbekannten Dichter, die sie verfassten, waren viele. In den Augen der Nachwelt, die schon früh anfing, diesen Liedern einen übermenschlichen Ursprung zuzuschreiben, wurden sie zu Sehern, zu höheren Wesen von feinerem Wahrnehmungs- und Unterscheidungsvermögen, als ein gewöhnlicher Mensch es besitzt. Aber vor jedem, der nicht in den Vorurteilen einer Jahrhunderte alten, heiligen und nationalen Überlieferung befangen ist, entrollt sich bei dem Studium der Rigveda-Sammlung mit größter Klarheit und Sicherheit ein ganz anderes Bild; nämlich das einer Dichterzunft, die für Stammeshäupter und angesehene Familienväter Opferlieder auf Bestellung lieferte. Es zeigt sich, dass unsere Sammlung aus kleineren Sammlungen zusammengesetzt ist, und von diesen enthält in den meisten Fällen eine jede die heiligen *Mantras* (Opfersprüche) eines bestimmten priesterlichen Kreises. Sie geht in eine Zeit zurück, in der für die verwickelten und ausgebildeten Opferhandlungen kunstreich zusammengestellte Gebetsformeln noch frei angefertigt wurden, wenngleich auch diese schon in der Wahl der Bilder und Wörter, in Stil und Rhythmus stark an eine alte, feste Überlieferung gebunden waren. Man fühlt in ihnen die angelernte

Kunst des Berufspoeten. An manchen Stellen der Lieder spielen die Dichter auf die Belohnung durch Vieh und Habe an, die sie von ihrem reichen und angesehenen Patron für das herrliche und zauberkräftige Lied, das sie für ihn machten, erwarten.

Mit größerer oder geringerer Begabung, oft in erhabener und schöner Sprache werden in den Liedern die Götter angerufen und eingeladen, auf dem heiligen Opferstroh, wo die Opfergabe ihrer wartet, sich niederzulassen. Dies geschieht unter bald längeren, bald kürzeren Lobpreisungen ihrer Macht und Herrlichkeit, unter Aufzählung ihrer Taten und Hilfeleistungen, mit Anspielungen auf allerlei Geschichten und Mythen. Eine bilderreiche Sprache und viele Vergleiche beleben die Darstellung. An Symbolik ist kein Mangel. In den Gebeten selbst wird um materielle Genussmittel gefleht: da sind Bitten um Reichtum an Vieh und Habe, um Macht und Sieg über Feinde, um Wohlsein und Gedeihen von Mensch und Vieh, um Kindersegen, um Rettung aus Not, Heilung von Krankheiten, um Regen. Sie stehen, wie gesagt, nicht als selbständig gedacht da, sondern bilden einen wesentlichen Bestandteil der Opferhandlungen. Erst im Verein mit diesen haben sie Zauberkraft. Verbunden mit dem Opfertrank und der Opferspeise bewirkt diese preisende schmeichelnde Zuspräche, dass die angerufenen Gottheiten das vollbringen, was im gegebenen Augenblick für den, der das Opfer spendet und anrichtet, am meisten wünschenswert ist.

Wer sind diese angerufenen Gottheiten? Den indischen *devatâs* (Gottheiten) und *devas* (Göttern) fehlt das Anschauliche und Menschliche der homerischen Götterwelt. Zwar sind die Wörter, die sie bezeichnen, auf das engste mit dem lateinischen *deus* verwandt, aber die begriffliche Vorstellung weicht erheblich ab. Die unsichtbaren, höheren Mächte, die das Wohl und Wehe von Mensch, Tier und Pflanze in so hohem Maße beherrschen; die von Einfluss sind auf Regen und Sonnenschein, Gesundheit und Krankheit, Glück und Unglück; die den geregelten Lauf von Sonne und Mond, den gleichmäßigen Wechsel der Jahreszeiten beschleunigen oder hemmen können — sie sind zu sehr als Machthaber gedacht, als dass man sie Elemente oder Naturkräfte nennen dürfte. Andererseits ist die Personifizierung von Naturkräften und Naturerscheinungen oft so durchsichtig, dass man von einem Anthropomorphismus kaum reden kann. Bei solchen Gottheiten wie: Agni, das Feuer; Sûrya, der Sonnengott; Soma, die Personifikation des betäubenden, zauberkräftigen Opfertrankes, dessen Wesen man sich auch in vielen anderen Dingen als die in ihnen wirkende Lebenskraft dachte; Ushas, die Morgenröte, die vielgepriesene Göttin, verherrlicht in den schönsten Liedern — bei allen diesen hat man es mit Wesen zu tun, die zwar personenhaft vorgestellt werden, bei denen man sich aber doch bewusst ist, dass man es mit dem Elemente einer Naturkraft oder Naturerscheinung zu tun hat. Die Begriffe „Person" und „Kraft" sind nicht streng geschieden, sie fließen ineinander über. Unter diesen Göttern sind auch einige, bei denen der Ursprung aus dem Naturmythos nicht so deutlich hervortritt. Bei dem kriegerischen Indra, dem gewaltigen Vernichter böser Dämonen, wie des Vrtra, Namuci und so vieler anderer, dem gefeiertsten Gott unter allen, den man durch Darbringen großer Gefäße voll betäubendem Soma anregen zu können glaubt, tritt sein eigentlicher Ursprung gegenüber der lebendigen Schilderung der Mythen, deren Held er ist, in den Hintergrund. Ebenso verschwindet er gegenüber dem erhabenen Himmelsherrn König Varuna bei der Ehrfurcht vor dem Regenten der Welt, dem gerechten Herrscher, der über der Pflichterfüllung wacht und die Sünder straft. Am meisten vielleicht ist die ursprüngliche Bedeutung bei den beiden Aśvin, den indischen Castor und Pollux, verblasst; man weiß, dass sie mächtige Helfer in der Not und bei Krankheit sind, auch dass sie in der Morgenfrühe mit Ushas und dem emporsteigenden Sonnengott zusammen angerufen werden; aber eine genauere Angabe der Kraft oder Erscheinung, die in diesen zwei Schirmherren personifiziert ist, lässt sich nicht machen, weder von den Indern noch von uns. Von der vedischen Götterwelt mag in der Hauptsache das gelten, was Cäsar von den Germanen sagt: „Als Götter betrachten sie allein solche, die sie unterscheiden können und deren Macht und Hilfe sie tatsächlich erfahren haben."

Hiermit hängt zusammen, dass der vedische Gottesdienst keine Spur von Götterbildern noch von Tempeln zeigt. Wann und wo diese zuerst in Indien aufgekommen sind, wissen wir nicht. Aber das wissen wir wohl, dass ihr Ursprung, so alt er auch sei, nicht an erster Stelle in der aristokratischen Sphäre der vedischen Überlieferung zu suchen ist, die von den Geschlechtern des geistlichen und ritterlichen Adels hochgehalten und als Norm ihres religiösen Lebens betrachtet wurde.

Was ferner in diesem alten Kult, dessen Grundcharakter noch heute in dem Ritus der Hindus unverkennbar ist, besonders auffällt, sind das animistische Element und das magische.

Unter Animismus versteht man die Auffassung der uns Menschen umgebenden Außenwelt als einer in mehr oder minderem Maße mit menschlichen Eigenschaften behafteten. Der primitive Mensch weiß noch nicht scharf zwischen lebender und lebloser Natur zu unterscheiden, und bei der ersteren nicht zwischen Mensch, Tier und Pflanze. Bei seiner völlig äußerlichen und oberflächlichen Kenntnis der ihn umgebenden Gegenstände und Erscheinungen und bei seiner Hilflosigkeit gegenüber so viel Übermacht ist ihm seine eigene innere Wahrnehmung unwillkürlich und unbewusst der Maßstab für die Erklärung von allem, was er um sich vorgehen sieht. Wie ein kleines Kind, das sich an einem Stuhl stößt, diesen böse nennt und ihn schlagen will, so nimmt der Mensch einer frühen Kultur die Naturkräfte, deren mächtige, aber für ihn so unbegreifliche Einflüsse und Einwirkungen er erfährt, persönlich, und er ist geneigt, sie den gleichen Motiven zuzuschreiben, die sein eigenes Handeln und das seiner Mitmenschen bestimmen. Er hält die ganze Welt für beseelt, stets umgibt ihn ein Heer von Geistern, guten und bösen, mit denen er zu rechnen hat. Sie sind anwesend in Sonne und

Mond, in Regen und Blitz, in dem wachsenden Wald, dem strömenden Bach, dem rauschenden Wind, dem brennenden Feuer, aber ebenso auch in dem reißenden Wolf oder Tiger, in jeder Krankheit, in Missernte und Kriegsgefahr. Und es ist nichts Befremdliches, dass man diese Geister nicht sehen kann. Bei uns selbst und bei den anderen lebenden Menschen und Tieren erblicken wir ja die Seele auch nicht, und wenn es zum Sterben kommt und das Lebende den Lebenden verlässt, so sieht es niemand fortgehen. Und dennoch besteht die Seele, denn sie zeigt sich in jeder Äußerung des Lebens und der Kräfte.

Was sich hieraus für die Religion und den Kult ergibt, lässt sich leicht erschließen. Bei seinem Ringen um den Bestand in einer Welt voll unbekannter und daher geheimnisvoller und übermächtiger Wesen, deren Tun aber für seine Gesundheit und seinen Lebensunterhalt, für sein Wohl und Wehe von höchster Bedeutung ist, muss der primitive Mensch darauf ausgehen, sich die Hilfe und den Schutz dieser hohen Geister zu erwerben, sie, soweit dies möglich ist, für sich und die Seinen günstig zu stimmen; andererseits wird er gegenüber böse gearteten Wesen, die nichts als Böses wollen, wie z. B. die Krankheitsdämonen, allerlei Abwehrmittel anwenden: Eingreifen befreundeter Gottheiten, Weglockung; Abkauf. Mit Opfergaben und preisenden, schmeichelnden Gebeten meint er dies alles erreichen zu können. Da für ihn zwischen den Handlungen beseelter Wesen und den Wirkungen blinder Naturkräfte keine scharfe Grenzlinie liegt, ist er geneigt, allem, was eine für ihn unerreichbare Macht ausübt und worin sie sich ihm gegenüber geltend macht, eine Seele zuzuschreiben, die im Besitz höherer Eigenschaften als seine eigene ist, aber die er sich doch nicht anders als der seinigen ähnlich und ihr verwandt denken kann. Hier liegt der Keim von allerlei Vorstellungen, die man bei Völkern einer noch wenig entwickelten Kultur antrifft, wie zum Beispiel: dass man als Ursache von Krankheiten Besessenheit durch krankheitserregende Dämonen, oder auch zeitweilige Abwesenheit der eigenen Seele eines Menschen annimmt; dass man, bei sengender Trockenheit oder bei zu viel Regen diese schädlichen Abweichungen von dem regelmäßigen Gang der Natur Wesen zuschreibt, die den Regen verhindern oder ihn mit einer bestimmten Absicht übermäßig ergießen; dass man Sonnen- und Mondfinsternisse als die Unterdrückung dieser Lichtgottheiten durch bösartige Ungeheuer betrachtet, und so fort. Je weniger entwickelt der Mensch ist, desto mehr sieht er sich und seine Bedürfnisse als den Mittelpunkt der ganzen Erscheinungswelt an, die ihn umgibt.

Auf dieser Stufe ist die Vornahme von Handlungen, welche die höheren Mächte für uns günstig stimmen sollen, eine Kunst, die in großem Ansehen steht. Wer mit dem Ritus vertraut ist, wer die wirksamen Gebete kennt und bei dem Hersagen derselben jeden Fehler zu vermeiden weiß —denn auch der geringste könnte gefährlich sein — wird zu einer Person von großer Bedeutung. Solche Leute gelten als Sachverständige, die die richtige Art kennen, wie man die unsichtbaren Wesen, von deren gutem Willen wir ja abhängig sind, zu behandeln hat. Man ist geneigt, ihnen selbst, ihrem Ritual und ihren Sprüchen Zauberkraft zuzuschreiben. Das Gebet ist zugleich Beschwörungsformel. Dies meine ich, wenn ich von einem magischen Element im vedischen Ritus spreche.

So haben auch die vedischen Opfersprüche (*Mantras*) gerade wie z. B. die *carmina* bei den Römern, diesem anderen durchaus konservativen Volke, oft den Charakter von Zauberformeln. Dies gilt besonders für die Liedersammlung des Atharvaveda. Hier tritt der Brahmane mehr als sonst als eine Art Medizinmann und Zauberer auf, der im Besitz von Heilmethoden und Beschwörungsmitteln ist, die mit dem unvermeidlichen Hokuspokus angewendet werden müssen. Auch in dem Ritus, der zu dem Gottesdienst höherer Ordnung gehört, in welchem vor allem die Himmelsgötter, manchmal auch andere Devatâs angerufen werden, ist dieser Charakter unverkennbar.

Die an eine Gottheit gerichtete, in schmeichelnde und

preisende Gebetstrophen gefasste Einladung, sich die bereitstehenden Opfergaben an Speise und Trank wohlschmecken zu lassen und zur Belohnung dem Opfernden das zu schenken, was sein Herz begehrt und seines Priesters Mund verkündet, kann nun gar leicht zu der Vorstellung eines Zwanges führen, den man auf die Gottheit ausübt, einer Unterwerfung der Gottheit unter die Gewalt des Offizianten. Im Lauf der Zeit hat diese Auffassung denn auch in der Tat Boden gewonnen. Als sich in den Kreisen, welche die heilige Liturgie kannten und vollzogen, eine Art von Spekulation über den mystischen Wert der Opferhandlungen entwickelte, kam sie an dieser Stelle voll zum Ausdruck. Und wo sie sich am stärksten ausspricht, da heißt es, dass der natürliche Lauf der Dinge, der regelmäßige Wechsel der Jahreszeiten, kurz die ganze Weltordnung von der richtigen Vollziehung der großen Opferfeierlichkeiten abhängig ist. So ist der zaubermächtige Opferpriester gleichsam zu der Achse geworden, um die sich alles dreht.

Ich habe noch nicht von dem Teile des gewöhnlichen Gottesdienstes gesprochen, der in der Praxis des religiösen Lebens, des vedischen so gut wie der heutigen Hindus eine bedeutende Rolle spielt, eine bedeutendere, als man aus der verhältnismäßig untergeordneten Stelle, schließen möchte, die ihm in den Liedersammlungen zugewiesen ist. Neben und in gewissem Sinne gegenüber dem Kultus der himmlischen Götter steht die Verehrung und Huldigung der Ahnen. *Neben*, weil keine indische Familie es je versäumt hat, zu den festgesetzten Zeiten ihren Ahnen, *Pitaras* (das Wort ist auch etymologisch dasselbe wie das lateinische *patres*, Väter), die für sie bestimmte Speisen und Getränke, die sie zu ihrem Fortleben nötig haben, darzubringen, und zwar in der Art und Weise und gemäß den Vorschriften der heiligen Überlieferung und Satzung. *Gegenüber*, weil der Ritus des Ahnenkultus überall gerade das Entgegengesetzte aufweist und verlangt, als der der Lichtgötter. Geschieht bei diesen alles in der Richtung von links nach rechts, so muss in dem Ritus der Pitaras alles nach links geschehen, auch die wichtigsten Ingredienzien und Opfergaben sind verschieden. Es ist hier gleichsam ein Unterschied wie der zwischen Licht und Schatten, Tag und Nacht, Weiß und Schwarz, Leben und Tod.

Licht und Leben — auch für uns ist diese Verbindung eine natürliche. Für den Inder und schon für den Inder der Veden fließen diese beiden Begriffe beinahe ineinander. Ihm ist Licht Leben, und Finsternis ist Tod. Wenn er sich das vorstellt, was alles Lebendige beseelt: Gottheit, Mensch, Tier oder Pflanze, dann gehört zu dieser Vorstellung als ihr wesentlicher Bestandteil etwas Leuchtendes, Strahlendes. In dem Rigveda wird einmal von dem Sonnengott gesagt, dass er die Seele (*âtman*) ist von allem, was da geht und steht. Das ist mehr als ein Vergleich, es ist fast eine Gleichsetzung. Das Element Feuer (*agni*) in allen seinen Formen: auf der Erde, wo es auf dem häuslichen Herd oder auf dem Altar brennt, nachdem es der Mensch den beiden Reibhölzern, worin es verborgen war, entlockt hat; im Luftraum, wo es von Zeit zu Zeit als Blitz aus der Wolke, wie aus einem Mutterschoße, hervorbricht; am Himmelszelt, wo es in der Sonne und den anderen Himmelslichtern seine höchste Wohnstätte aufgeschlagen hat . . . dieses leuchtende, reine, läuternde, mächtige Wesen, das sich überall in tausenderlei Formen offenbart, gilt dem Inder von jeher als verwandt mit dem Âtman, der das Leben ist von allem, was da lebt. Es ist ihm sozusagen eine besondere Form desselben.

Dieser Grundgedanke, obgleich er selten bewusst und bestimmt ausgesprochen wird, bildet den Hintergrund des vedischen Ritus, der vedischen Mythologie und der Gedankengebilde, die dort in allerlei Graden von Vollkommenheit ihren Ausdruck gefunden haben. In der Mythologie zum Beispiel zeigt sich dies am stärksten in den vielerlei Gestalten, in denen der ewige und endlose Kampf zwischen den Mächten des Lichts und des Lebens und denen der Finsternis und der Nacht eine konkrete Form gefunden hat. In den ältesten vedischen Liedern ist es hauptsächlich der Held Indra mit seinen

Bundesgenossen und Scharen, der allerlei böse Dämonen besiegt. Eine zweite Phase dieses Kampfes zwischen Licht und Finsternis kam zum Ausdruck in den unaufhörlichen Kriegen zwischen den Devas (den Olympiern der Inder) und den Asuras, Dämonen, die auch unter dem Namen Dânavas und Daityas vorkommen und in den Texten des Yajurveda, in den liturgischen Prosatexten und in dem Epos Mahâbhârata eine große Rolle spielen. In einem späteren Stadium der indischen Religionsgeschichte finden sich andere konkrete Gestaltungen für dasselbe Thema, so in den vielen Avatâras des Vishnu, in denen er die Welt aus Nacht und Not errettet, und nicht minder in den vielen Fällen, wo Buddha, der Herr, Mâra, den buddhistischen Satan, besiegt. Hier hat die ursprünglich physische Bedeutung dieses Gegensatzes vor allem einen ethischen Charakter bekommen, und ist zu einer großartigen Darstellung des ewigen Gegensatzes zwischen Gut und Böse, Tugend und Laster, Hohem und Niederem, Wahrheit und Schein geworden. Und wir werden bald sehen, dass und wie dieser Gegensatz sich in der indischen Theosophie geltend gemacht hat.

Zweites Kapitel.

Die liturgischen und erklärenden vedischen Bücher.

Außer den Lieder- und Spruchsammlungen, von denen eben die Rede war, rechnen die Hindus noch viele andere Schriften zu ihrer Offenbarung, dem Veda. Diese sind Prosa; und wie sich schon aus ihrer Sprache ergibt, in sehr viel späterer Zeit zusammengestellt. Ihr Inhalt ist von erklärender und betrachtender Art. Sie deuten den Sinn der verschiedenen Opfer und ihrer Bestandteile, ihre geheimen Kräfte, ihre Symbolik.

Diese Erklärung beruht zum Teil auf mehr oder weniger guter Überlieferung, zum Teil ist sie ein freies Spiel der Phantasie. Man findet hier die barocksten Einfälle, die sonderbarsten Kombinationen, die oberflächlichsten und unsinnigsten Etymologien. Dieser Opferritus ist der Mittelpunkt, um den sich alles dreht. Alle Erscheinungen der uns umgebenden Natur sowohl wie die unseres eigenen Inneren finden ihre Spiegelung, ihren Widerklang, ihre Richtschnur in den Opfergebräuchen und den liturgischen Handlungen.

Diese Klasse von Schriften wird nach ihrem Inhalt Brâhmanas genannt. Denn unter einem „brâhmana" versteht man eine maßgebende Erklärung und Erläuterung bezüglich irgendeiner Frage des Gottesdienstes, der Opfertechnik oder dergleichen. Ein Ganzes solcher „Brâhmanas" (Erklärungen in Bezug auf die heiligen Opfersprüche, die *brahma* genannt werden) heißt gleichfalls: Brâhmana. Die ältesten dieser Werke datieren vermutlich aus dem 9. Jahrhundert vor unserer Zeitrechnung. Schon damals muss der überlieferte Schatz von Opfersprüchen und geweihten Liedern in der Hauptsache abgeschlossen gewesen sein. Neue Mantras werden nicht mehr gedichtet. Man bedient sich ausschließlich der althergebrachten, an deren Zauberkraft man glaubt, die schon den Charakter großer Heiligkeit besitzen und in Sammlungen vereinigt sind.

Entstanden sind diese Traktate natürlicherweise in den Kreisen jener brahmanischen Familien, in denen die praktische und theoretische Kenntnis des vedischen Ritus von alters her vom Vater auf den Sohn überging. Und es lässt sich wohl verstehen, dass bei der großen Ehrfurcht für die Opferbräuche, bei dem herrschenden Glauben an ihre übernatürliche Kraft, der opferkundige Brahmane, und nicht nur dieser, sondern auch der ganze Brahmanenstand immer größeres Ansehen gewann. Waren doch allein die Brahmanen befugt, diese für jedes Gelingen und Gedeihen notwendigen Handlungen zu verrichten. Nur sie durften die dazu Berechtigten den alten vedischen Liederhort lehren; sie waren die Hüter und Pfleger dieses Schatzes. Nicht mit Unrecht hielten sie sich darum für höherstehend als alle anderen Stände und machten Anspruch auf allerlei Ehrenbezeugungen und Vorrechte. Dieser Rang und dieses Ansehen ist ihnen später immer weniger streitig gemacht worden. Schon früh wurde das allgemein anerkannt, nicht nur von der großen Menge, die immer für die Träger einer geheimnisvollen und über ihre Begriffe gehenden Weisheit von Ehrfurcht erfüllt zu sein pflegt; auch die Ritter und die Reichen dieser Erde lernten ihr Haupt beugen vor diesen „Mensch-Göttern" oder „irdischen Göttern", wie die Brahmanen schließlich genannt wurden und erkannten ihre Überlegenheit in geistlichen Dingen an.

Wenngleich die Betrachtungen dieser Brâhmanatraktate so ganz an den Ritus gebunden sind und es sich meistens um Einzelheiten des Opfers handelt, die uns sehr unbedeutend erscheinen, so können wir in ihnen doch das älteste Denkmal indischer Metaphysik sehen. In den Augen ihrer Verfasser sind die darin behandelten Gegenstände von der größten Wichtigkeit. Die Opferriten sind nicht nur für das Wohl des

Opfernden und seiner Priestergehilfen von großer Bedeutung, sondern auch für die Erhaltung der ganzen Welt. Werden die heiligen Handlungen zu den richtigen Zeiten in all ihren Bestandteilen ohne Fehler verrichtet und die richtigen Sprüche richtig hergesagt, dann bleibt die Welt in ihrer gehörigen Ordnung, dann steigt der Sonnengott zu seiner Zeit herauf und geht zu seiner Zeit hinab, dann fällt der Regen wie es für den Landmann am vorteilhaftesten ist, dann bekommt er reiche Ernten, dann werden Mensch und Vieh — Zweifüßler und Vierfüßler, wie der sakrale Ausdruck lautet — vor Krankheit bewahrt. Versäumnisse dagegen in betreff dieser Opferhandlungen sind der Quell von allerlei Unheil und Elend. Die magische Kraft, welche von dem Opfer ausgeht, ist zur bewegenden Kraft des Weltalls geworden. Von einem Rigvedalied haben wir oben gehört, dass der Sonnengott der Âtman — d. h. der Atem, der Lebenserwecker — von allem ist, was da geht und steht; in den Brâhmanatraktaten wird diese Rolle einer Weltseele auch dem Opfer zuerteilt. Dort lesen wir einmal: „Das Opfer ist der Âtman aller Wesen, aller Devas; und deshalb: so die Opferpflicht gut gedeiht, so gedeiht auch der Opfernde mit Kind und Vieh."

Das Opfer selbst geht in vielen Formen vor sich. Es kann in weitläufiger Weise in drei Feuern verrichtet werden, oder einfacher nur in einem Feuer, in dem des geheiligten häuslichen Herdes.

Diese einfachere Form ist weitaus die gebräuchlichste. Jeder Hausvater der drei höheren Stände muss sie pflegen, und er kann es; die Kosten passen sich an, so dass auch der ärmste seine religiösen Pflichten in der Hauptsache erfüllen kann. Von einer gewissen religiösen Handlung, die in den Wintermonaten viermal verrichtet werden muss, wird berichtet, dass auch, wer nichts besitzt, dieser Verpflichtung nachkommen kann; er darf seine Gabe nur darauf beschränken, dass er einem Lasttier ein Büschel trockenes Gras reicht oder dem Feuer dürres Holz gibt, sofern er nur dabei denkt: „hierdurch erfülle ich meine Opferpflicht".

Dieser Pflichten waren und sind noch jetzt viele. Erstens muss den Göttern und den anderen Klassen geistiger Wesen täglich ein Teil der Mahlzeiten geopfert werden. Ferner sind bei Voll- und Neumond allerlei Feierlichkeiten zu verrichten; andere haben einmal im Monat zu geschehen; der Anfang einer neuen Jahreszeit, der eines neuen Jahres selbst verlangt religiöse Weihe. Ein großer Teil dieser Opfer gilt, wie schon oben gesagt wurde, den Vorfahren (Pitaras). Neben diesem feststehenden, an bestimmte Zeiten gebundenen Gottesdienst gibt es verschiedene Sakramente. Diese werden bei Schwangerschaft, bei der Geburt eines Kindes, bei manchen Zeitpunkten der Kinderjahre — bei der Heirat, bei Todesfällen vollzogen. Bei Krankheit, Sterilität, Trockenheit, Misswuchs, Kriegsgefahr, kurz, wenn Bedürfnis oder Not den Menschen zwingen, seine Zuflucht zu höheren Mächten zu nehmen, stehen dem Frommen allerlei rituelle Handlungen, für jeden besonderen Fall, zur Verfügung. Desgleichen, wenn er ein bestimmtes Ziel zu erreichen wünscht, wenn es ihm etwa um Glück im Spiel oder in der Liebe, um Macht, um Rache an einem Feinde zu tun ist. Ein wohlausgestattetes Arsenal von rituellen Waffen steht ihm zu Diensten. Die betreffenden Regeln sind umständlich und für jeden Einzelfall beschrieben. Das Ritual schafft überall Rat.

Bei den verwickelteren und wichtigeren Opferhandlungen, besonders bei den eben genannten Sakramenten, ist die Hilfe opferkundiger Brahmanen erwünscht, und zum Teil unentbehrlich.

Die Opferbräuche in kleinerem Umfange sind, von dem Standpunkt der vedischen Theologen aus gesehen, streng genommen nur Surrogate. Das wahre Opfer ist für sie das große, das in den drei Feuern stattfindet. Die alten Somaopfer zum Beispiel fallen ausschließlich unter diese Rubrik. Soma ist der Name einer Pflanze und zugleich des daraus bereiteten betäubenden Getränkes. Man gewann es, indem man den milchigen Saft aus den Stängeln presste. Der Genuss dieses berauschenden Saftes geht bis in die ältesten Zeiten, als Inder und Iranier noch ein Volk waren, zurück. Die heiligen Texte der Anhänger des Zarathustra (Zoroaster) haben die Erinnerung an diesen wundertätigen Mohnsaft ebenso bewahrt wie die Lieder des Veda. Die vedischen Dichter sind unerschöpflich in der Verherrlichung dieses Trankes, der übermenschliche Kraft verleiht und unsterblich macht. „Wir haben Soma getrunken", so jubelt einer, „wir sind unsterblich geworden; wir haben das Licht erreicht und die Götter gefunden! Was können die Ränke der Feinde uns jetzt noch tun? was ihre bösen Künste?" Soma selbst gilt für eine Gottheit, und zwar für eine der allerbedeutendsten, und ist schon verhältnismäßig früh mit dem Mondgotte identifiziert worden. Bei den großen Opferfesten war die Bereitung, das Spenden und das Trinken dieses allerheiligsten, betäubenden, Unsterblichkeit gebenden Getränkes seitens der Priester und des Opfernden das Hauptmoment.

Die drei Feuer zu unterhalten und die festgesetzten Opfer darin darzubringen, ist eine kostspielige und umständliche Sache. Nur sehr vermögende und angesehene Leute können daher imstande gewesen sein, diese Kultusweise, welche auch große Ausgaben an Geschenken für die vielen zelebrierenden Priester mit sich brachte, anzuwenden. Fürsten und Könige konnten es. Sie überließen die Sorge für diese Opferfeier einem dazu angewiesenen Beamten, der, natürlich ein Brahmane, eine Art Hausprälat war. [1]) Dieser besorgte für sie außer dem regelmäßigen Vollzug der gewöhnlichen rituellen Pflichten auch alles, was im Falle von Krieg, Epidemie, Hungersnot usw. etwa an Beschwörungen und Zauberhandlungen nötig war.

Der Lohn für die Verrichtung dieser ausführlichen Opfer steht natürlich im Verhältnis zu der angewandten Mühe und den Kosten. Durch die rituelle Handlung seiner Priester wird der Opfernde mit Sicherheit des Himmels teilhaftig. Ebenso

---

1) Der Name, mit dem dieser Hofbeamte im Sanskrit bezeichnet wird, deckt sich vollkommen mit „Prälat".

sicher wie die geopferten Tiere, welche ja den Himmelsgöttern angeboten und von diesen angenommen worden waren.

Der vedische Inder opfert nämlich allerlei Tiere, sogar das Rind. Blutige Opfer bildeten einen wesentlichen Bestandteil vieler heiliger Handlungen, und bei großen Opferfesten wurden Tausende und Abertausende von Tieren geschlachtet und natürlich auch gegessen. Das alte Ritual schreibt vor, dass man einem hohen Gast Rinderfleisch anbieten muss; diese Bestimmung wurde später, als die Scheu, das geheiligte Rind zu verletzen, allmählich und allgemein zunahm, in dem Sinne geändert, dass der Gast mit einem vedischen Spruch, der die Heiligkeit und Unverletzlichkeit des Stieres und der Kuh aussprach, dieses Rinderfleisch dankend ablehnen konnte, ja musste. Im Übrigen galt in Indien, ebenso wie überall, die Regel, dass man den Göttern Teile von den Speisen und Getränken anbot, die man selbst genießen wollte. Deshalb bestehen die Opfergaben hauptsächlich aus Milch und Butter in allerlei Formen, zubereitetem Reis, verschiedenen Korngerichten usw.

Diesen Nahrungsmitteln legen die Verfasser der liturgischen Abhandlungen allerlei Kräfte und mystische Bedeutung bei, je nach ihrer Zubereitung, ihrer Anzahl, ihrer Beschaffenheit, ihrer Anrichtung und ihren Namen. Ähnliche Betrachtungen beziehen sich auf die verschiedenen Gottheiten, selbst auf die Art, wie sie angerufen werden, auf die vielen und mannigfachen Opfergeräte, die Zeiten, in denen geopfert werden muss, die Personen der zelebrierenden Priester, und auf wer weiß was nicht alles. Die in diesen Kreisen herrschenden Ideen über die Natur, über das Leben und Schicksal des Menschen werden überall in den engsten Zusammenhang mit diesem Ritus gebracht.

In den Traktaten beschäftigt man sich so gut wie ausschließlich mit der erweiterten Form des Opfers. Dieses ist nach der Theorie das Vollkommene, das Wahre.

Wir wissen nicht, inwiefern die Praxis der Theorie je entsprochen hat. Diese stellt bei den kompliziertesten und umständlichsten Typen des Opfers, welche zugleich die erhabensten sind, große Ansprüche in Bezug auf Zeit, Geld, Enthaltsamkeit und Selbstpeinigung an den Opfernden, d. h. den, der das Opfer bezahlt und zu dessen Nutz und Frommen es verrichtet wird, so dass die Opfer in Wirklichkeit nur äußerst selten in dieser Weise stattgefunden haben können. Dazu kommt, dass nach dem Gedankengang dieser Ritualisten die Gefahr, welche mit den einzelnen Opfergebräuchen verbunden ist, für den Opfernden und für den ausführenden Priester zunimmt, je wichtiger die Stellung wird, die diese Opferpflicht in dem Gang des Ganzen einnimmt. Die mystischen Handlungen, die bedeutungsvollen Manipulationen und die zauberkräftigen Sprüche bringen die Teilnehmer in Verbindung mit gewaltigen unsichtbaren Mächten. Durch diesen Kontakt sind auch sie selbst der gewöhnlichen Menschensphäre entrückt und zu höheren Wesen geworden. Dieser Zustand kann für sie selbst oder für andere gefährlich werden, wenn nämlich irgendwo ein Fehler gemacht wird. Die Opfertechnik hat aber zum Glück allerlei gefunden, wodurch solche Fehler wieder gut gemacht werden können.

In den Kreisen der opferkundigen Brahmanen, in denen diese theoretischen Betrachtungen entstanden, muss man schon früh zu der Auffassung gekommen sein, dass man, um den wahren Vorteil des Opfers erlangen zu können, die geheime Bedeutung der Handlung, die man vollzog, kennen musste. Die Brâhmanaschriften sind voll von Aussprüchen wie: „wer dies weiß, wird zu diesem oder jenem gelangen". Hierdurch werden zwei Dinge verständlich, die in späteren Zeiten von großem Einfluss geworden sind: 1. der Wert dieser mystischen Auslegungen selbst stieg auch in den Augen derer, die nicht Opfertechniker von Beruf waren, und dies führte schließlich dahin, dass die liturgischen Texte den gleichen Rang unfehlbarer heiliger Schriften erlangten wie die vedischen Sprüche selbst; 2. das Studium von der Theorie der großen Opfer, unter denen sehr heilige, aber äußerst schwierige und fast unausführbare waren, wurde in der Auffassung

Vieler gleichwertig mit der Verrichtung selbst. Hiermit hält das theoretische Studium seinen Einzug als gleichwertige Größe neben der Opferhandlung. Und allmählich hat die beschauliche Betrachtung den Sieg über die Opferpraxis davongetragen.

Ohne jeden Zweifel galt sie für etwas Höheres in den Augen derer, welche die Upanishads zusammengestellt und gesammelt haben. Diese Werke atmen einen anderen Geist als die Brâhmanas, wenn sie auch in Stil und in der Art der Argumentation sich wenig von ihnen unterscheiden. Überhaupt ist diese Klasse von Schriften als die jüngsten Ausläufer der Brâhmanas zu betrachten. Aber ihre Tendenz ist eine andere. Auch in den Brâhmanas kommen die höchsten Fragen hier und da zur Sprache, doch nur beiläufig und im Zusammenhang mit der Erklärung irgendeiner Zeremonie. In den Upanishads ist das Wesen der Dinge der einzige Gegenstand der Betrachtung und das Ritual spielt nur eine sehr geringe oder überhaupt keine Rolle. Den Männern, die sich mit den dort behandelten Fragen beschäftigen, ist es nicht um irdisches Gut, um Vorteile oder Macht zu tun. Sie haben das Auge nur auf das Heil ihrer Seele gerichtet. Die schönen Worte, die acht Jahrhunderte später in dem Evangelium *ausgesprochen* wurden: „Was hülfe es dem Menschen, so er die ganze Welt gewönne, und nähme doch Schaden an seiner Seele?", wir sehen sie *Leben* und *Wirklichkeit* sein bei diesen hochherzigen, weitabgewandten Weisen. Ihre Geheimlehre, wie sie den erwählten Eingeweihten mitgeteilt wurde, steht nach ihren Triebfedern und nach ihrem Streben in absolutem Gegensatz zu der Weltanschauung derer, die alles Heil und allen Vorteil in dem Ritus sehen.

Doch hierauf können wir erst in der zweiten Abteilung, dieses Buches näher eingehen. In den Upanishads sind wir bei der eigentlichen indischen Theosophie angelangt, und in dieser ersten Abteilung beschäftigen wir uns mit der Vorgeschichte derselben.

Drittes Kapitel.

Die vedischen Vorstellungen von der Schöpfung.

Es wird wohl kaum ein Volk in der Welt geben, auch unter den kulturell sehr niedrig stehenden, das sich nicht in irgendeiner, wenn auch noch so rudimentären Form von dem Grunde unseres Daseins Rechenschaft gibt oder zu geben versucht. Primitive Völker sind wie die Kinder. Sie fragen immer bald nach dem Höchsten und nach dem, was am schwierigsten zu beantworten ist, sind aber schon zufrieden, wenn man mit einem Geschichtchen ihrer Wissbegierde entgegenkommt. [1]) So findet man bei den wenig gebildeten, den sogenannten heidnischen Stämmen, allerlei Geschichten, welche zur Erklärung dienen müssen und daher also auch allerlei Schöpfungsgeschichten. Diese sind von jenem animistischen und mythenbildenden Geist durchdrungen, der die ungeschulte und naive Auffassung der Außenwelt durch den Menschen kennzeichnet. In den Werken von Tylor, Andrew Lang, Frazer u. a. findet man zahlreiche Beispiele von Geschichten, welche zum Teil durch ihre kindliche Frische reizend, zum Teil aber durch ihre Rohheit und Barbarei abstoßend wirken, und die eine sehr niedrige Stufe der Naturkenntnis wieder-

---

1) Andrew Lang bemerkt in seiner Schrift „Modern Mythology" (Seite 180) sehr richtig, was hier in Übersetzung folgen mag: „Der Wilde sucht die Antwort auf solche Fragen nicht dadurch, dass er so viel Tatsachen wie möglich beobachtet und daraus seine Schlüsse zieht, sondern er erdichtet eine Mythe. Dies ist seine feste Gewohnheit. Will er wissen, weshalb dieser Baum rote Beeren hat, weshalb jenes Tier braungestreift ist, oder jener Vogel einen besonderen Schrei ausstößt, was der Ursprung des Feuers ist, weshalb in diesem oder jenem Sternbild so viel Sterne gerade so gruppiert sind, weshalb sein Stamm sich in der Hautfarbe von den Weißen unterscheidet — in all diesen verwickelten Fällen, wo sein Verstand still steht, erdichtet sich der Ungebildete eine Geschichte, womit er die Frage löst."

spiegeln, auf der die Phantasie einen großen Spielraum hat.

Solche alten Mythen haben ein zähes Leben. Die Heiligkeit der Tradition, durch die sie einem jeden neuen Geschlecht in den Kinderjahren mitgeteilt werden, ihr Zusammenhang mit den religiösen Gebräuchen, lassen sie auch dann noch fortleben, wenn die Gesellschaft den Vorstellungen, Vorurteilen und herrschenden Meinungen, welche die Bedingungen ihres Entstehens waren, schon längst entwachsen ist. Nur ganz allmählich verschwindet der Glaube an die Wahrheit dieser Geschichten, deren Inhalt öfters mit den Anstands- und Sittlichkeitsbegriffen einer höheren Kulturstufe ganz unvereinbar ist. Und wo die buchstäbliche Auffassung der heiligen Tradition unmöglich mehr als wahr hingenommen werden kann, versucht man noch lange Zeit die Überlieferung durch allerlei dialektische Künste, durch symbolische oder allegorische Erklärungen zu retten, wobei man natürlich der Willkür des gelehrten Auslegers freie Bahn lassen muss.

So ist es mit den üppig reichen Schöpfungen der griechischen Mythologie, mit der im Alten Testament bewahrten Aufzeichnung von den heiligen Überlieferungen der Kinder Israel, so auch mit dem überreichen Mythenschatz der Inder gegangen. Was letzteren betrifft, so haben wir schon oben darauf hingewiesen, dass hier der ursprüngliche Sinn mancher Naturmythe durchsichtiger war als in den meisten Fällen bei anderen Völkern, und dass man sich dort, wenigstens in den Kreisen der Höchstgebildeten, im Allgemeinen länger der Ursprünglichen Vorstellungen und Auffassungen, der Bildersprache und Symbolik bewusst geblieben ist. Aber doch muss auch in dieser äußerst konservativen Umgebung viel Altes im Laufe der Zeit versteinert, von mancher heiligen Handlung oder überlieferten Geschichte der eigentliche Sinn früh verloren gegangen sein. Denn schon in den liturgischen Teilen des Veda findet sich oft eine ähnliche Art allegorischer und symbolischer Auslegung von mythologischen Dingen, wie bei den griechischen Naturphilosophen. Die 'Fabeln, die das Wesen der Dinge und unserer selbst erklären sollten, befriedigten an und für sich schon damals nicht mehr.

Aber auch bereits in dem ältesten Stadium der indischen Kultur, zur Zeit da die vedischen Mantras entstanden, hat es nicht an Geistern gefehlt, die, unbefriedigt durch die überlieferte Weisheit, über den Ursprung und die Leitung der Welt auf ihre eigene Weise dachten und dichteten. Das Bedürfnis in der Mannigfaltigkeit der Erscheinungen und der Vielheit der Gottheiten eine höhere Einheit zu finden, spricht sich schon in diesen alten Liedern oft und unter mancherlei Formen aus. Schon damals gab es Rishis, [1]) welche die Verschiedenheit der Götter als eine Vielnamigkeit eines und desselben höchsten Wesens nach seinen verschiedenen Offenbarungen erklärten. In einem Rigvedavers finden wir: „Das eine Seiende nennen die Weisen mit vielen Namen; sie nennen es Agni, Yama, Mâtariśvan. Indra, Mitra nennen sie ihn und Varuna und Agni und den Himmelsvogel mit seinem schönen Gefieder.“ Solche Gleichstellungen kommen wiederholt vor. Und überall sieht man deutlich, dass der Sonnengott, die personifizierte Quelle des Lichts, das Urbild aller dieser Abstraktionen ist.

Aber selbst wenn in jenen Sammlungen von Gebetsformeln und heiligen Opferliedern kein Bezug darauf genommen wäre, so wäre daraus noch nicht zu schließen, dass in der Zeit, als die ältesten und wesentlichsten Teile des Veda entstanden, über die Erklärung des Welträtsels nicht gedacht und gedichtet worden sei. Die Abwesenheit solcher Fragen in einem Gebetbuch würde an sich nichts Befremdliches haben. Glücklicherweise aber haben die Sammler der Rigvedasanhitâ in ihr Buch, das eigentlich nichts als Opferlieder enthalten müsste, aus Gründen, die uns im Wesentlichen unbekannt sind, hier und da dennoch ein Lied aufgenommen, das eine andere Tendenz hat oder wenigstens ursprünglich hatte. Besonders das zehnte und letzte Buch enthält einige Gedichte,

---

1) Mit dem Wort rishi bezeichnet man in Indien die „Seher“ der Vedalieder und dann überhaupt die Weisen und Propheten der Vorzeit.

die uns einen Blick in die Lehren über die Entstehung der Welt und ihr wahres Wesen tun lassen, wie sie vor ungefähr 3000 Jahren von maßgebender Stelle her in Indien verkündet wurden.

Ich sage: von maßgebender Stelle; es wäre besser, von einer Mehrzahl zu sprechen, also: von maßgebenden Stellen. Denn was hier besonders auffallen muss, ist die Verschiedenheit, ja die Gegensätzlichkeit dieser Welterklärungen untereinander. Bald ist der Grund aller Dinge persönlich gedacht, bald wieder unpersönlich. Der persönlich vorgestellte höchste Gott tritt manchmal unmittelbar als Schöpfer auf, manchmal nur vermittelnd. Oft findet sich die Vorstellung eines Baumeisters, der, ähnlich dem Platonischen, Himmel und Erde baute oder festlegte, der den weiten Raum maß und die Erde ausbreitete. An anderer Stelle wird ein Ignoramus ausgesprochen, wie in den berühmten Versen:

> Wer weiß es wirklich? Wer kann es uns verkünden:
> Woher entstand, woher die Weltentfaltung?
> Die Götter sind doch nach ihr erst geworden!
> Wer weiß es denn, von wannen sie gekommen?
> Von wannen diese Schöpfung ist gekommen,
> Ob er geschaffen sie, ob nicht geschaffen,
> Das weiß nur der, des Auge sie bewachet
> Vom höchsten Himmel — oder weiß auch er es nicht?

Auch an Äußerungen eines ausgesprochenen Skeptizismus fehlt es im Veda nicht. So ist einige Mal die Rede von Leuten, die das Bestehen Indras leugnen, und die man durch greifbare Beweise von dessen Existenz zu überzeugen sucht

Die drei wichtigsten Gedichte solchen metaphysischen Inhalts sind das 90., 121. und 129. des zehnten Buches. Das erstgenannte ist das Lied über den Purusha oder das „Urwesen". Darin werden Schöpfer und Schöpfung bis zu einem gewissen Grade identifiziert; das Weltall wird als der Körper eines Riesen vorgestellt, der von den Göttern nach dem Ritus als Opfertier aufgetragen und in seine Teile zerlegt ist. So groß ist Purusha, dass die sichtbare Welt nur ein Viertel seines Körpers ist, die anderen drei Viertel sind unsterblich und im Himmel. In diesem Liede steht auch der Vers, den die Brahmanen, um ihre Ansprüche auf den höchsten Rang in der Menschenwelt zu bekräftigen, von alters her als „Text aus der Schrift" zitieren: der Brahmane ist des Purusha Mund, die Kshatriya sind seine Augen, die Vaiśya seine Schenkel, die Śudra, die Dienstbaren, seine Füße.

Das 129. Lied stellt in gehobener Sprache den ersten Grund aller Dinge als etwas Unpersönliches dar. In dem Chaos, das dieser Welt vorherging, lebte — so heißt es dort — der Urgrund aller Dinge. Sein Name ist: „das Eine". In dem 121. Lied dagegen herrscht die Auffassung eines persönlich gedachten Schöpfers. Dass dieser durch Abstraktion geschaffene höchste Gott die Züge eines Lichtwesens, eines Sonnengottes, trägt, erhellt schon aus seinem Namen: Goldschoß (Hiranyagarbha). „Er erstand im Anfang", sagt der Dichter, „er war der einzige Herrscher alles Gewordenen. Er hält den Himmel und die Erde." Aber gleich danach, überzeugt, wie wenig er von diesem Urwesen weiß, fügt er hinzu: „Wer ist dieser Gott, dem wir mit Opferspeise huldigen sollen?"

„Der Lebensatem gibt und Kraft; dessen Gebot alle Devas folgen, dessen Schatten Tod ist, und dessen Schatten Leben: wer ist dieser Gott? usw.

„Der durch seine Majestät der König ist von allem, was da atmet und mit den Augen blinzelt, der über Zweifüßler und Vierfüßler herrscht: wer ist dieser Gott? usw.

„Durch dessen Hoheit diese Schneeberge fest stehen, das Meer gefüllt ist und die Flüsse strömen, dessen Arme die Himmelsgegenden sind: wer ist dieser Gott? usw."

In dieser Weise und in dieser erhabenen Bildersprache geht es weiter, bis endlich in der Schlussstrophe die Antwort gegeben wird:

„Prajâpati, kein anderer als Du umfasst all dieses Geschaffene: möge uns das werden, wofür wir Dir opfern."

Prajâpati, eine zum Eigennamen gewordene, in ihrem Wesen völlig durchsichtige Benennung des Beherrschers alles Geschaffenen — das Wort bedeutet „Herr der Geschöpfe" oder „Herr der Menschen", und könnte als ein Gegenstück zu dem homerischen „Hirten der Völker" gelten —, Prajâpati ist schließlich die Göttergestalt geworden, die dem stark empfundenen Gefühl der Einheit in Natur und Weltall Ausdruck gab. In den Kreisen, in denen man sich gern in die geheimnisvollen Kräfte der Opferbräuche und in das Wesen der Dinge vertiefte, erlangte diese durch Abstraktion geschaffene und ziemlich vage vorgestellte Personifikation des Schöpfers, des Beherrschers der sichtbaren Welt, allmählich eine große Bedeutung.

Doch verdrängte sie nicht die andere, gewiss nicht weniger großartige Konzeption, die den Grund aller Dinge als etwas Unpersönliches auffasst und als Namen dafür ein Wort sächlichen Geschlechts verwendet. Im Rigveda X, 72 lesen wir „Aus dem Nichtseienden ist in der Zeit, als die Devas [1]) in ihrer ersten Existenzperiode waren, das Seiende hervorgegangen." Aber dieser Vorgang wird in dem Liede nicht so gedacht, als vollziehe er sich von selbst. Auch hier hat eine Person den Anstoß gegeben, aber eine der allerabstraktesten des vedischen Pantheons. Es ist Brahmanaspati, die personifizierte Macht des Opferspruchs, sozusagen der Genius jener heiligen, zauberkräftigen Worte, welche die Opferhandlung begleiten und ohne die sie keine Wirkung haben könnte. Bezeichnend für die Zeit und für das Milieu, in dem solche Kosmogonien erdacht wurden, ist es, dass man sich dieselbe geheimnisvolle Macht, die man sich bei den Opferfeiern anwesend dachte, die zu bestimmten Zeiten verrichtet werden mussten, und die für das Bestehen der Welt und das Wohl der Familien so notwendig waren, auch als bei der ersten Schöpfung anwesend vorstellte. Auf diese Weise ist es erklärlich, wie das Wort *Brahma*, das ursprünglich „Gebet" oder besser „Opferspruch" (*carmen*) bedeutet, später zu dem Namen, der Formel, womit man die Weltseele benannte, werden konnte.

Zwischen diesen beiden Vorstellungen des höchsten We-

---

1) Das Wort „Deva" passt für die drei Begriffe: Gott, Element und Kraft.

sens als eines persönlichen und eines unpersönlichen ist der indische Gottesbegriff stets in der Schwebe geblieben.

Diese unpersönliche Form werden wir näher betrachten, wenn wir die Dogmen der Upanishads behandeln. Die persönliche herrscht in den Brâhmanas. Hier ist Prajâpati die gewöhnliche Benennung für den Schöpfer und Erhalter der Welt und alles Geschaffenen. Manche Geschichte wird uns von seiner schaffenden Kraft erzählt, darunter gar Wunderliches und Primitives, auf das wir hier nicht näher einzugehen brauchen.

Der Begriff „schaffen" aber bedarf einer näheren Erklärung. Die Welt, die der indische Schöpfer erschafft, ist in anderem Sinne sein Werk als die Schöpfung des Jahwe zu Beginn der Genesis; hier hat Gott, wie Augustinus mit Recht erklärt, Himmel und Erde aus nichts gemacht: „Denn Du hast sie gemacht (aber) nicht aus Dir." Die Vorstellung des indischen Schöpfungsbegriffes ist die eines Aussichhervorgehenlassens. Dem entspricht auch die Bedeutungsentwicklung des Sanskritwortes, das wir mit „erschaffen" übersetzen. Mit anderen Worten, der indische Schöpfungsbegriff ist pantheistisch, nicht monotheistisch aufzufassen. Der Schöpfer lässt die Welt aus sich heraus ins Dasein treten. Die Namen, mit denen man diesen creator mundi bezeichnet, mögen sich ändern — schon seit langem hat im Volksglauben Prajâpati Brahma Platz machen müssen —, die Vorstellung, die man sich von der Schöpfungstat, oder besser. gesagt, von den Schöpfungstaten macht (auch in Indien geschieht das Schöpfungswerk in Abständen), ist stets pantheistisch geblieben.

Nicht immer aber wird in diesen Schöpfungsgeschichten der persönlich schaffende Gott als das zuerst Bestehende aufgefasst. Manchmal wird ausdrücklich gesagt, dass Prajâpati entstand, als schon etwas anderes da war. So z. B. in folgendem Brâhmanatext: „Im Anfang war diese Welt lauter Wasser. Da kam Prajâpati (als) einzig (bestehendes Wesen) zum Vorschein auf einem Lotosblatt. In seinem Geist entstand diese Begierde: ich will diese (Welt) aus mir entstehen lassen!" Doch stets wird dieser Schöpfer als aus sich selbst entständen betrachtet. Einer seiner Namen ist denn auch Svayambhû („der von selbst [oder: aus sich selbst] geborene"). So heißt er unter anderem in dem Schöpfungsmythus, mit welchem das klassisch gewordene sogenannte „Gesetzbuch des Manu" anhebt (I, 5): „Diese Welt war tiefe Finsternis, jedes Kennzeichens bar, nicht zu unterscheiden, nicht zu erkennen, noch durch Beweisführung zu erfassen, überall wie in tiefem Schlaf ruhend.

(6) „Da erschien Svayambhû, der Herr, der, selbst über dem Bereiche der Sinnesorgane stehend, diese aus den (fünf) Elementen und so fort bestehende Welt in den Bereich der Sinnesorgane brachte. Strahlend in Glanz vertrieb er die Finsternis.

(7) „Er, der über dem Bereiche der Sinnesorgane und unserer Vorstellungskraft steht, der Ewige, Ungreifbare, sich in allen Geschöpfen Offenbarende, mit Gedanken nicht zu Fassende, er strahlte da von selbst aufwärts,

(8) „als er den Entschluss gefasst hatte, aus seinem Körper die verschiedenen Geschöpfe entstehen zu lassen. Die Wasser entließ er zuerst aus sich, in dies legte er seinen Keim nieder.

(9) „Dieser wurde ein goldenes Ei, das glänzte wie mit tausend Strahlen. Darin wurde er selbst geboren als Brahma, der Urvater der gesamten Welt . . . .
. . . .

(12) In diesem Ei wohnte der Herr ein volles Jahr. Da ließ er durch die Kraft seiner Meditation das Ei sich von selbst in zwei Stücke spalten.

(13) „Aus diesen zwei Hälften schuf er Himmel und Erde, in der Mitte bildete er den Luftraum, die acht Himmelsgegenden, den ewigen Sammelplatz der Gewässer."

Und so geht es in Einzelheiten weiter. Es zeigt sich, dass der Schöpfer nicht alles Geschaffene selbst und unmittelbar ins Leben zaubert, er hat sich Mithelfer geschaffen, die ihm in seinem Werke beistehen, und von denen jeder sein ihm eigenes Gebiet ausstattet.

Ich habe diesen autoritativen Text, wenngleich er jünger ist als das vedische Zeitalter, aus verschiedenen Gründen angeführt. Erstens, weil er einen Begriff von den Schöpfungsgeschichten gibt, wie sie in der epischen und purânischen Literatur so häufig vorkommen, und wie sie auch in dem heutigen Indien in Umlauf sind. Sodann, weil man hier so deutlich sieht, dass diese Schöpfungsmythen nichts anderes sind- als Beschreibungen der Morgendämmerung und des Sonnenaufganges, nur zurückgeworfen in die Vergangenheit, in den Anfang aller Dinge. Endlich um darauf hinweisen zu können, dass in der späteren Entwicklungsperiode der indischen Religionen, in dem Hinduismus, nicht die Auffassung herrschte, als habe eine solche Schöpfung nur einmal stattgefunden, sondern dass nach bestimmten Zeiten, die sich über Tausende von Jahrmillionen erstrecken, Weltuntergänge und Weltentstehungen regelmäßig miteinander wechseln. Welch ein großartiges Gefühl für die Unendlichkeit des Raumes und der Zeit liegt nicht in dieser Lehre von den vier Weltperioden, ihrem ewigen und regelmäßigen Wechsel, mag sie uns auch in ihren vielen Details kindlich und barock erscheinen! Aber wir können hierauf nicht weiter eingehen. Vedisch ist diese Lehre nicht.

Viertes Kapitel

Die vedischen Vorstellungen vom Leben nach dem Tode.

Außer dem Geheimnis vom Grunde unseres Daseins ist es vor allem das Mysterium des Todes, das, und zwar mit noch stärkerem Drang, das Nachdenken des Menschen anreizt. Zu wissen, wie wir auf die Welt gekommen, und wie es kommt, dass diese Welt besteht, hat, unmittelbar wenigstens, keine praktische Bedeutung, denn es handelt sich um Vorgänge, die hinter uns liegen; aber sterben müssen wir alle, und das Schicksal unserer Seele im Jenseits kann von unserer irdischen Lebensführung abhängig sein. Der Gedanke an die Notwendigkeit unseres Sterbens, die kurze Dauer dieses Lebens selbst und die Ungewissheit unserer Todesstunde ist der ewig rinnende Quell, der das religiöse Gefühl im Menschen nährt und unterhält und es immer wieder von neuem belebt, wenn es durch andere Ursachen geschwächt und verkümmert ist. Was geschieht nach unserem Tode mit unserer Seele? das ist die Kardinalfrage, auf die sowohl die verschiedenen Bekenntnisse der offenbarten Religionen, als die den Eingeweihten gleichfalls offenbarten „Geheimnisse" der verschiedenen Heilslehren und Theosophien bestimmte Antworten geben.

Über das Verhältnis von Körper und Seele, über ihre Trennung im Tode herrschten im alten Indien der vedischen Zeit ungefähr die gleichen Vorstellungen, wie man sie bei Völkern dieser Kulturstufe überall antrifft. Dieses Geglaubte lernt man am besten aus den Begräbnisgebräuchen und dem Totenkultus kennen. Kann man doch von ihnen aus auf den Gedankengang zurückschließen, der in diesen Zeremonien und in diesem Ritus seinen Niederschlag gefunden hat.

In dem vedischen Indien begrub man die Leichen oder verbrannte sie. Den Beweis hierfür liefert die Tatsache, dass die Sammlung des Rigveda sowohl ein Begräbnislied als ein Verbrennungslied enthält. Vermutlich ist bei der einen Familie das Begraben, bei der anderen das Verbrennen der Leiche Sitte gewesen. Doch sind Gründe vorhanden, dem Begraben die Priorität zuzusprechen. Als die Verbrennung immer allgemeiner üblich geworden war und zuletzt die Leichenbestattung gänzlich verdrängt hatte, [1]) sorgte man doch immer ängstlich dafür, dass die Gebeine aus der Asche gesammelt und in der Erde bestattet wurden. Noch jetzt ist dies eine teure Pflicht. Bei dieser Gelegenheit werden auch Strophen folgenden Inhalts aus dem vedischen Begräbnislied rezitiert: „Gehe ein zur Mutter Erde hier, die Raum dir bietet in Überfluss, die breite, die wohlwollende! — Nimm ihn auf, o Erde, schmerze ihn nicht; gib ihm ein weiches Kissen und eine bequeme Ruhestätte, hülle ihn ein, wie eine Mutter ihr Kind zudeckt mit dem Saume ihres Gewandes!"

Auch jetzt noch ruht auf dem Nachkommen die Pflicht, die Seelen seiner Ahnen zu bestimmten Zeiten mit Speise und Trank zu versorgen. Bei anderen Kulturvölkern hat sich diese Verpflichtung dahin verschoben, dass zu bestimmten Zeiten Gebete für das Heil ihrer Seelen verrichtet werden müssen; in Indien aber herrscht die alte Sitte noch unverändert, genau wie vor 2000 und 3000 Jahren. Der indische Hausvater verrichtet auch heute noch, auf eigenem Grund und Boden, die heilige Opferhandlung für die Pitaras, seine Väter; die für sie bestimmten Speisen und Tränke lässt er in eigens zu diesem Zweck gegrabenen Rinnen in die Erde sickern. In allerlei Formen und bei mancherlei Gelegenheit muss er dem Vater, Großvater und Urgroßvater diese Verehrung umständlich, und indem er sie bei ihrem Namen anruft, erweisen; bei den früheren Ahnen geschieht dies in einfacherer Weise nur durch

---

1) Kinder unter zwei Jahren und Asketen wurden und werden nie verbrannt. Ihre Bestattung wird in den Handbüchern des Rituals vorgeschrieben.

eine Wasserspende, und fernerhin ganz im Allgemeinen „den Pitaras". Die Erfüllung dieser Pflicht gegen die Toten, welche nur von ihren Nachkommen, den Angehörigen ihrer Sippe und von niemand anderem vollzogen werden kann, spielt eine wesentliche Rolle im Leben des Hindu.

Aus dieser Art der Toten Verehrung ist zu schließen, dass man sich ursprünglich das Fortleben der Seelen in der Nähe ihrer irdischen Wohnstätte gedacht haben muss, und dass man meinte, auch in jenem körperlosen Zustand hätten sie das Bedürfnis nach Nahrung behalten. Wie hätten sonst diese Totenopfer, als eine Handlung der Pietät, welche die lebenden Geschlechtsangehörigen zum Nutzen ihrer verstorbenen Vorfahren verrichten müssen, je einen Sinn haben können! Andererseits stellte man sich die Seelen als im Besitz höherer Kräfte vor, wie sie den Göttern eigen sind, mit denen sie sowohl schaden wie helfen können. Auch aus allerlei anderen Angaben zeigt sich, dass sie diese höheren Kräfte besonders in Bezug auf die eigene Familie anwenden können und wollen. Dies darf uns nicht wundern. In der antiken Gesellschaft tritt das Individuum ganz zurück hinter der Einheit, welche die Familie, der Clan, der Stamm bildet. Dies Gefühl der Solidarität der Familie hat sich im Orient bis auf den heutigen Tag kaum verändert. Bei den Indern, den Chinesen und bei allen anderen Völkern, welche die alte Seelenverehrung durch Geschenke an Speise, Trank, Kleidung usw. beibehalten haben, umfasst die Familie ebenso wohl die Seelen der Verstorbenen wie die lebende Generation. Die höhere Einheit des Geschlechts ist nicht aufgehoben, wie dies bei uns vielfach geschehen ist.

Es liegt nicht in der Richtung dieses Buches, die weitreichenden Folgen, welche dieser uralte Glaube und was damit zusammenhängt auf die Entwicklung der gesellschaftlichen Verhältnisse, auch der des Rechtes, gehabt hat, eingehend zu besprechen. Nur auf einen Punkt muss ich hier hinweisen. Wenn das Vorhandensein von Nachkommen eine wesentliche Bedingung für ein glückliches Fortleben nach dem

Tode ist, so wird die Ehe zu einer religiösen Pflicht. So ist denn auch bei den Indern der Ehestand immer nicht nur als eine aus praktischen Gründen entstandene gesellschaftliche Einrichtung, sondern als ein heiliges Institut betrachtet worden, dem sich niemand entziehen darf. Nicht nur, dass man auf keine andere Weise seine durch die Geburt selbst erwachsene „Schuld gegenüber den Pitaras" einlösen kann; auch das eigene persönliche Seelenheil würde verloren gehen, wenn kein Stammhalter da wäre.

In diesem alten, kräftigen Glauben, dass das Glück und die Seligkeit unserer Vorfahren und unserer selbst von der regelmäßigen Erfüllung dieser Unterhaltungspflicht seitens der Nachkommen abhängig ist, wurzelt auch das in den primitiven Gesellschaften so vielfach vorkommende Institut der Adoption. Ein kinderloses Ehepaar ersetzt auf diese Weise durch eine Fiktion den Mangel an Nachkommen, welche die Natur ihm versagt hat. Das durch Adoption feierlich in die Familie aufgenommene Kind tritt dann in alle Rechte und übernimmt alle Verpflichtungen der Blutsverwandtschaft. In Indien ist denn auch die Adoption ein Rechtsinstitut; sie hat Rechtskraft und bringt gesetzliche Rechte und Verpflichtungen mit sich; sie wird in dem indischen Recht als eine Rechtshandlung anerkannt und in den Rechtsbüchern gründlich und bis in das einzelne gehend behandelt.

Während die Totenbestattung mit ihrem Ritus und die Totenverehrung seitens der Nachkommen auf den Glauben an einen unterirdischen Aufenthalt der Verstorbenen hinweisen, an eine Unterwelt, ein Haus des Hades, gehört die Leichenverbrennung in einen anderen Vorstellungskreis. Hier stellt man sich vor, dass beim Tode die äußerst feine Seele, d. h. das was in dem Körper, als er noch lebte, das Leben war, wie ein Atemzug, ein leiser Windhauch den Körper verlässt und in den Raum entschwebt. Das reinigende Feuer, die machtvolle Gottheit, die ebenso ihr verwandt ist wie dem Blitzstrahl, den Himmelslichtern und dem Windgott, Agni, möge sie zum Himmel emportragen und zu den Göttern des Lichtes, die dort thronen! Dieser Gedanke wird in verschiedener Form in dem Verbrennungsliede der Vedensammlung ausgesprochen. Ob jedoch die Seele des Verstorbenen, dem man die letzte Ehre erwiesen hatte, im Himmel angelangt war oder nicht, war natürlich unsicher. Verwandt mit Wind und Licht, wie man sich die Seele dachte, konnte sie in dem unendlichen Weltraum, in den sie geriet, wenn sie sich von dem Körper losgelöst hatte, ebenso gut eine andere Richtung einschlagen. Sie konnte in der Luft schweben bleiben, aber auch herniederfahren in die Wasser oder in die Tiefe. In einer der Anweisungen zum Ritus (Sûtra) wird darum gelehrt, dass, wenn die Leiche auf dem Scheiterhaufen drei Feuern zugleich preisgegeben wird (nämlich: den drei heiligen Feuern, in welchen der fromme Tote zu opfern pflegte), man aus der Flamme des Feuers, das den Toten zuerst erreicht, auf den Ort, wohin die Seele ihren Weg nimmt, schließen kann.

Hieraus zeigt sich klar, dass man sich den Himmel nicht als den Sammelplatz *aller* Pitaras vorstellte. Sie halten sich, so glaubte man, entsprechend ihrer Geistesnatur, in Wirklichkeit überall auf. In den Sprüchen, die bei den Opferhandlungen an sie gerichtet werden, wird dies außerdem ausdrücklich gesagt.

Von einem Zusammenhang dieses Aufenthalts in der Unterwelt, dem Luftraum oder dem Himmel mit der Lebensführung auf Erden ist in den vedischen Liedersammlungen noch wenig zu spüren. Doch war diese Vorstellung auch damals schon vorhanden. Den Frommen wenigstens wurde irgendeine himmlische Wohnstätte in Aussicht gestellt. Die Ritter, welche im ehrlichen Kampf fielen, wurden nach uraltem Glauben in der Wohnung Indras, d. h. bei dem König der Himmelsgötter, der selbst Krieger und Held war, aufgenommen. Höllenstrafen als Folgen sündhafter Handlungen werden in den ältesten Texten kaum erwähnt, aber es zeigt sich deutlich, dass auch dieser Glaube in Indien uralt ist. Im 6. und 5. Jahrhundert vor unserer Zeitrechnung, also in der Zeit als der Buddhismus entstand, war der Glaube an himmlische Belohnungen und an Höllenqualen zweifellos allgemein und unter allen Schichten der Bevölkerung verbreitet. Ebenso der Glaube an einen König des Totenreiches, ein indisches Gegenstück zum Hades. Als solchen verehrt und fürchtet man Yama, den Sohn des Viwasvant. Man hielt ihn, wenigstens später, außerdem für eine Art Minos, der die Taten der verstorbenen Menschen richtet, die guten und schlechten gegeneinander abwägt, und das Urteil spricht; das der Seele ihren Wohnort anweist.

Aus dem Veda ist von diesem Amt noch nicht viel zu ersehen. Hier ist Yama, oder König Yama, wie er gerne genannt wird, der ehrwürdige und gefürchtete Herrscher der Pitaras, dessen beide Diener, fürchterliche Hunde, auf der Erde unter den Menschen umherlaufen. In einem an ihn gerichteten Liede wird er der Fürst genannt, der den Menschen vorangegangen ist auf dem Wege, auf dem sie nach ihrem Tode aufwärts steigen müssen. Auf diesem Wege sind einst unsere Väter von uns gewandelt, und auch wir werden ihn dereinst gehen.

So häufig auch im Veda von ihrem Verweilen in den himmlischen Welten gesprochen wird, von einer Gleichstellung der Pitaras, der Geister der Verstorbenen, mit den Devas, den Himmels- und Lichtgöttern kann keine Rede sein. Sie werden so entschieden wie möglich als zwei verschiedene Klassen von Wesen auseinander gehalten. Im Ritus — worauf wir schon hingewiesen haben — werden sie sogar direkt einander entgegengesetzt. Manchmal wird dieser Gegensatz so formuliert, dass man die Devas „unsterblich" und die Pitaras „Sterbliche" nennt.

Noch eine andere sehr merkwürdige Folgerung hat die alte Betrachtung der Kenner des Rituals aus diesem Gegensatz gezogen. Es wurde ein Zusammenhang zwischen der nördlichen Hälfte der Sonnenbahn und den Devas, und ein ebensolcher zwischen der südlichen und den Pitaras angenommen.

Dort, wohin der Sonnengott zieht, wo er in der Sommersonnenwende seinen höchsten Stand erreicht, dort ist die Lichtwelt der ewig jungen, in Lebensgenuss und Freude strahlenden, unsterblichen Götter. Die Bahn, welche zur Wintersonnenwende führt, wo die Nacht über den Tag siegt, führt auch zu dem Reich der in Nebel und Düster schwebenden, geheimnisvollen Pitaras, den Kindern des Todes. Nicht ohne Grund versetzen die Inder ihren Totengott Yama in den Süden und betrachten ihn als den Beherrscher dieser Himmelsgegend. Man ist sogar so weit gegangen, aus der Jahreszeit, in der jemand gestorben war, bestimmen zu wollen, ob seine Seele auf der nördlichen Bahn in den höchsten Himmel zu den Lichtgöttern, oder aber südwärts ziehend in das Reich der Pitaras zu Yama gelangen werde. Diese niedrigere Sphäre wird auch wohl der Mondsphäre gleichgesetzt. Sie ist ihrer Natur nach nicht frei von Todesgefahren.

Und hier kommen wir zu einer unserer Denkweise sehr fernliegenden Auffassung, der wir in den Brâhmanatraktaten wiederholt begegnen, und die aus dem oben Gesagten verständlich sein wird: der Furcht vor einem zweiten Tode. Was würde geschehen, wenn die Seele im Jenseits wiederum ein Raub dieses Mächtigen würde, der allem ein Ende macht? Im Mahâbhârata findet sich eine Erzählung, in der ein wandernder Asket folgende Begegnung hat. Er sieht einmal in einem tiefen Brunnen Männer hängen mit dem Kopf nach unten, die sich an einem langen, dünnen, rundum abgefressenen Grashalm festklammern. Auf seine Frage, wer sie seien, erfährt er, dass er bei seinen Vorvätern stehe, die zum Untergang verurteilt seien, weil der letzte ihres Geschlechts die Ehe scheute; „wenn du ohne Nachkommen stirbst", sagen sie, „werden wir alle und auch du zugrunde gehen und in die Tiefe versinken". Diese Worte machten Eindruck. Er gab das Leben der Keuschheit und Entsagung auf, und nahm ein Weib. Diese Geschichte hat natürlich den Zweck, den Nachkommen ihre Pflichten ihren Voreltern, ihren Pitaras gegenüber, einzuschärfen. Aber zugleich ist sie ein sprechender Beweis für die Furcht, dass ein neuer, fürchterlicherer Tod auch im Jenseits möglich sei. Abgesehen von dem, was die Nachkommen durch ihre Willfährigkeit tun konnten, um solches abzuwenden, welche Gewähr hatte man, dass der glückliche Zustand der Seele ewig dauern werde? In einem anderen Gedankengang, in welchem das Los im Jenseits von der Lebensführung abhängig gemacht wird, ist auch der Lohn für ein tugendhaftes Leben nicht unbegrenzt, sondern steht im Verhältnis zu der Summe der guten Werke, das heißt: zu einer endlichen Größe.

Man sieht, die vedische Zeit hat keine feste, klare Vorstellung vom Jenseits. Über das Geheimnisvolle, das hinter dem Tode liegt, wird auch gern in geheimnisvoller Sprache geredet. Was gesagt wird, ist mehr die Äußerung einer mit Furcht gemischten Neugierde nach dem großen Unbekannten, als der Ausdruck eines festen Glaubens. Die Abwesenheit eines zwingenden Dogmas förderte die treue Beobachtung der alten Gebräuche des Totenritus und der Opferpflichten den Verstorbenen gegenüber. Es war nie mit Sicherheit zu sagen, wie viel und welche Übel man durch Vernachlässigung anrichten konnte.

Aber so zäh und mächtig wie diese Bräuche, ebenso unbeschränkt und frei war und ist auch jetzt noch in Indien die Welt der Gedanken. Die Freiheit der Gedanken und des Gewissens hat in Indien stets geherrscht. Der Unglaube ist dort so uralt wie der Glaube. So kann es uns nicht befremden, dass unter den verschiedenen Tönen, die das religiöse Gefühl in Bezug auf das Mysterium des Todes dort erklingen lässt, wir auch einen vernehmen, der die Klangfarbe eines materialistischen Instruments aufweist. In dem alten vedischen Verbrennungsliede findet sich eine Strophe, die folgendermaßen lautet: „möge dein Gesicht eingehen zum Sonnengott, dein Atem zum Wind; gehe in den Himmel, in die Erde, so wie es recht ist; oder gehe in die Gewässer, wenn es dort gut für dich ist; setze dich mit deinen Organen in die Pflanzen". Wer dies dichtete, muss die Vorstellung gehabt haben, dass auch des Menschen Seele ein zusammengesetztes Etwas sei, das, durch den Tod von dem Körper gelöst, infolge der Verbrennung, d. h. durch die Macht des Feuergottes, in seine Bestandteile zerlegt wird. Bis zu einem gewissen Grade ist dies das indische Gegenstück zu dem Spruche: Aus Erde bist du genommen und zu Erde sollst du wieder werden! Aber nur bis zu einem gewissen Grade, denn was hier angeredet wird, ist die Seele, nicht der Körper, wenigstens nicht ausschließlich der Körper. Dann aber ist die Seele hier als etwas Stoffliches gedacht; denn sie ist etwas Teilbares, sie löst sich in ihre Bestandteile auf — die Elemente, aus denen sie besteht — und jedes Element zieht dahin, wohin es gehört. Auch hier liegt der Keim zu Vorstellungen, deren Entwicklung wir im nächsten Abschnitt verfolgen werden.

Zweite Abteilung.

Was lehrt die indische Theosophie?

Erstes Kapitel

Allgemeiner Charakter der theosophischen Lehrsätze.

Die indischen Betrachtungen über die letzten Dinge sind nicht in erster Linie aus Wissbegierde hervorgegangen, sondern einem religiösen Drang entsprungen. Die getreue Verrichtung der vielen und vielerlei Gebräuche, die von Geschlecht auf Geschlecht überliefert waren, verbürgten, so glaubte man, Besitz, Erwerb irdischer Güter und, im günstigsten Falle, in einem folgenden Leben den Himmel. Aber der Erwerb und Besitz von Land und Vieh, Sklaven und Kindern, von Gesundheit und Glück in allen Unternehmungen, von Macht und äußerem Einfluss, sind zeitliche Güter. Die Endlichkeit aller dieser Dinge ist nur zu gewiss. Die Dauer der Himmelsfreuden war unbestimmt, gegen einen zweiten Tod war man nicht gesichert. Überhaupt herrschte in Bezug auf das Schicksal der Seele im Jenseits große Unsicherheit.

Derartige Betrachtungen pflegen auf die große Menge der Menschen keinen so überwältigenden Eindruck zu machen, dass sie dadurch etwa veranlasst würden, einen anderen Lebensweg zu suchen als den, auf welchen die Gewohnheiten ihrer Umgebung, in der sie aufgewachsen sind, sie weisen. Ernste Naturen, welche so von dem Bewusstsein der Vergänglichkeit alles Irdischen durchdrungen sind, dass ihr Geist sich nur damit beschäftigt, das Ewige und Unvergängliche zu suchen, sich ganz in ihm zu vertiefen, wenn sie es gefunden haben — solche Naturen werden in Indien ebenso zur Minorität gehört haben wie bei uns. Aber diese Minorität war im Verhältnis eine zahlreichere und sie war von großer Kraft des

Geistes. In einer Gesellschaft wie der indischen, mit ihrer Anhänglichkeit an alte Gebräuche, mit ihrer strengen Einteilung in Kasten und Stände, mit der gewaltigen Macht des Familienverbandes gegenüber dem Individuum, müssen es wohl nur sehr starke Persönlichkeiten gewesen sein, die es wagten, ihren Rang und Besitz aufzugeben, um, wenn ihre Gewissenspflicht sie antrieb, mit ihrer Umgebung zu brechen, das kümmerliche und verachtete Leben eines Ausgestoßenen auf sich zu nehmen und auf die rechte Weise für das höchste Ziel ihrer Seele zu sorgen. Das Mönchtum ist in Indien uralt, und manche indische Religion hat einen Mönchsorden zum Mittelpunkt, so der Buddhismus.

Mehr als andere Länder wird Indien von dem Gedanken beherrscht, dass die uns umgebende Welt und wir selbst vergänglich sind. „Alles Sammeln endigt mit Verlust, auf jegliche Erhebung folgt der Fall, alle Vereinigung läuft auf Trennung hinaus, und das Leben führt zum Tod." Dieser oft angeführte Spruch gibt gar so gut die Stimmung wieder, welche so viele Inder und darunter die besten und höchststehenden, zu einem Leben der Betrachtung und Entbehrung gebracht hat. Denn von zwei Dingen ist man dort überzeugt: Das Nachdenken über die höchsten Fragen des Lebens lässt sich nicht vereinigen mit dem Leben in der Welt, und sodann, mögen wir auch noch so sehr an die Endlichkeit und Relativität dieser sichtbaren Welt gebunden sein, wir können dennoch das Absolute und Unendliche erreichen. Das erste macht den Verzicht auf Vermögen und Rang zu einer notwendigen Bedingung und lässt den Hausvater zum wandernden Bettelmönch werden; das zweite gibt dem Heilbegierigen Beharrlichkeit, denn er hat die Gewissheit, entweder selbst die höchste Wahrheit zu finden, oder die von früheren Weltverächtern gefundene höchste Wahrheit ganz in sich aufnehmen und sie zum Heil seiner Seele anwenden zu können.

Die Ideen und Lehren dieser wandernden Asketen sind von großem Einfluss auf die sittlichen und religiösen Ansichten des ganzen Hinduvolkes gewesen. Wir werden später davon handeln. Jetzt fordert eine andere Gruppe unsere Aufmerksamkeit heraus.

Der Zeit nach älter und von noch tieferer Wirkung sind die Betrachtungen, welche sich in den *Upanishads* finden. Es sind die Ergebnisse der Betrachtungen, die von ähnlichen, aber doch nicht denselben Kreisen von Wahrheitssuchern angestellt wurden. Man könnte die Verkünder der Lehren der Upanishads die Vorläufer der vielen Heilslehren nennen, die seit dem 6. Jahrhundert vor Christus in Indien entstanden sind, und von denen der Buddhismus weitaus die größte historische Bedeutung erlangt hat. Die Upanishads erkennen die Allmacht und den mystischen Wert der alten Vedasprüche an; die buddhistischen und viele andere Heilslehren dagegen sind ganz von dem Veda losgelöst. Deshalb hat der Inhalt der Upanishads dem Hindu bis auf den heutigen Tag als etwas Heiliges und als unfehlbare Wahrheit gegolten, und der Buddhismus ist in seinen Augen eine teuflische Ketzerei.

Es ist bereits gesagt worden, dass das Milieu, in dem die Lehren der Upanishads entstanden, ein anderes war als das der jüngeren Heilslehren. Eine alte, von dem brahmanischen Adat [1]) anerkannte Satzung gebietet dem Mann, nach der Zeit, die er als Hausvater verlebt, die letzte Lebensperiode außerhalb des Dorfes im Wald oder in der Wildnis zu verbringen. Die Brahmanen nehmen nämlich für die drei höchsten Stände, denen das Studium des Veda erlaubt ist, verschiedene Lebensperioden an. Erstens die des *Lehrlings*. Diese Periode beginnt schon früh in der Jugend, bei den Brahmanen im achten Lebensjahre, bei den beiden anderen Ständen etwas später. Ein Sakrament leitet sie ein. Damit gibt der Vater den Sohn in die Hände des brahmanischen Lehrmeisters. Dieser lehrt ihn den Veda, das heißt, er lässt ihn die Sprüche und Lieder sorgfältig auswendig lernen, und unterstützt die Einprägung dadurch, dass er ihn bei den Opferbräuchen, bei denen ein gut Teil dieses Formelschatzes in Anwendung kommt,

---

1) Adat = Gewohnheitsrecht.

mithelfen lässt. In der Zeit, während der er nicht studiert, verrichtet der Schüler für seinen Lehrer eigentlich das Werk eines Knechtes. Strenge Einfachheit in Kleidung, Nahrung und Lagerstätte ist ihm vorgeschrieben. Seine ersten Pflichten sind Keuschheit und das völlige Vermeiden jeder Unwahrheit. Wenn der Jüngling nach vollbrachter Lehrzeit auf zeremonielle Weise und nach einem neuen Sakrament in das elterliche Haus zurückgekehrt und in den Ehestand getreten ist — auch dies ist eine religiöse Pflicht: die Abzahlung seiner Schuld gegenüber den Pitaras — beginnt für ihn die zweite Lebensperiode, die des *Hausvaters*. In dieser Zeit ist er von den Sorgen für seine Geschäfte und seine Familie zu sehr in Anspruch genommen, um sich weiterhin dem Vedastudium widmen zu können. Er darf es jedoch nicht ganz vernachlässigen und muss ihm zu bestimmten Zeiten nachkommen. Dieser Stand des Hausvaters, in dem das religiöse Leben von allerlei Opfern und anderen Pflichten reichlich ausgefüllt wird, dauert bis an das Alter. Wenn seine Haare grau zu werden beginnen und er das Kind seines Kindes sieht, dann soll er die Last des Hausvaters auf seine Söhne legen und wegziehen, entweder allein oder mit seiner Frau, um in der Stille des Waldes ein schlichtes Leben des Studiums und der Andacht zu führen. Kann es eine bessere Vorbereitung auf den Tod geben?

Mag es auch in der Wirklichkeit nicht immer so ausgesehen haben wie in der Theorie, ja vielleicht in den meisten Fällen recht anders, so steht es doch außer Frage, dass im alten Indien eine Reihe solcher Waldeinsiedeleien, Kolonien von Brahmanen, welche sich der Beschaulichkeit ergeben hatten, vorhanden waren. Griechen, die im 4. und 3. Jahrhundert v. Chr. in Indien waren, erzählen uns davon. Außer den Greisen, die dort nach dem Gebot der Religion das Leben eines Waldbewohners führen, müssen sich auch andere dort aufgehalten haben, vor allem Schüler, denn der Vedaunterricht war die Aufgabe der Greise. Und es kam wohl vor, dass jüngere Leute aus dem Drang heraus, der Welt zu entfliehen, sich in Einsiedeleien begeben haben.

In solchen Zentren des Vedastudiums, wo die Opferbräuche sehr eingeschränkt waren, beschäftigte man sich viel mit dem, was man für den tieferen Sinn des Ritus und seiner Zaubersprüche hielt. Und weil sich in diesen Waldklausen die Gedanken weniger bei den Genüssen dieser Welt als bei der Sorge, was mit uns nach dem Tode geschehen werde, aufhielten, entstand hier vor allem die Strömung, deren Anhänger, im Gegensatz zu den Männern des Ritus, dem Wissen einen höheren Wert als den guten Werken beilegten. Durch strenge Selbstbetrachtung und durch Denkübungen, in denen der Geist des Asketen sich von der ihm gleichgültig gewordenen Welt abwendete und sich in das eigene Innere kehrte, glaubte man ein höheres Wissen erreichen zu können als durch nur sinnliche Wahrnehmung. Dies Wissen aber war im Übrigen nur für die bestimmt, welche durch die vorhergehende Vorbereitung als dafür reif erachtet werden konnten. Denn ehe man in dieses Heiligtum des höchsten Wissens, wo ein Licht verbreitet wurde über die Einheit, welche hinter der Mannigfaltigkeit der Erscheinungen verborgen liegt, zugelassen wurde, musste man sich eine gründliche theoretische und praktische Kenntnis der rituellen Handlungen und heiligen Opfersprüche und ihres geheimnisvollen Sinnes erworben haben. Um das Recht zu erlangen, sie zu vernachlässigen und sogar ganz beiseitelegen zu dürfen, musste man sie vorerst jahrelang verrichtet und treulich ausgeführt haben.

Der wesentliche Inhalt dieser alten betrachtenden Weisheit der „Waldbewohner", der Brahmanen oder anderer Mitglieder der höheren Stände in ihrer dritten Lebensperiode, ist in den Upanishads niedergelegt. Da diese Weisheit sich als ein wirkliches, wahres Wissen, als eine Wissenschaft hinstellt, ist dafür der Name „Theosophie" gerechtfertigt. „Theosophie" ist ein griechisches Wort, dessen Bedeutung man am besten mit „Wissen von Gott" wiedergeben kann. Der Ausdruck ist nicht erst in unserer Zeit erfunden, sondern recht alt: schon christliche Kirchenväter haben ihn gebraucht. Ebenso wenig ist es eine Neuigkeit, dass man damit die indischen Systeme der Welterklärung und der Erlösung benennt.

Es gibt eine große Anzahl von Schriften, die den Namen Upanishad tragen. Ihre Sprache ist das Sanskrit. Professor Deussen, der verschiedene Bücher darüber geschrieben hat, hat nicht weniger als sechzig Upanishads übersetzt. Die volle Zahl der unter diesem Namen bekannten Schriften aber beträgt viele Hunderte. Sie sind jedoch, mit Ausnahme von einigen sehr wenigen, von kleinem Umfang, und weitaus die meisten sind jüngeren Datums und könnten als Nachahmungen bezeichnet werden. Diese Nachahmungen sind nach Stil und Inhalt so gehalten, dass sie von dem orthodoxen Hindu ohne weiteres mit den älteren und ursprünglichen Werken auf eine Linie gestellt werden; für den Sachkundigen aber sind sie ziemlich leicht zu erkennen. Wir werden uns in diesem Buch, wenn nicht ausdrücklich das Gegenteil gesagt ist, ausschließlich mit den ursprünglichen beschäftigen: ihre Zahl beträgt zehn bis zwölf. Von diesen sind zwei die ältesten, ihr Umfang übertrifft alle anderen weitaus, und sie sind ohne Frage die wichtigsten. Von ihnen kann man annehmen, dass sie, wenigstens in ihrer Grundform, schon vor dem 6. Jahrhundert v. Chr. existierten.

Anfangs waren die Upanishads recht eigentlich Geheimlehren. Mehr als einmal lesen wir, dass sie nicht dem ersten besten mitgeteilt werden dürfen, und dass der Lehrer, der sie kennt, wohl darauf achten muss, wen er sich zum Schüler nimmt. Sie müssen lange Zeit im Besitz von nur einzelnen gewesen sein, die sich das sehr hoch anrechneten und Fremden gegenüber wenig freigebig damit waren. Manchmal kaufen Könige und Fürsten dem weisen Brahmanen, der die geheime Wissenschaft besitzt, diese für große Schätze ab. Öfter ist auch von einem Wettstreit zwischen Brahmanen die Rede, darüber, wessen Kenntnis in einem Wortkampf als die beste erscheinen werde. Und zuweilen, ja mehrere Male finden wir in den Texten erzählt, wie der Fürst, vor dem der weise Brahmane sein höchstes Wissen zu erweisen hat, diesem sein

Wissen als nur in Dünkel bestehend nachweist. Und der König beweist dann seinerseits, dass er es in betrachtender Erkenntnis weiter gebracht hat als der Fachmann.

Aus dem Gesagten wird dem Leser klar geworden sein, dass diese Werke nicht den Charakter reiner Lehrbücher tragen. Sie enthalten erzählende Teile; manche Stücke sind Dialoge, die, wenn auch entfernt, an die Platonischen erinnern; sie werden aber immer zwischen einem alleswissenden Lehrer und einem lernbegierigen Schüler gehalten. Der Ton und die Färbung dieser Gespräche sind im Allgemeinen durch aufrichtiges Gefühl geadelt; eine gemütvolle wohltuende Herzlichkeit spricht aus ihnen. Eindrucksvoll wirkt die innige Überzeugung von der alles überragenden Wichtigkeit der behandelten Probleme, und an manchen Stellen waltet poetische Schönheit im besten Sinne des Wortes.

Die Art der Beweisführung ist nicht derart, als erkläre jemand ein wohl durchdachtes und in sich zusammenhängendes System. Sprungweise und wie durch eine Überraschung wird die höhere Wahrheit dem Wahrheitssuchenden offenbart. Neben der logischen Schlussfolgerung wird dem Gleichnis, der Parabel eine bedeutende Rolle in der Beweisführung eingeräumt. Mehr oder weniger ernsthaft wird vielfach von Wortableitungen Gebrauch gemacht; aus Ähnlichkeit im Klang wird auf Verwandtschaft des Begriffsinhalts geschlossen; kurz, die Wörter werden so gehandhabt, als wären sie selbst die Dinge, die sie doch nur bezeichnen. Dies ist vollkommen begreiflich für eine Zeit, in der man sich nichts anderes als nur einen innigen Zusammenhang zwischen der Sache und ihrem Namen denken konnte und musste. So muss einmal die Ähnlichkeit der Wörter *aham*, das „ich" heißt, und *ahar*, das „Tag" bedeutet, dazu herhalten, um alles Mögliche auf ihr aufzubauen; ein andermal wird zwischen Atem und Nahrung eine wirkliche Verwandtschaft angenommen, weil *anna* „Nahrung" bedeutet und der Stamm *ana* dem Verb „atmen" und dem Substantiv für „Atem" zugrunde liegt. Und welche Fülle von etymologischen und symbolischen Kunststückchen dienen nicht dazu, um die tiefsinnige und geheime Weisheit, die in der heiligen Silbe ôm verborgen liegt, deutlich zu machen.

Ich lasse hier ein Beispiel von dem Stil und der Art des Erzählens folgen:

„Die dreierlei Nachkommen des Prajâpati: Götter, Menschen und Dämonen, verbrachten ihre Lehrzeit bei ihrem Vater Prajâpati. Als die Lehrzeit zu Ende war, sprachen die Götter zu ihm: „Herr, es beliebe dir, zu uns zu sprechen." Er sagte ihnen nichts als die Silbe: da. Er fragte sie: „Habt ihr mich verstanden?" Sie sagten: „Wir haben dich verstanden; du hast uns gesagt: bezähmet euch (dâmyata)." „So ist es", sagte er, „ihr habt mich verstanden."

Auf dieselbe Weise vernahmen die Menschen und die Dämonen, als sie nach vollendeter Lehrzeit von Prajâpati fortgingen aus seinem Munde die Silbe da. Die Bedeutung davon ist für jede Klasse eine andere. Die Menschen verstehen, dass er damit sagen will: „seid barmherzig (datta)", die Dämonen: „habt Mitleid (dayadhvam)".

Und weiterhin im Text heißt es: „Deshalb wiederholt die himmlische Stimme (des Prajâpati nämlich) im Donner immer: da da da. Damit wiederholt sie die dreifache Lehre: „bezähmt euch; seid barmherzig; habt Mitleid". Auf diese drei Dinge muss man darum wohl achthaben". [1])

Worauf es vor allem ankommt, das ist die richtige Formel, in der die welterklärende und Erlösung bringende Lehre zusammengefasst oder symbolisiert ist. Die verschiedenen Geschichten und Betrachtungen sind auf diese Formeln hin zugespitzt. Diese geheimen, an die Worte, worin sie niedergelegt sind, gebundenen Aussprüche, die — und darauf kommt es sehr an — nicht nur gewusst und verstanden, sondern auch unablässig überdacht und gewissermaßen verehrt werden müssen, diese sind *Upanishad* im wahren Sinne des Wortes. Denn es kennzeichnet den Charakter dieser „Wissen-

---

1) Brihadâranyaka Upanishad. V, 2.

schaft" von dem wahren Wesen der Dinge, dass die Formel, in der die höchste Weisheit ihren richtigen Ausdruck fand, geachtet und verehrt werden muss, wenn anders sie die Erlösung, zu welchem Zwecke sie ja erdacht wurde, bringen soll. Die Upanishadformel selbst ist sozusagen eine Zaubermacht, welche die Seelen von dem gewöhnlichen Schicksal nach dem Tode befreit und den Weg zur Unsterblichkeit ebnet. Die Wissenschaft, welche sie enthält, ist eine übernatürliche. So kann es uns nicht wundern, dass das Sanskritwort *vidyâ* „Wissenschaft" auch bedeuten kann „zauberkräftiges Wissen, Zauberspruch".

In einem maßgebenden indischen Gesetzbuch wird einmal gesagt, dass ein Brahmane, dem ein Unrecht angetan ist, lieber sich selbst helfen als bei dem König Recht suchen soll. Stehen doch ihm und ihm allein die sichersten Mittel zur Abwehr, nämlich Beschwörungsformeln und Zaubersprüche zur Verfügung; er möge sie ohne Bedenken anwenden.

Eine derartige Äußerung, und es ist nur eine von vielen, gestattet wie durch ein Schlüsselloch einen Blick in das Milieu dieser Kreise, in denen die indischen philosophischen und theosophischen Systeme entstanden sind und wo sie geherrscht haben. Der Glaube an geheimnisvolle Kräfte, deren glücklicher Besitzer wie ein Gott Böses und Gutes über einen Mitmenschen und Mitgeschöpfe bringen kann, ist in Indien uralt. In den Besitz dieser Kräfte gelangt man durch harte Übungen von verschiedener Art, wozu nicht jeder, auch wenn er es wollte und könnte, geeignet ist. Die eigene Anstrengung kann nur dann etwas bewirken, wenn die anderen Faktoren ebenfalls vorhanden sind: vor allem der Stand, in welchem man geboren ist, sodann guter Unterricht in der geheimen Lehre, der übrigens auch wieder nur demjenigen Auserkorenen erteilt wurde, der anderen vorbereitenden Anforderungen entsprochen hat.

Geringere Ansprüche wurden von den Heilslehren gestellt, welche nicht an den Veda anknüpfen; Wie wir schon oben auseinandergesetzt haben, hat es in Indien seit den ältesten Zeiten wandernde Asketen gegeben, welche durch Selbstkasteiung und allerlei Übungen sich im Besitz des Mittels glaubten, das höchste Heil zu erlangen. Es waren dies nicht ausschließlich Brahmanen, sie brauchten sogar nicht einmal den höheren Ständen anzugehören. Ihre verschiedenen Erlösungstheorien und Erlösungspraktiken waren vom Vedastudium unabhängig und darum jedermann zugänglich. So ist es kein Wunder, dass die dem Veda anhängenden Inder derartige Lehren als Ketzereien und ihre Verkünder und Anhänger als Ketzer verachteten. Nichtsdestoweniger haben diese beiden Richtungen, in welche die indische Theosophie sich verzweigt hat, aufeinander eingewirkt. Die außerhalb des Veda stehenden Theorien haben Einfluss auf die vedischen geübt und umgekehrt. Da ferner der indische Geist nicht in dem gleichen Maße wie der unsrige das Bedürfnis nach scharfgezogenen und genau eingehaltenen Grenzen hat, so empfindet er es nicht als unangenehm, wenn das, was sein Streben nach dem Höchsten befriedigt, nur auf Kosten der Klarheit und Harmonie der Gedanken geschieht. Daher kommt es, dass man in diesen Lehren so vielfach etwas Vages und Verschwommenes findet, das den gesunden Abendländer nicht anzieht. Die Erscheinung, die man in der Religionsgeschichte Synkretismus nennt, kann man in Indien recht ausgeprägt wahrnehmen.

Die meisten von den Welterklärungen und Heilslehren, denen wir unsere Aufmerksamkeit schenken müssen, sind rein idealistisch. Dass in uns eine Seele lebt, welche der einzige Gegenstand unserer Sorge sein muss, und dass der Körper nichts als eine stoffliche Hülle, um nicht zu sagen ein unvermeidlicher Ballast ist, wird als Axiom angenommen; man hält es kaum für notwendig, das Bestehen dieser Seele zu erweisen. Die Buddhisten leugnen zwar die Existenz einer Seele, aber so gut wie die anderen Erlösungslehren sorgt auch die ihre für das Heil jenes Geschöpfes, das von der Seele, wenn sie existierte, inne gehabt werden würde. Nur eine Sekte, die der Cârvâkas, behauptet, dass die Seele eine Funktion des

Körpers sei und dass mit dem Tode alles ein Ende habe. Die übrigen Unterschiede betreffen die Fragen: ob diese Welt der Erscheinungen, wie wir sie mit unseren Sinnen wahrnehmen, wirklich ist oder nicht ist; ob der letzte Ursprung aller Dinge ein Etwas oder ein Jemand sei, und wie man sich dieses oberste Wesen, wenn es als Person gedacht ist, vorzustellen habe; sodann die Fragen nach dem Wesen unserer Seele, und nach ihrem Verhältnis zu dem höchsten Wesen. Und hier stimmen alle darin überein, dass das höchste Streben auf die Erlösung aus dieser Welt der Erscheinungen, und zwar auf eine endgültige Erlösung gerichtet sein müsse.

Von den großen Systemen werden wir uns namentlich mit dem Vedânta, dem Sânkhya, dem Yoga und dem Buddhismus zu beschäftigen haben. Von diesen hat das erste eine ausgesprochen vedische, das letzte eine ausgesprochen ketzerische Richtung; Sânkhya und Yoga sind nach ihrem Ursprung unabhängig vom Veda, und eigentlich sogar im Widerspruch mit ihm, aber beide sind im Lauf der Zeit von dem Brahmanismus sozusagen annektiert und, so gut es gelingen wollte, mit dem Veda in Übereinstimmung gebracht worden. Gegenwärtig haben sie hauptsächlich historische und theoretische Bedeutung. Dasselbe gilt für das Vaiśeshika-System (die Lehre der Atomisten). Dieses hat jedoch einen fast rein philosophischen Charakter und ist weniger als eine Heilslehre zu betrachten. Deshalb wird in diesem Buch von ihm nicht ausführlicher gehandelt werden. Die anderen Systeme werden wir der Reihe nach besprechen, wir wollen jedoch eine Auseinandersetzung über die Âtmanlehre der Upanishads und die Lehre des Karma vorausschicken. Sie tragen beide einen mehr allgemeinen Charakter und sind von Wichtigkeit, um sich einen richtigen Begriff über die besonderen Erlösungslehren zu bilden.

Doch es ist wünschenswert, ehe wir dieses Kapitel beschließen, noch auf einen Punkt hinzuweisen. Wenngleich die großen indischen Denker, wie man unten sehen wird, es in ihrem Forschen nach dem ersten Ursprung der Welt sehr weit

gebracht haben, und ungeachtet der großartigen und erhabenen Vorstellung, die sie sich von der Einheit und Unendlichkeit des Weltalls machen, so wird dennoch das Bestehen vieler Klassen von Gottheiten und Dämonen in reicher Mannigfaltigkeit, die einen Teil der phänomenalen Welt ausmachen,
allgemein anerkannt. Außer den eigentlichen Materialisten,
den oben genannten Cârvâkas, welche an nichts glauben, was
nicht mit den Sinneswerkzeugen wahrnehmbar ist, zweifelt
niemand an dem Bestehen von Göttern (Devas), schrecklichen und gefährlichen Riesen (Râkshasas), Nâgas, Yakshas,
Asuras, Zwergen, Himmelsnymphen (Apsarasas), Gandharvas
usw. Dieser Glaube wird ebenso gut mit der Erkenntnis eines
höchsten Gottes wie mit der Leugnung eines höchsten Wesens in dem sogenannten Atheismus des Sankhya und des
Buddhismus vereinigt. Wenn diese beiden Erlösungslehren
als „atheistisch" verschrien werden, so darf man nicht vergessen, dass dies eine besondere Art der Gottesleugnung ist,
welche mit dem Glauben an übermenschliche, höhere Wesen
und sogar, in gewissen Grenzen, mit deren Kultus, in keinem
Widerspruch steht. Mit der indischen Religion ist es wie mit
dem englischen Recht: eine Kodifikation gibt es nicht; Gebilde aus den verschiedensten Stadien ihrer Geschichte sind bestehen geblieben, und bestehen neben- und miteinander durch
die respektierte Macht einer uralten Tradition. Dies ist gewiss: nur wenige gebildete Inder haben sich ganz von dem
väterlichen Glauben an höhere und niedrigere Götter, Geister,
Gespenster und Dämonen losmachen können. Ihre Mythologie ist voll davon, und die heiligen Texte, welche diesen un-
glaublich reichen Schatz von wunderbaren Erzählungen und
Legenden enthalten, stammen aus der Zeit, als noch kein
Fremder in den Ebenen des Ganges und der Yamunâ herrschte. Bei diesem Festhalten an den alten Ideen und Sagen, welche sich doch im Grunde mit der modernen Kultur und auch
mit den Theosophien ihrer großen Denker nicht vereinigen
lassen, spielt ein kräftiges nationales Element mit. Vielleicht
ist es gerade dieser zwiespältige Charakter, der sie so anzie-

hend für solche Europäer und Amerikaner macht, welche in dieser oder jener Form zu dem Glauben an „Geister" zurückgekehrt sind; ein Glaube, der nur in eine Gesellschaft, die dem primitiven Animismus noch nicht entwachsen ist, gehört, aber sonst überall als unangebracht bezeichnet werden muss.

Die Âtmanlehre der Upanishads.

Was die Upanishads sind, welche Stellung sie in der heiligen Literatur der Hindus einnehmen und welche große Macht ihnen zugeschrieben wird, haben wir im vorigen Kapitel auseinandergesetzt. Wir werden jetzt von der Lehre handeln, die sie verkünden.

Von einem „System" der Upanishads kann man eigentlich nicht reden. Sie sind nicht von *einem* Mann und auch nicht von *einer* Zeit geschaffen. Darum sind sie auch häufig im Widerspruch miteinander, und die größten indischen Theologen müssen ihre gewagtesten Künste der Hermeneutik und Dialektik anwenden, um die Widersprüche in den Nebensachen und in den Details der verkündeten Lehren weg zu interpretieren. Aber in den Hauptsachen herrscht dennoch Einstimmigkeit. Wir sehen ein Ringen nach dem Ausdruck für das allerhöchste Wesen von Seiten ungeschulter Denker, die von der Unwesentlichkeit dieser phänomenalen Welt des Entstehens und Vergehens durchdrungen, nach dem einzig Wesentlichen und Unveränderlichen streben, sich sehnen und verlangen. Aber der Flug ihrer Gedanken nimmt mehr als eine Richtung; ihre Ideen sind noch nicht abgerundet. Es sind Systeme, die im Entstehen begriffen sind, keine festen Dogmen. So ist es wenigstens in den älteren Upanishads, und mit diesen allein haben wir uns zu beschäftigen.

Das Unsystematische dieser Lehren schließt nicht aus, dass die Tendenz überall dieselbe ist. Um das wahre Wesen der uns umgebenden Welt und der Welt in uns zu erfassen, genügt es nicht, dass man den geheimen Sinn des Ritus im Einzelnen oder im Ganzen kennt und betrachtet. Nur in dem

Âtman findet es sich, der in allem Erschaffenen, im Leblosen wie im Lebendigen, so auch im Menschen, in einem jeden unter uns gegenwärtig ist. Es ist sowohl der Schöpfer wie das Geschaffene. An einer Stelle in den Upanishads wird dies so ausgedrückt, dass der Schöpfer mit seinem lebenden Âtman in Tiere und Pflanzen einging. Das höchste Wesen, der erste Urquell aller Dinge ist aber für unsere Sinne überall verborgen, und deshalb der großen Menge unbekannt und unerreichbar. Der Segen und die Seligkeit, die das Wissen von dem wahren Wesen, von diesem Einen, wahrhaftig Bestehenden, gibt, ist deshalb auch nur für die Wenigen vorhanden, die in den Besitz jener Wissenschaft und der geheimnisvollen, von Unsicherheit und Furcht befreienden Upanishad-Formel gelangt sind.

Nirgends und nie vielleicht ist diese unendliche, ewige, außerhalb der Grenzen von Zeit und Raum liegende, für unser Denkvermögen unfassliche Einheit alles Erschaffenen in ergreifenderer Weise und mit innigeren Worten ausgesprochen worden als in diesen alten Upanishads. Diese Waldbewohner fühlten tief, dass die Sprache nicht hinreicht, um die Allgegenwärtigkeit und die Allmacht dieser Alleinheit und des damit identischen Begriffes der Gottheit auch nur annähernd in Worten auszudrücken. Eine der gefeiertsten und der am häufigsten zitierten Upanishadformeln lautet: „nicht, nicht". Dies bedeutet, dass es ganz unmöglich ist, auszusprechen, was dieser die Welt befassende, beseelende und regierende Âtman wohl ist, und dass man ihn daher am besten andeutet, indem man sagt, was er nicht ist. „Er ist ungreifbar, denn er wird nicht ergriffen; unzerstörbar, denn er wird nicht zerstört; unhaftbar, denn es haftet nichts an ihm; er ist nicht gebunden, er wankt nicht, er leidet keinen Schaden." [1]) Den Âtmanbegriff kann man nur durch negative Urteile dem Verstand begreiflich machen. Man erreicht dies erst dann, wenn man die ganze Erscheinungswelt von allem, was sie an Eigen-

---

1) Siehe Deussen, Die Philosophie der Upanishads 2, S. 136.

schaften neben dem eigentlichen Sein besitzt, entblößt hat. Der Âtman ist das Sein, und zwar das einzige Sein und daher das einzig Wahre; das Vergängliche ist unwesentlich und darum unwahr. In der griechischen Philosophie findet die Âtmanlehre ihr Gegenstück in der Weltbetrachtung der Eleatischen Schule.

Aber die indische Lehre ist mehr als eine Weltbetrachtung, sie predigt den Weg zur Seligkeit, zur Erlösung. Diesen findet sie in dem Besitz der Sicherheit, der über alle Zweifel erhabenen festen Überzeugung, dass die Seele in uns, unser innigstes wesentlichstes Wesen eins ist mit der Weltseele und mit ihr zusammenfällt. Jener Âtman, der die Welt beseelt, er ist derselbe, der in uns Menschen, in jedem lebenden Wesen lebt, und er ist der Ursprung unseres Lebens. Wer das weiß, hat das höchste Glück erlangt; er ist gesichert durch seine Unsterblichkeit.

Und deshalb predigen die Lehrer in den Upanishads ihren Schülern unaufhörlich die Einheit des individuellen Âtman und des höchsten Âtman (Paramâtman). Auf alle Weise, durch Beweisführungen, Gleichnisse und Symbole suchen sie ihnen einzuschärfen, dass hinter der unwirklichen Welt des Entstehens und Vergehens, der Verschiedenheit und Veränderlichkeit, der eine ewige, unvergängliche, weder an Zeit noch Raum gebundene Âtman als das einzig Bleibende inmitten der wechselvollen Vielheit der Erscheinungen und als das einzig Wahre verborgen liegt; und dass im Allgeiste sowohl wie in jedem lebenden Wesen derselbe Âtman Lebensquell und Leben ist.

Um von der Form und dem Stil, in welche die Lehrmethode dieser alten Philosophen eingekleidet wurde, ein klares Bild zu geben, will ich hier einige Bruchstücke aus den Lehren folgen lassen, welche dem Brahmanen Śvetaketu von seinem Vater Aruni gegeben wurden. [1])

Zu Śvetaketu, dem Sohne des Aruni, sprach sein Vater:

---

1) Chândogya Upanishad VI. Buch. Kap. 1 und folgende.

„Śvetaketu, die Zeit deines Vedastudiums ist gekommen. Ein Sohn unserer Familie, mein Teurer, darf nicht als ein ungelehrter, gewöhnlicher Brahmane umhergehen." Er war zwölf Jahre, als er zu seinem Guru in die Lehre kam.

Als er vierundzwanzig Jahre alt war, kannte er alle Vedas auswendig und kam mit einer hohen Meinung von sich und seiner Gelehrsamkeit stolz nach Hause.

Sein Vater sprach zu ihm: „Sage, mein lieber Śvetaketu, was für eine hohe Meinung hast du von dir selbst und von deiner Vedagelehrsamkeit, und wie hochmütig bist du! Gewiss hast du nach der Formel gefragt, durch welche, wenn man sie kennt, Nichtgelerntes gelernt, Ungedachtes gedacht, Unerkanntes erkannt wird."

„Von welcher Beschaffenheit ist diese Formel, Herr Vater?"

„Siehe, mein Lieber! Wie nach einem einzigen Lehmkloß alles aus Lehm Gemachte erkannt sein würde; die verschiedenen aus Lehm gemachten Gegenstände werden wohl mit verschiedenen Namen bezeichnet, doch Lehm ist ihr Name in Wirklichkeit — wie nach einem einzigen kupfernen Amulett alles aus Kupfer Gemachte erkannt sein würde; es wird wohl mit verschiedenen Namen bezeichnet, jedoch Kupfer ist sein Name in Wirklichkeit — wie nach einer einzigen Nagelschere alles aus Eisen Gemachte erkannt sein würde; es wird wohl mit verschiedenen Namen bezeichnet, jedoch Eisen ist sein Name in Wirklichkeit: dieser Art, mein Lieber, ist die Formel."

„Die haben meine ehrwürdigen Lehrer gewiss nicht gekannt! Wenn sie sie gekannt hätten, würden sie sie mich dann nicht gelehrt haben? Der Herr Vater möge sie mir sagen."

„Gut, mein Lieber", sprach der andere.

Und jetzt beginnt der Vater seinen Unterricht. Er sprach also:

„Im Anfang, mein Lieber, war nichts als das Seiende ganz allein, ohne ein Zweites neben ihm. Da sagen aber einige: „Im Anfang war nichts als das Nicht-Seiende ganz allein, ohne ein Zweites neben ihm." Aber wahrlich, wie könnte so etwas möglich sein? Wie hätte aus dem Nicht-Seienden das Seiende entstehen können? Nein, im Anfang, mein Lieber, war das Seiende ganz allein, ohne ein Zweites neben ihm. [1])

„Dieses dachte bei sich: „Ich möchte Vieles sein: ich möchte gebären!" Da ließ es die Glut aus sich hervorgehen. Die Glut dachte bei sich: „Ich möchte Vieles sein: ich möchte gebären! und ließ das Wasser aus sich hervorgehen." Daher kommt es, dass wenn es einem Menschen aus irgendwelchem Grund heiß wird, er zu schwitzen beginnt; denn aus der Glut entsteht Wasser.

„Das Wasser dachte bei sich: ,Ich möchte Vieles sein: ich möchte gebären!' und ließ Speise aus sich hervorgehen.

Daher kommt es, dass, wo es immer regnet, Speise ist in großer Fülle; denn aus dem Wasser geht Speise hervor."

Weiterhin deutet Aruni an, wie diese drei, aus dem einen Seienden hervorgegangenen Urprinzipien — der Text nennt sie Gottheiten: Devatâs — zusammen mit ihrem Ursprung (dem Seienden als lebende Seele) die Welt der Geschöpfe (Tiere und Pflanzen) entstehen ließen. Sodann verfolgt er im Einzelnen, wie diese drei in der ganzen uns umgebenden Natur anwesend sind: in dem Feuer, der Sonne, dem Mond, dem Leuchten des Blitzes. Er weist nach, dass sie sich in ihrem Wesen nicht unterscheiden, wenn sie sich auch verschieden äußern; denn sie sind nichts anderes als Gebilde dieser drei Grundprinzipien, sie bestehen aus diesen drei Elementen.

Jetzt will Śvetaketu wissen, wie diese Dreizahl im Menschen vorhanden ist. Hierauf antwortend, erklärt sein Vater ihm, in welcher Weise Speise, Wasser und Glut in dem lebenden Menschen verteilt und wieder verteilt sind. Um ihn zur völligen Erkenntnis dieser Lehre zu bringen, wählt er

---

1) Aruni polemisiert hier gegen eine Schöpfungstheorie, die an andrer Stelle in derselben Upanishad gelehrt wird und sogar in einem Rigvedalied offenbart ist. Dies ist wohl ein Beweis, dass in den Tagen, da dieser Text zusammengestellt wurde, die Vedasammlungen nicht in solchem Grade als unfehlbare Wahrheit und höchste Offenbarung betrachtet wurden, wie in späterer Zeit.

schließlich die Experimentalmethode. Er befiehlt seinem Sohne fünfzehn Tage lang nichts zu essen, stellt es ihm aber frei, Wasser zu trinken, so viel er nur will. Am sechzehnten Tage fragt er ihn nach den Vedatexten, die er ja so gründlich auswendig kenne. Śvetaketu antwortet: „Sie fallen mir nicht ein."

Darauf spricht der Vater: „Wenn von einem großen Feuer nichts mehr übrig ist als eine einzige glühende Kohle, so groß wie ein Leuchtkäfer, so könnte man damit nicht vieles verbrennen. Etwas Ähnliches ist mit dir der Fall, mein Lieber. Von den sechzehn Teilen, aus denen du bestehst, ist nicht mehr als ein einziger übrig geblieben. Mit diesem wirst du jetzt nicht des Veda inne. Geh hin, um zu essen!"

Und als er gegessen hatte und wieder zu ihm gegangen war, konnte er seinem Vater auf alle Fragen nach dem Veda antworten.

Da sprach der Vater: „Wenn von einem großen Feuer nichts mehr übrig ist als eine einzige glühende Kohle, so groß wie ein Leuchtkäfer, und man würde es in Flammen setzen dadurch, dass man dürres Gras darauf gelegt hat, so ist es imstande, vieles zu verbrennen. So hast du, mein Lieber, als von den sechzehn Teilen, aus denen du bestehst, nicht mehr als ein einziger übrig geblieben war, diesen, weil Speise darauf gelegt worden ist, wieder in Flammen gesetzt, und bist damit des Veda wieder inne geworden. Das Denkorgan, mein Lieber, besteht ja aus Speise, der Hauch aus Wasser, die Stimme aus Glut." Und Śvetaketu verstand, was sein Vater ihn gelehrt hatte.

Die Erklärung, die sein Vater ihm auf diese Weise von den drei Elementen gegeben hat — den Gottheiten, Devâtâs, wie sie im Texte heißen —, aus deren verschiedener Mischung die endlose Mannigfaltigkeit der Erscheinungswelt im Grunde genommen besteht, ist jedoch nur Vorbereitung. Sein Vater will darauf hinaus, ihm die Lehre von der höheren Einheit des Wesens alles Geschaffenen mitzuteilen, und ihn ganz von ihr durchdrungen sein zu lassen. Auch jetzt wählt Aruni seine Gleichnisse aus dem gewöhnlichen Leben. Ich will einige der bezeichnendsten mitteilen.

„Hole mir von dort eine Feige." „Hier ist sie, Herr Vater!" „Spalte sie." „Sie ist gespalten." „Was siehst du darin?" „Ganz kleine Feigenkernchen, Herr Vater!" „Spalte eines von diesen." „Es ist gespalten." „Was siehst du darin?" „Gar nichts, Herr Vater!"

Aruni sprach zu ihm: „Aus diesem kleinsten Bestandteil, mein Lieber, so klein, dass du ihn nicht wahrnimmst, ist dieser so große Feigenbaum gewachsen. Glaube, mein Teurer: dieses Allerkleinste, das ist das wahre Wesen dieser ganzen Welt; das ist das Wesentliche, das ist der Âtman, das bist du, Śvetaketu."

„Herr Vater, setze deinen Unterricht fort." „Ja, mein Sohn", sprach der andere.

„Lege dieses Salz ins Wasser", sprach Aruni, „und stelle dich morgen früh bei mir ein." Śvetaketu tat so.

Da sprach der Vater: „Das Salz, das du gestern Abend ins Wasser gelegt hast, das bringe mir." Der Sohn tastete danach, aber fand es nicht; es war wie verschwunden.

„Wohlan", sprach der Vater, „nimm etwas von dem Wasser an dieser Seite in den Mund . . . Wie schmeckt es?" „Salzig." „Nun aus der Mitte . . . Wie schmeckt es?" „Salzig." „Nun von jenem Ende . . . Wie schmeckt es?" „Salzig." „Setze das Wasser beiseite, und tritt dann zu mir ein." Der Sohn tat es.

Und nun erklärt ihm der Vater, wie es mit dem Salze in Bezug auf das Wasser geschehen sei, so gehe es auch mit dem Seienden hinsichtlich des Weltalls. „Auch hier nimmst du das Seiende mit deinen Sinnesorganen nicht wahr, und dennoch existiert es und ist überall", und dieselben Worte, die er bei dem Gleichnis von der Feige gesprochen, wiederholend, fährt er fort: „Dieses Allerkleinste, unseren Sinnesorganen Unwahrnehmbare, das ist das wahre Wesen dieser ganzen Welt, das ist das Wesentliche (*Satya*), das ist der *Âtman*, das bist du (*tat tvam asi*), Śvetaketu."

Tat tvam asi: nicht in der veränderlichen, wechselnden, ineinander übergehenden Mannigfaltigkeit der Erscheinungen in und um uns können wir das wahre Wesen dieser Welt erkennen, sondern nur in dem Einzigen und Unvergänglichen in allen diesen unzähligen Vergänglichkeiten, in dem einzig Wahrhaftigen inmitten des Scheins der sinnlichen Welt. Und dieses Einzige, dies Wahrhaftige weiß nichts von groß oder klein, noch von alt oder neu, es ist unendlich klein oder unendlich groß, je nachdem man es sich vorstellt. Denn wo ist es nicht? „Dieser mein Âtman, der in meinem Herzen ist", so heißt es an einer anderen Stelle derselben Upanishad, „dieser mein Âtman ist kleiner als ein Reiskorn, oder ein Gerstenkorn, oder ein Senfkorn, oder ein Hirsekorn, oder ein enthülstes Hirsekorn. Dieser mein Âtman, der in meinem Herzen ist, ist größer als die Erde, größer als der Luftraum, größer als der Himmel, größer als diese Welten."

Tat tvam asi: dieses dem Auge unsichtbare, aber doch in allem vorhandene, dies wahrhaftig Seiende ist auch dein wahres Wesen, Śvetaketu. Es ist das Wesen aller Geschöpfe. Durch dieses leben Tier und Pflanze, durch dieses ist der lebende Zweig saftig, während der abgestorbene dürr ist. Von diesem Lebensursprung, von diesem Âtman ist das Weltall durchdrungen. Aber der Lebensstrom entquillt dem Seienden unbewusst. So wenig wie die Ströme, die zum Meere eilen, wenn sie dort ankommen, wissen: „ich bin der Fluss Soundso und komme von Osten oder von Westen", oder woher sie immer kommen, ebenso wenig wissen all diese Geschöpfe, die aus dem Seienden hervorgegangen sind, dass sie daher kommen. Tiger, Löwe, Wolf, Eber, Wurm, Schmetterling, Bremse, Mücke oder was sonst noch, das werden diese, ohne sich eines anderen bewusst zu sein, als dass sie das sind, als was sie eben existieren; sie wissen nicht, dass sie so viele Äußerungen des einen Seienden sind, das sich in allen Geschöpfen findet.

Tat tvam asi: diese kurze Formel ist ein Schibboleth geworden für die Anhänger der monistischen Âtmanlehre. Und auch jetzt noch ist sie das Losungswort der heutigen indischen Theosophen, der Vedântins, deren Weltanschauung pantheistisch ist, wie die der Upanishads,

Hier kommen wir von selbst zu der Frage: wie soll man sich das Verhältnis zwischen dem individuellen und dem Allâtman denken? Ist er eins mit ihm oder ein Teil von ihm? Wie kommt es im ersten Fall, dass er in einen anderen Zustand gekommen und an den Körper gebunden ist? und, im zweiten Fall, wie lässt sich dies mit der Unteilbarkeit und Allgegenwärtigkeit des Begriffes Âtman vereinigen? Auf welche Weise man versucht hat, diese Schwierigkeiten zu lösen, wird sich im Folgenden zeigen. Soviel ist sicher, dass die Formel *tat tvam asi* nicht die völlige Identität unserer individuellen Seele, unserer Ichheit mit der Weltseele enthält. Wenn man diese beiden in der Sprache scharf voneinander unterscheiden will, nennt man den in jedem Geschöpfe im Menschen als Seele befindlichen Âtman, den *Jîvâtman* oder *Jîva* — *jîva* ist der Bedeutung und der Form nach dasselbe wie lateinisch *vivus* — im Gegensatz zu dem Paramâtman (eigentlich der höchste Âtman), womit der Allgeist, das einzige Sein bezeichnet wird. Ein anderes Wort, um diesen zu bezeichnen, ist Brahma. Bei diesem Namen ist jedes Missverständnis ausgeschlossen. Dies Wort, dem Geschlechte nach ein Neutrum, kann nie zur Benennung einer Individualität, eines besonderen Wesens angewandt werden. Es ist der abstrakteste Ausdruck für den Urbeginn aller lebendigen und leblosen Dinge; das was sie im Anfange schuf und jetzt in ihrem Wesen erhält; die Seele von allem. „Brahma" bedeutet ursprünglich das Gebet, und zwar das richtige Gebet, das den Forderungen des Ritus entsprechend von dem rechten Mann am rechten Ort, in der richtigen Zeit und auf die richtige Weise gesprochen wird. Nur in dieser Bedeutung wird es in der Rigvedasammlung gebraucht. Und das Wort *Brahma* ist in Indien immer ein Name für die heiligen Vedatexte selbst geblieben, ähnlich wie bei uns das Bibelwort nur mit „das Wort" bezeichnet werden kann.

Die weitere Bedeutungsentwicklung des Wortes ist folgende. Auch die geheimnisvolle Macht des Gebetswortes, welche zusammen mit den zugehörigen Übungen in die Natur eingreift und sie einwirkend bestimmt, heißt *Brahma*. So wird es zu dem allmächtigen, schöpferischen Wort (dem Logos) und zu dem im Worte sich ausdrückenden Geist, zur Achse, um die sich alles dreht. Schon in dem Atharvaveda ist diese Erweiterung der Bedeutung vor sich gegangen und in den Upanishads hat Brahma seine abstrakteste Bedeutung erhalten, weil es der geeignetste Ausdruck für den höchsten Lebensquell ist, wenn man hervorheben will, dass dieser ein Etwas und nicht ein Jemand ist.

Wie viele jedoch sind darin befriedigt, dass das Weltall aus einem Etwas entstanden sei? Die große Mehrzahl der Menschen, auch unter jenen im Wald lebenden Denkern, brauchen für ihre Vorstellung einen Jemand, der als oberster Herrscher das Schöpfungswerk vollzieht. Diesem Bedürfnis wird abgeholfen durch die Figur eines personifizierten Brahma. In dieser Form heißt der Schöpfer Brahma, mit dem Akzent auf der letzten Silbe. Zwar die Upanishads kennen ihn nicht... oder wollen ihn nicht kennen; aber die Figur selbst ist alt. Obgleich die Upanishads, wenn sie von einem persönlich gedachten Weltschöpfer reden, den liturgischen Texten folgen und dabei bleiben, ihn Prajâpati zu nennen, muss Brahma als oberster Gott und Weltenherrscher, als Ursprung aller Dinge, unter dem Volk und in der populären Mythologie sehr alt sein; denn in der buddhistischen heiligen Schrift wird er beständig mit dem vedischen Indra zusammen genannt. In der späteren und orthodoxen Kosmogonie, wie sie bei den jetzigen Hindu gilt, ist Brahma die erste Manifestation des Brahma, wenn es zu erschaffen beginnt.

Es versteht sich, dass diese alten indischen Denker den Begriff des einzig Seienden und einzig Wahren nicht auf einmal gefunden haben. In derselben Upanishad, aus der wir den Unterricht des Śvetaketu entnommen haben, ist einmal die Rede von sechs Brahmanen, die den Âtman jeder unter einem anderen Symbol verehren. Einer verehrt ihn als Himmel, ein zweiter als Sonne, ein dritter als Wind, ein vierter als Âkâśa (Raum), ein fünfter als Wasser, ein sechster als Erde. Dann wird ihnen klar gemacht, dass der Âtman alles dies zusammenfasst, was ein jeder von ihnen einzeln als den Uranfang verehrt. Nicht nur hier, sondern auch an anderen Stellen ist die Rede von Elementen, welche zwar nicht der Âtman selbst sind, aber ihm doch so nahe stehen, dass sie als Vorstellungsweise und als Verehrungsobjekt geduldet, anerkannt und sogar empfohlen werden.

Licht, Atem, Raum kommen hierbei in erster Linie in Betracht. Dass der Âtman, der geistige Ursprung aller Dinge, das Leben in allem, sich gut als ein Lichtwesen vorstellen lässt, liegt auf der Hand, und stimmt auch zu der alten, nicht nur indischen, sondern indogermanischen Auffassung, die *Licht* und *Leben* gern zu einem Begriff verbindet. Die naturmythische Auffassung, in welcher der Sonnengott als Schöpfer erscheint, bleibt auch in den theosophischen Âtmanbetrachtungen, und ist dort oft durchsichtig genug, auch wenn sie nicht geradezu ausgesprochen wird.

Dass der Atem ein passendes Symbol für den Âtman ist, versteht sich von selbst. Das Sanskritwort Âtman, das auch etymologisch nicht von dem germanischen Worte, das in unserem „Atem" weiterlebt, zu trennen ist, bedeutete ursprünglich „Atem". Von dieser Grundbedeutung hat es sich zur Bezeichnung von Leben, Seele und Geist entwickelt; im Rigveda wird der Sonnengott der „Âtman von allem, was da geht und steht" genannt. Später bedeutete es die Persönlichkeit Jemandes, sein Ich; deutsche und englische Übersetzer brauchen im Falle dieser Bedeutung dafür „das Selbst", „the Seif". Schließlich ist es auch das gewöhnliche Reflexivpronomen geworden. Ob man nun *Âtman* durch „Allseele", „Seele", „Geist", „Person", „Selbst" oder „Sich" übersetzen muss, ist jeweils nach dem Sinn zu entscheiden. Manchmal ist mehr als eine Auffassung möglich. Denn der indische Geist liebt doppelsinnige und mehr als doppelsinnige Ausdrucksweise, und lässt sich leicht vom Reiz einer sinnreichen Form, die mehr als eine Erklärung zulässt, hinreißen.

Der Atem im eigentlichen Sinne heißt *Prâna*; dieses Wort hat seine stoffliche Bedeutung, das Ausblasen der Luft, stets bewahrt und also zu keinem Missverständnis mit dem Begriffe Âtman geführt. In der indischen Physiologie gibt es fünf *Prânas*, von denen der Atem einer ist, die vier anderen werden als Luftbewegungen in dem Körper betrachtet, die zu gleicher Zeit die verschiedenen Lebensfunktionen hervorrufen und unterhalten. Weil nun aber der Atem das allgemeinste und wesentlichste Anzeichen des Lebens ist, gilt er als der bedeutendste dieser fünf, und es werden alle nach ihm Prâna genannt. So kommt es, dass der Prâna dem aus ihm abstrahierten Begriffe Âtman sehr nahe steht. Es kann uns daher nicht wundern, dass die Philosophen eine tiefe Ehrfurcht vor der Macht dieses Prâna haben und ihn gern als ein mächtiges Wesen preisen und feiern. Wenn gesagt wird, dass Śvetaketu, nachdem er fünfzehn Tage gefastet, nur noch ein Sechzehntel seines körperlichen und geistigen Vermögens besaß, so wird damit gemeint, dass ihm nur das Atmen geblieben war. Die hohe Bedeutung des Prâna erscheint weiterhin in einem Stücke, das in verschiedenen Upanishads in ungefähr gleicher Gestalt vorkommt, und von einem Streit der Lebensgeister um den ersten Rang handelt. Es erinnert entfernt an die bekannte Parabel von dem Magen und den Gliedmaßen, welche Livius dem Menenius Agrippa in den Mund gelegt hat.

„Es stritten sich die Lebensgeister um den Vorrang, indem ein jeder meinte, dass er der beste sei. Da gingen sie zu Prajâpati (dem Schöpfer), ihrem Vater und sprachen: „Herr, wer von uns ist der beste?" Er sprach zu ihnen: „Derjenige ist der beste von euch, durch dessen Austritt man gewahr würde, dass der Körper sich am übelsten befände."

Da trat die Stimme hinaus. Nachdem sie ein ganzes Jahr ausgeblieben war, kam sie wieder und sprach: „Wie habt ihr ohne mich leben können?" „Wie Stumme leben, so lebten wir, nicht sprechend, aber atmend mit dem Atem, sehend mit dem

Auge, hörend mit dem Ohr, denkend mit dem inwendigen Sinn." Da trat die Stimme wieder hinein.

Da trat das Gesicht hinaus. Nachdem es ein ganzes Jahr ausgeblieben war, kam es wieder und sprach: „Wie habt ihr ohne mich leben können?" „Wie Blinde leben, so lebten wir, nicht sehend, aber atmend mit dem Atem, redend mit der Stimme, hörend mit dem Ohr, denkend mit dem inwendigen Sinn." Da trat das Gesicht wieder hinein.

In derselben Weise wird nun erzählt, wie das Gehör den Körper verlässt und, nachdem es ein Jahr ausgeblieben, vernimmt, dass die anderen Lebensgeister mit dem Körper in gewöhnlicher Weise weitergelebt haben, natürlich so wie Taube leben. Ebenso wenig vermag die Abwesenheit des Denkens die Lebensfunktionen aufzuheben; das Leben ist nur gleich dem eines Schwachsinnigen oder eines Verrückten oder eines kleinen Kindes.

Da trat der Atem hinaus. Aber, gleich einem feurigen Pferde, das im Davonlaufen die Pflöcke seiner Fußkette herausreißt, so zog er alle Lebensgeister mit sich. Da schrien sie alle zu ihm: „Herr! Du bist der beste von uns. Tritt nicht hinaus!"

Endlich ist der leere Raum wie darauf angelegt, den Âtmanbegriff anschaulich zu machen. Denn der Âtman ist unsichtbar und allgegenwärtig. Was wir im täglichen Leben — natürlich nicht im wissenschaftlichen Sinne — unter Luft verstehen, nennt der Hindu âkâśa, was gewöhnlich durch „Äther" übersetzt wird. Dies könnte jedoch Anlass zu dem Missverständnis geben, als ob die Inder den Begriff des „Äther", wie er verhältnismäßig spät von unseren Physikern geschaffen wurde, schon früh gekannt hätten; wir wollen deshalb das indische Wort lieber unübersetzt lassen.

Von allen Elementen steht nun der Âkâśa dem Âtman am nächsten, und diese beiden Begriffe fließen sogar dann und wann ineinander. In der Bildersprache der Upanishads wird unser Körper öfter die Stadt oder Festung Brahmas genannt; in dieser Stadt ist ein kleiner Lotos als Wohnung, und darinnen ist Âkâśa; was weiterhin in diesem Âkâśa steckt, muss eben untersucht werden. Dieser Lotos ist das menschliche Herz, die Wohnung des Âtman, welcher in diesem Zusammenhang gern mit einem anderen Namen *Purusha* genannt wird.

Auch Purusha ist synonym mit Âtman, und kann wie dieses sowohl das Brahma (den Paramâtman), als den individuellen Âtman (den Jivâtman) bedeuten. Mehr als bei Âtman tritt bei Purusha der Gedanke an eine menschliche Gestalt in den Vordergrund. Das Wort ist männlichen Geschlechts und bedeutet manchmal den Mann im Gegensatz zur Frau, manchmal den Menschen im Gegensatz zu Göttern, Dämonen, Tieren usw. und schließlich auch die Person im Gegensatz zu der Sache, dem Ding. Als theosophischer Terminus bedeutet es Geist, im Gegensatz zu Stoff. In dieser Eigenschaft werden wir ihn später in der Lehre des Sânkhya wiederfinden. In den Upanishads wird er unter anderem gebraucht, wenn eine Personifizierung des Âtman nötig ist. Dies ist der Fall in dem oben genannten Vergleich des Herzens mit einem Lotos, in dem der menschliche Purusha wohnt. Das Herz und nicht der Kopf ist der eigentliche Wohnort des individuellen Âtman. Von dort aus regiert und regelt er die verschiedenen Lebensfunktionen: die fünf Prânas usw. Dorthin zieht er sich im Schlaf zurück; und das Harz ist der Ort, wo er bei Eintritt des Todes die Lebensgeister zusammenruft, wie ein Fürst seine Vasallen, um gemeinsam mit ihnen aus dem Körper auszuziehen. Durch eine der Adern steht der Purusha in Verbindung mit der Außenwelt; diese Ader verbindet ihn mit dem rechten Auge, worin er von außen als ein kleines Männchen sichtbar ist, und verbindet ihn gleichfalls mit dem Scheitel des Kopfes, von wo aus er im Traum frei durch alle Welten schweben kann.

Wenn jemand diese Vorstellung unbeholfen und kindisch finden sollte, würde ich ihm nicht widersprechen. Die Weisheit der Upanishads geht in eine Zeit zurück, in der die Wissenschaft von dem menschlichen Körper noch sehr primitive

Vorstellungen hatte. Wenn wir die Erhabenheit ihrer Gedanken über die Unendlichkeit und Einheit des Weltalls und ihren Begriff für den Unterschied zwischen absoluter und relativer Wahrheit, den sie schon in so früher Zeit hatten, bewundern, dürfen wir die Unzulänglichkeit ihres Wissens von dem menschlichen Organismus nicht aus dem Auge verlieren. Die Nachwirkung der primitiven animistischen und magischen Denkweise, die in ihrer Religion eine so große Rolle spielt, zeigt sich in den Upanishads Schlag auf Schlag. Auch dort fehlt es sogar nicht an Rezepten für Zauberhandlungen, welche allerlei reichen Segen bringen!

Das Neue jedoch, das man als einen Fortschritt bezeichnen muss, ist, dass das reiche Pantheon: Götter, Dämonen, Geister und Gespenster aller Art und jeden Ranges dem einen höchsten Wesen untergeordnet werden; und diese Unterordnung nimmt bald die Form an, dass man sie alle gleich den Menschen und Tieren als endliche und zeitliche Wesen betrachtet, abhängig von Geburt und Tod. Sie stehen zwar in mancher Hinsicht über dem Menschen, indem sie vor ihm die ungehinderte Freiheit der Bewegung und allerlei wunderbare Macht voraus haben, aber in manchen Dingen müssen sie hinter ihn zurücktreten. Diese uns Abendländern sehr fernliegende Auffassung tritt besonders im Buddhismus stark in den Vordergrund. Buddha predigt seine Heilswahrheiten auch für die Götter und Nâgas, Riesen und Kobolde, und bekehrt auch unter jenen unsichtbaren, mit übermenschlicher Kraft begabten Wesen viele. So weit geht man in den Upanishads noch nicht, jedoch kommt es auch dort vor, dass eine geheime Lehre, welche dem Menschen die höchste Seligkeit verspricht, den Göttern gleichfalls als begehrenswerter Besitz erscheint, den sie sich zu verschaffen suchen.

„Den Âtman muss man suchen und zu erkennen wünschen, den Âtman, der von aller Sünde und allem Übel frei ist, der frei vom Alter, frei vom Tode, frei von Schmerzen, keinen Hunger und keinen Durst empfindet, der nur nach dem Wahren strebt und nur das Wahre begehrt. Wer ihn gefunden hat und kennt, ein solcher wird aller Welten teilhaftig, und alle seine Wünsche werden erfüllt." Also sprach Prajâpati.

Solches hörten die Götter und Dämonen beide. Und sie sprachen: „Kommt, lasst uns diesen Âtman suchen, durch dessen Auffindung wir alle Welten und alle Wünsche erlangen." Da machten sich von den Göttern Indra und von den Dämonen Virocana auf den Weg. Ohne Verabredung kamen sie, jeder mit einem Brennholz in der Hand zu Prajâpati, um seine Schüler zu werden.

Zweiunddreißig Jahre dienten sie ihm, wie ein Brahmanenschüler seinem Guru dient. Und da die Zeit vorbei war, fragte sie Prajâpati, weshalb sie zu ihm in die Lehre gekommen seien. Sie fragen ihn nach dem Âtman, dem Brahma, und er antwortet ihnen, diesen müssten sie in dem Männlein, das man im Auge erblickt, oder in dem Spiegelbild, das sich im Wasser oder in einem Spiegel zeigt, sehen. Darauf zeigt er ihnen ihr Bild in einer Schale mit Wasser und fragt sie, was sie gesehen hätten, ob sie sich nicht schön gefunden hätten, mit reichen Gewändern und Juwelen stattlich geschmückt. Als sie dies bejahen, verkündet er ihnen, dies sei der Âtman, die Unsterblichkeit und das Brahma. Und jene gehen froh nach Hause. Aber Prajâpati dachte: „Da gehen sie hin und haben den Âtman nicht gefunden!"

Als Virocana nach Hause kam, teilte er den Dämonen die Upanishad mit, die er, wie er meinte, von seinem Lehrer vernommen hatte. Seitdem glauben die Dämonen, man tue am besten, wenn man sein eigenes Ich verehre, schmücke und pflege; sie meinen, sie haben den Âtman so wohlfeil gefunden. Und die Menschen, die tun wie sie, das sind die Ungläubigen, die nicht opfern und keine Geschenke geben; sie meinen, in dem Körper den Âtman zu sehen, und glauben, wenn sie die Leichen ihrer Nächsten mit schönen Gewändern und anderen Zierraten schmücken, dass diese dadurch den Himmel gewinnen werden, die Törichten!

Aber Indra lässt sich nicht, wie der andere, irreführen. Unterwegs denkt er also. „Als ich mein Spiegelbild sah, war

mein Körper mit Juwelen und schönen Gewändern geschmückt, und mein Kopfhaar und mein Bart waren gut ge-
pflegt; deshalb zeigte sich dies auch gerade so an meinem
Bilde. Wenn aber mein Körper blind wäre, müsste das Bild
auch blind sein; wenn lahm, auch lahm; wenn entstellt, auch
entstellt. Wenn mein Körper zugrunde geht, muss auch jenes
Spiegelbild zugrunde gehen. Das kann der Âtman nicht sein.
Ich sehe in dieser Lehre keinen Vorteil."

Und er kehrte zu Prajâpati zurück und teilt ihm sein Bedenken mit. Sein Lehrer sagt, er habe recht, will ihn aber keine bessere Upanishad-Formel lehren, wenn er ihm nicht vorher abermals zweiunddreißig Jahre diene. Als diese Zeit vorbei, teilt Prajâpati ihm mit: „Was im Traume sich frei und
mächtig bewegt, das ist der Âtman, das ist das Brahma." Und
Indra geht befriedigt nach Hause.

Aber bevor er noch seine Heimat erreicht, steigen neue
Zweifel in ihm auf. „Gewiss, denkt er, das vorige Bedenken
gilt nicht mehr. Man kann körperlich lahm, blind oder entstellt und doch, solange man träumt, von allen diesen Leiden
befreit sein und im Traume viel Glückliches genießen. Aber
im Traumzustand kann man auch allerlei Leid erfahren, es
kann scheinen, als wenn man im Traume weine, oder durch
eine Waffe verwundet oder getötet werde. Auch das Traum-
leben lehrt den Âtman nicht." Und er kehrte mit seinen Bedenken zurück zu Prajâpati.

Zum dritten Mal musste er nun eine Lehrzeit von zweiunddreißig Jahren durchmachen. Sein Guru wollte ihm nicht
eher besseren Bescheid geben. Als die Zeit vorbei war, nannte er ihm den festen Schlaf als den Zustand, der am besten einen Begriff von dem Wesen des Âtman gebe. Der feste
Schlaf, das ist der Âtman, das ist Seligkeit und Sicherheit,
das ist Brahma.

Da kehrt Indra wiederum froh nach Hause, in der Meinung, er habe den Âtman gefunden. Und wieder steigen neue
Zweifel in ihm auf. „Wie kann ein Wesen, das bewusstlos ist,
der wissende Âtman sein, wissen, dass er Eins ist mit Brah-

ma? Er ist doch in das Nichts eingegangen. Ich sehe keinen Vorteil hierbei."

Zum dritten Mal kehrt er zu Prajâpati zurück und empfängt diesen Bescheid: „Sei noch fünf Jahre mein Schüler, so sollst du den Âtman kennen lernen." So hat Indra, der König der Götter, im Ganzen 101 Jahre als Schüler des Prajâpati verlebt, ehe ihm dieser die wahre und rechte Upanishad-Formel gab. Solange der Âtman eines jeden in einem Körper wohnt, kann er Brahma nicht erreichen, wenn er auch selbst ein körperloses und unsterbliches Wesen ist. Erst wenn er ganz los von dem Körper, unberührt von Leiden und Freuden, völlig zur Ruhe gekommen ist, kann der individuelle Âtman, aufwärts strebend, wie der Wind und die Wolken, die ja auch körperlos sind, sich mit dem höchsten Âtman vereinigen.

Durch den Sieg über den Tod wird man mit Brahma vereinigt. [1])

Diese Schlussoffenbarung ist nicht besonders klar. Sie kann jedoch von Nutzen sein. Die vier Antworten des Prajâpati werden uns später noch einmal begegnen, wenn wir in der Yogalehre von den vier Zuständen des Wachens, Träumens, des festen Schlafes und jenes geheimnisvollen vierten Zustandes, wo wieder ein Bewusstsein, aber verbunden mit der höchsten Seligkeit, sein soll, zu handeln haben.

Dies ist nicht das einzige Mal, dass wir in den Upanishads die Keime zu Lehren, die später in ein System gebracht und breit ausgearbeitet wurden, vorfinden. Sowohl das Sânkhya als der Vedânta haben ihre Wurzeln in jenen älteren Werken; ebenso die Theorie der Seelenwanderung und die Lehre des Karma. Dieser zuletzt genannten Lehre, die für die indische Theosophie von der größten Bedeutung geworden ist, müssen wir ein besonderes Kapitel widmen.

---

1) Die Lehrzeit des Indra usw. findet man Chândogya Upanishad, VIII, 7 ff.

Drittes Kapitel.

Die Lehre von dem Karma.

Die verschiedenen, mehr oder weniger vagen und schlecht miteinander zu vereinigenden, der vedischen Zeit entstammenden Vorstellungen von dem Schicksal der Seele nach dem Tode haben wir in dem letzten Kapitel der ersten Abteilung dieses Buches dargelegt. In den älteren Upanishads findet man dieselben Ideen. Wenn vom Jenseits gehandelt wird, denkt man sich den Toten im Allgemeinen als ein luftiges, geistiges Wesen, das sich im Weltall aufhält, entweder in höheren Regionen, oder einem Kreislauf durch die Elemente unterworfen, aber nur im günstigsten Falle ist es für ewig mit dem Allgeist, dem Brahma, vereinigt. Dies letzte wird für das höchste Glück gehalten.

Was geschieht nach dem Tode mit unserer Seele? An einigen Upanishadstellen begegnet uns eine neue Antwort auf diese so wichtige Frage, und zwar eine solche, die unseren Sinn für Gerechtigkeit befriedigen muss.

In der Brihadâranyaka Upanishad (3,1 ff.) finden wir die folgende Erzählung. Der Videhakönig hielt einmal ein großes Opferfest. Eine große Anzahl von Brahmanen war gekommen, um das Opfer selbst zu verrichten, oder auf andere Weise an den heiligen Handlungen teilzunehmen. Es gefiel nun dem König, aus ihrer Mitte den allerweisesten kennen lernen zu wollen. Er setzte darum für diesen einen Preis von tausend Kühen aus und befahl überdies, an die Hörner jeder Kuh eine bestimmte Summe in reinem Golde zu befestigen. Der Brahmane Yâjnavalkya behauptete, ihm käme der Preis zu und gebot seinem Schüler, die Kühe für ihn in Sicherheit zu bringen. Hiergegen erhoben sich die anderen, er aber bewies seine

Meisterschaft, indem er einen jeglichen im Disputieren besiegte, und bestand so die Prüfung glänzend. Keine Frage seiner Mitbewerber, unter denen sich auch eine weise Frau befand, ließ er unbeantwortet. Unter anderem will der zweite Frager von ihm allerlei über das Jenseits wissen. Er fragt: „Wenn nach des Menschen Tode seine Stimme ins Feuer, sein Atem in den Wind, sein Auge in die Sonne, sein Denkorgan in den Mond, sein Ohr in die Weltgegenden, sein Körper in die Erde, sein Âtman in die Leere, das Haar seines Hauptes in die Bäume, das übrige Haar seines Körpers in Sträucher und Kräuter, sein Blut und seine anderen Säfte in das Wasser eingehen, wo bleibt dann dieser Mensch selbst?"

Darauf nahm Yâjnavalkya ihn bei der Hand und sprach: „Dies soll unter uns bleiben und darf nicht in der Gegenwart anderer gesagt werden." Da traten sie aus dem Kreis und sprachen einige Zeit zu zweien allein. Und wovon sie sprachen, war Karma, und Karma lobten sie. Gut und weise wird man durch gute und weise Werke; schlecht und elend durch schlechte und elende.

Soweit die zitierte Upanishadstelle. Was hier auf so geheimnisvolle Weise und als eine geheime Lehre vorkommt, ist bald in Indien allgemeiner Glaube geworden und ist dies auch bis auf den heutigen Tag geblieben. Die einfachste und für jeden verständliche Form dieser Lehre lässt sich folgendermaßen zusammenfassen.

Der Tod scheidet die Seele vom Körper, hiermit ist sie jedoch nicht aus dem an die Materie gebundenen Zustände befreit. An die Stelle des alten Körpers, den sie verlässt und der zugrunde geht, tritt ein neuer Körper, in dem die unsterbliche Seele wiedergeboren wird. Wer in seinem Leben gute Werke verrichtet hat, wird in seligen Gefilden wiedergeboren: eine der vielen Götterwelten wird ihm zuteil, und sein neuer Körper ist ein weißer und glänzender Götterleib. Durch schlechte Handlungen jedoch gerät man in einen niederen Stand, und wird als irgendein Tier oder als ein Wesen jener für Menschenaugen unsichtbaren, ein elendes Leben führenden Klassen wiedergeboren, als Gespenst, Râkshasa oder dergleichen. Auch eine Wiedergeburt in menschlicher Gestalt ist möglich, und dann wird der glückliche oder unglückliche Zustand, welchen die neue Geburt über das Individuum bringt: Reichtum oder Armut, Gesundheit oder Krankheit, Verstand oder Torheit, Erfolg in Unternehmungen oder Missgeschick, in gleichem Verhältnis zu den frommen oder gottlosen Taten des vorigen Lebens stehen. Die Kompliziertheit und Buntheit der Lebensführungen erklärt die Mannigfaltigkeit der Welt der Geschöpfe, da, in endloser Zahl, jedes auf seine Weise die Früchte seines eigenen früheren Lebenswandels pflückt.

Das gewöhnliche Sanskritwort für Werk, Verrichtung ist *Karma*. In der Religion wird damit von alters her das heilige Opferwerk benannt. Danach wird es mit Vorliebe als der feste Terminus für die „Werke", von denen des Menschen Schicksal abhängig ist, gebraucht. Man muss hier den Begriff Karma so weit wie möglich fassen. Die eigentlichen Handlungen, das was man tut, sind nur ein Teil davon. Nicht nur durch Taten wird Karma verrichtet, auch durch *Worte* und durch *Gedanken*. Besonders auf die letzten kommt es nicht zum wenigsten an. Von Nachwirkung ist eben das, was auf die Seele, die Psyche, auf das eigene Wesen des Individuums seinen Stempel gedrückt hat. Der Körper fällt bei dem Tode auseinander, an dem Âtman jedoch, dem an sich Reinen und Makellosen, haftet der Eindruck, die Spur des Karma. Mit ihm behaftet, unternimmt der befleckte Âtman die große Reise in die neuen Leben.

Dies ist kurzgefasst die Lehre der sogenannten Seelenwanderung, mit dem alten griechischen Namen Metempsychose, neuerdings mit einem lateinischen Namen Reincarnation benannt. „Es gibt nur wenige Hindubücher, in denen die Lehre der Seelenwanderung nicht zur Sprache kommt. Die Lehre ist bekanntlich einer der Hauptpfeiler der Hindureligion." So schrieb im Anfang des 19. Jahrhunderts ein gründlicher Kenner des britisch-indischen Volkes (Abbé Dubois); und dies kann jetzt noch genau so gelten, auch außerhalb des britisch indischen Gebietes. Nicht nur bei den Hindus, sondern bei allen Völkern, bei denen die indische Weltreligion, der Buddhismus, durchgedrungen ist, glaubt man ebenso fest an die Seelenwanderung, wie der orthodoxe Christ an den jüngsten Tag und an die Auferstehung. Diese Lehre ist diesen Orientalen ein großer Trost im Leide. Sie stimmt nicht nur zur Ergebung in das Schicksal, sondern facht auch zu neuem Eifer an. Die Überzeugung, dass man, was man ist und was man leidet, dem eigenen Betragen in einem früheren Leben zuzuschreiben hat, bewirkt, dass man nicht einem Menschen zur Last legt, was das Werk des Karma ist. Der Glaube, dass das Leben mit dem Tode nicht endgültig zu Ende ist, sondern dass ein neues Leben unserer harrt, wo himmlisches Glück, Wohlfahrt auf Erden, Menschenweh, die Hilflosigkeit eines Tieres oder der traurige Zustand eines verstoßenen Geistes oder Höllenbewohners unser Teil sein wird, und dass dieses jeweilige Los im vollsten Sinne des Wortes unser eigenes Werk genannt werden muss — dieser Glaube muss notwendigerweise das Gute in uns stärken und uns vor dem Einfluss schlechter Neigungen und vor Verführung bewahren. Man kann nicht sagen, dass diese sogenannten „Heiden" durch ihren Glauben an etliche Wiedergeburten auf einer moralisch tieferen Stufe stehen müssen als Juden, Christen und Mohammedaner, die diesen Glauben nicht kennen.

Es ist allgemein bekannt, dass in alten Zeiten auch im Abendlande ähnliche Ideen verkündet wurden. Die Druiden lehrten die Seelenwanderung, und Julius Caesar, der uns diese wichtige Tatsache mitteilt, fügt hinzu, dass diese Lehre eine sehr günstige Wirkung auf den keltischen Krieger habe, da sie durch die Aufhebung der Todesfurcht seine Tapferkeit steigere. Also dasselbe, was in dem jüngsten Kriege zwischen Japan und Russland von den japanischen Soldaten gesagt wurde. — Im alten Griechenland ist der Mann, von dem behauptet wird, er habe die gleichen Lehren verbreitet, kein Geringerer als der weise Pythagoras, derselbe, der der erste Vegetarianer war. Es ist an sich gar nicht unmöglich, dass dieser vielgereiste Grieche indirekt oder sogar direkt der Schüler indischer Weisen gewesen ist. Doch wie dem auch sei: die Ideen des Pythagoras von den vielfachen Wiedergeburten haben außerhalb des Kreises seiner eigenen Sekte wenig Einfluss ausgeübt. Im klassischen Altertum ist auch in späteren Jahrhunderten bei Plato und bei anderen öfter von der Seelenwanderung die Rede, unter anderem in einer berühmten Stelle im sechsten Buch der Aeneis. Der römische Dichter Ennius erzählt uns von einem Traumbilde, in dem ihm verkündet wird, dass die Seele Homers in ihm wiedergeboren sei, und auch, dass er einmal ein Pfau gewesen sei. Es ist jedoch die Frage, ob diese Äußerungen immer ernsthaft zu nehmen sind. Ich bin der Ansicht, dass dies nicht der Fall ist und sehe darin hauptsächlich ein Spiel der Phantasie, die sich darin ergeht, eine bekannte und poetische Lehre weiter auszuspinnen. Soviel ist sicher: diese Lehre, sei sie auch mit mehr oder weniger Ernst und Überzeugung im Westen verkündet worden, schlug hier keine Wurzeln, und verschwand gänzlich nach dem Sieg des Christentums, obwohl noch Origenes an die Seelenwanderung glaubte.

Völlig anders verhielt es sich damit in Indien. In dem Veda, wir sahen es schon, hat die Lehre der Wiedergeburten ihren Ursprung nicht. Trotzdem schließt dies nicht aus, dass sie dort einheimisch und uralt ist. Aber ihr Ursprung ist in Nebel gehüllt.

Verschiedene Faktoren können zusammengewirkt haben. Es gibt einen primitiven Glauben, welcher in der ganzen Welt verbreitet und bei Völkern auf einer niederen Kulturstufe noch heutzutage wirksam ist, nämlich, dass die Seele eines Gestorbenen in der Gestalt eines Tieres erscheinen kann. Desgleichen die Seele eines Lebenden während seines Schlafes. Hierauf beruhen die Geschichten von Werwölfen und dergleichen, welche noch jetzt in den weniger gebildeten Schichten unserer eigenen Kultur ein so zähes Leben führen.

Bekanntlich erwähnen die Gelehrten, die sich mit dem Animismus bei ungebildeten Völkern beschäftigen, genug

Fälle, wonach die Seele eines Menschen als Fliege, Schmetterling, Vogel, Maus, Schlange, Eidechse, Wildschwein erscheint. In Virgils Aeneis wird erzählt, wie der fromme Aeneas zur ersten Jahresfeier des Todestages seines Vaters am Fuße des Grabhügels ein Opfer bringt. Kaum hat er das Gebet gesprochen,

Da empor aus dem Heiligtum schlüpfend ein Drache
Sieben Kreis' unmäßig und sieben Umwindungen herzog,
Sanft einschließend das Grab, und längs den Altären geschlängelt: . . .
Staunend erblickt Aeneas die Schau. Lang rollenden Zuges
Jetzt die Schalen hindurch und die blinkenden Becher geschmieget,
Kostete jener den Schmaus: rückwärts unschädlich gewandt dann
Schlüpft er zum Hügel hinein. [1])

Außer diesen fest eingewurzelten animistischen Vorstellungen muss in Indien auch die Forderung des Rechtsgefühls stark mitgewirkt haben. Gleichheit des Schicksals und der Lebensumstände aller Individuen ist nun einmal für uns Menschen etwas Unmögliches. Schon die Natur selbst widersetzt sich dem auf das nachdrücklichste. Die Individuen werden mit sehr verschiedenen körperlichen und geistigen Fähigkeiten geboren. Gesundheit und Begabung sind in den allerverschiedensten Kombinationen unter die Menschen verteilt; und gar mancher ist in dieser Hinsicht recht übel daran. Ferner hängt so viel davon ab, in welcher Umgebung man geboren wird, ob die Eltern reich oder arm, von hoher oder niederer Geburt sind, ob sie einem angesehenen Stand oder einer verachteten und ausgestoßenen Klasse angehören. Kurz, in der so sehr komplizierten menschlichen Gesellschaft, in welche der Zufall der Geburt das Individuum wirft, ist das Schicksal eines jeden von der äußerst verwickelten Wirkung einer großen Zahl aufeinander wirkender Faktoren abhängig. Dass dies Schicksal sehr oft nicht zu dem stimmt, was unser Gerechtigkeitssinn in jedem besonderen Fall am liebsten erwarten würde, oder auch erwarten müsste, erfahren wir täg-

---

1) Aeneis V 84—86; 90—93.

lich. Es ist ein ärgerliches Schauspiel, davon geht nichts ab, wenn wir sehen, wie es reichen Faulenzern, Lumpen in jedem Sinn, wohl ergeht, wie sie zu Ansehen gelangen, während derweilen arme, brave und arbeitsame Menschen um einen kleinen Lohn hart arbeiten müssen — und ein noch peinlicherer Gegensatz: wenn wir auf der einen Seite Krankheit und Armut beieinander sehen, während auf der anderen der sorgenlose Nichtstuer sich einer vortrefflichen Gesundheit erfreut. Ist das gerecht? Können wird dies mit unseren Begriffen von einer gerechten Weltordnung vereinigen? Wird es da nicht verständlich, dass die Menschen dazu neigen, einen Zusammenhang zwischen ihrem Unglück und ihren Sünden, d. h. ihrer früheren Lebensführung zu suchen? Bei jeder großen Katastrophe, bei Epidemien, bei Kriegs- und Hungersnot, bei Erdbeben, wie zum Beispiel bei der Verwüstung Messinas, sind auch in christlichen Ländern Tausende bereit, die Ursache ihres Elends in Fehlern zu suchen, die sie sich selbst zuschulden kommen ließen.

Wenn je ein Volk, so haben die alten Inder einen ausgeprägten Gerechtigkeitssinn besessen. Die Fremden, die über sie geschrieben haben, stellen einstimmig diese Eigenschaft in den Vordergrund. Und aus ihren eigenen Schriften ersieht man, dass die Tugend der Wahrheitsliebe bei ihnen am höchsten angesehen war. Dass ein tugendhafter Lebenswandel so oft mit traurigen Lebensumständen gepaart ist, dass es Übeltätern wohl geht, das findet alles eine gute Erklärung, wenn man annimmt, dass dies Glück oder Unglück die Folge von Ursachen ist, die vor der Geburt des Menschen liegen. Wer fest davon überzeugt ist, dass es unmöglich sei, dass ein tugendhafter Wandel etwas anderes als gute und eine üble Lebensführung andere als schlechte Folgen nach sich zieht, muss leicht zu dem Schluss kommen, dass diese Folgen sich in einem späteren Leben als dem, worin die Taten vollführt sind, offenbaren werden. Mit anderen Worten: man muss früher schon einmal gelebt haben und damals das getan haben, wovon man jetzt die Folgen erfährt.

In diesem Gedankengang überwiegt die ethische Stimmung in solchem Maße, dass man sich kaum bewusst wird, wie hier unselbständige, abstrahierte Begriffe wie Gut und Böse (welche überdies nur einen ausgesprochen relativen Wert haben) zu absoluten Größen, zu Wirklichkeiten und zu mächtigen Dingen werden, die sich mit der Gewissheit, Unparteilichkeit und Notwendigkeit einer Naturkraft geltend machen. Über diese Schwierigkeit konnte man sich umso leichter hinwegsetzen, als doch die Lehre vom Karma auf der Überzeugung beruht, dass die Seele nach dem Tode weiterlebt, und man sich die großen Unterschiede an Talent und Kraft, womit man zur Welt kommt, demnach einfach als Eigenschaften, Eigentümlichkeiten u. a., welche die Seele sich vor diesem Leben erworben hat, erklärte. Wie sonst als in einer früheren Existenz kann der Âtman zu ihnen gekommen sein? Die Taten und Gedanken, welche ihn damals erfüllten, mussten in seinem Wesen die Spuren hinterlassen, die sich jetzt als individuelle angeborene Eigenschaften offenbaren. Und auch, was die äußerlichen Umstände anlangt, in denen die neue Geburt stattfindet, dachte man sich das Karma als Ursache. Der Âtman, gezeichnet und gestaltet durch sein Karma, wird von der Umwelt angezogen, die am besten zu seinem eigenen Zustande passt.

So ist das Karma zu einer Kraft geworden, die sich in den Augen der Gläubigen bei allem Lebenden auf der Welt zeigt, gerade so, wie es z. B. die Schwerkraft an aller lebenden sowohl als leblosen Materie tut. Entgegnet man ihnen, dass doch noch vieles rätselhaft und geheimnisvoll bleibe, so werden sie erwidern, dass dies bei der Schwerkraft, der Elektrizität usw. nicht minder der Fall sei; wie viel man davon auch kennen und wissen möge, das eigentliche Wesen bleibt uns dunkel — so sei es auch bei dem Karma.

Kurz, alles was in dem wechselnden Lauf des Lebens bei uns im Westen der eine einem höheren Gesetz, einem Willen Gottes zuschreibt, der andere als ein unvermeidliches Fatum betrachtet, und der dritte als die Folge des unberechenbaren und oft so grillenhaften Zufalls ansieht, das alles gilt dem Hindu als durch die Macht des Karma zustande gebracht. Als eine in ihrem Wesen geheimnisvolle, nur an den Resultaten ihrer Wirkung erkennbare Weltordnung regelt das Karma das Schicksal aller Geschöpfe: der Menschen, Tiere, Geister, Götter, ohne jedoch ihren freien Willen zum Denken, Reden und Handeln in Banden zu legen. Denn daraus entsteht neues Karma, das in der Zukunft gerade so unvermeidliche notwendige Folgen haben wird, als der jetzige Zustand eine unvermeidliche und notwendige Folge des alten Karma ist.

Gegen die Wirkung des Karma lässt sich nichts tun. Unheilbare Krankheiten, gegen die kein Kraut gewachsen ist, werden in der indischen Medizin als durch das Karma verursacht angesehen; in den medizinischen Lehrbüchern werden sie aus dem Bereiche, in dem die Kunst etwas vermag, ausdrücklich ferngehalten. Als Deussen auf seiner indischen Reise einmal einem blinden Pandit begegnete und, nicht wissend, dass er blind geboren, ihn teilnahmsvoll fragte, wie er zu diesem Unglück gekommen sei, antwortete ihm dieser: „Das hat irgendeine Sünde getan, die ich in einem früheren Leben begangen habe."

Der Mangel eines Sinnes, Lähmung, Stumpfsinn, Schwindsucht, alle solche angeborenen Gebrechen und Leiden werden als die Folgen früheren schlechten Lebenswandels betrachtet; und daher erscheint es dem Hindu auch sehr natürlich, dass solche Unglücklichen auch sozial gegenüber den Gesunden in mancher Beziehung als minderwertig betrachtet werden. Wir erklären eine solche Zurücksetzung als einen Überrest abergläubischer Angst uralter Zeiten vor dem bösen Einfluss dieser Unglücklichen; für ihn hängt dies alles mit dem Karma zusammen.

Es wird in Indien gewiss Zweifler gegeben haben und jetzt geben, so gut wie andererseits der Glaube an die Seelenwanderung im Westen Anhänger gehabt hat und auch jetzt noch hat. Im Allgemeinen jedoch herrscht dieser Glaube dort allmächtig und lässt sich in der Lebensauffassung und Lebensschätzung des ganzen Volkes spüren. Er mindert die Furcht vor dem Tode, stärkt das Pflichtgefühl und gibt Hoffnung auf ein besseres Los im Jenseits. Jeder fühlt sich in gewissem Grade als der Schmied seines Glückes. In der indischen Literatur wird mit Vorliebe eine Geschichte dadurch interessanter gemacht, dass man das Leben derselben Person durch verschiedene Existenzen hindurch schildert. Der große Zeitraum, der hierdurch entsteht, indem die Schicksale des Helden oder der Heldin sich über verschiedene Leben erstrecken, gibt diesen indischen Erzählungen einen besonderen Reiz.

Eine Erinnerung an das frühere Leben findet sich nur ausnahmsweise. Sie ist das Eigentum besonders bevorzugter Wesen. Man nimmt an, dass diese Erinnerung, wenn sie plötzlich erscheint, ein Bote des nahenden Todes ist. So in der folgenden Erzählung.

Über das Land Kośala herrschte ein König; der hieß Dharmadatta. Seine Königin, Nâgaśrî genannt, war die erste aller Frauen an Weisheit und Tugend. War es ein Wunder, dass ihr Gatte sie verehrte wie eine Gottheit? Siehe, einstmals sprach sie also zu ihm: „König, plötzlich erinnere ich mich meiner früheren Existenz, Sie nicht zu erzählen, macht meine Seele betrübt, aber wenn ich sie erzähle, so wird dies mein Tod sein; deshalb, Herr, bin ich sehr verstört." In dieser Weise angeredet, antwortete der König seiner Gattin folgendes: „Liebe Frau, gerade so wie du, erinnere ich mich gleichfalls plötzlich meiner früheren Geburt; erzähle mir die deine, so werde ich dir die meinige erzählen, es möge dann geschehen, was will. Wer wäre imstande, das Schicksal zu ändern?" Als er sie so ermutigt hatte, sprach die Königin: „Wenn du es wissen willst, o König, wohlan, so höre, ich will es dir sagen.

„In diesem selben Lande lebte ich in meiner früheren Geburt. Ich diente in dem Hause eines Brahmanen, und mein Name war Suvṛttâ. Ich war verheiratet mit einem Knechte, der hieß Devadâsa und diente in dem Hause eines Kaufmannes. Wir waren tüchtig und lebten zusammen in einer eigenen

Wohnung. Unsere Hütte war klein; sie enthielt nur ein Drei-
paar: ein Wasserfass und eine Schüssel, ein Ruhebett und einen Besen, meinen Mann und mich. Aber die Sünde fand keinen Eingang zu uns, und wir waren zufrieden; wir genossen
nichts, ohne dass wir vorher den Göttern, den Verstorbenen
und den Gästen den ihnen zukommenden Teil übergeben hätten. Hatten wir zufällig einmal ein Kleidungsstück übrig, so
schenkten wir es sogleich einem Armen. Einst wütete eine
schwere Hungersnot; und unsere Herren gaben uns weniger
zu essen, so dass unser Körper mager und unser Geist bekümmert wurde. Eines Tages kam ein ermüdeter Brahmane
zur Speisezeit, und bat um unsere Gastfreundschaft. Ihm gaben wir alle Speise, die wir hatten, so sehr wir selbst ihrer
bedurften, und es war wenig und schlecht. Er aß und ging,
aber meinen Mann verließen die Lebensgeister, wie aus Zorn
darüber, dass wir wohl für jenen Bettler, aber nicht für ihn
gesorgt hatten. Da errichtete ich den Scheiterhaufen für meinen Gatten, stieg selbst darauf und wälzte so die Last des
Leides von mir. Deshalb bin ich in einem fürstlichen Geschlechte wiedergeboren und bin jetzt deine erste Königin.
Denn der Baum der guten Werke trägt dem Frommen niege-
dachte Früchte zu."

Die Königin schwieg. Da sprach König Dharmadatta:
„Liebe Frau, dein früherer Mann bin ich. Ich war jener Devadâsa, und war Knecht bei dem Kaufmann. Gerade dies ist
die frühere Geburt, der ich mich soeben entsann." Und sie
fanden noch viele alte Erinnerungen aus ihrem Zusammensein
in dem früheren Leben auf, und noch an dem selbigen Tage
starben der König und die Königin und ihre Seelen stiegen
gen Himmel.

Dieses indische Idyll, das ein würdiges Gegenstück zu der
Geschichte von Philemon und Baucis bildet, wird von dem
Dichter Somadeva in gewählter Sprache erzählt.

So stark ist der Glaube an die notwendige Nachwirkung
der Taten, Worte und Gedanken eines jeden, dass man davon
überzeugt ist, auch kleine Fehler im übrigen guter und ebenso

geringe Tugenden sonst schlechter Menschen müssten ihre Folgen nach sich ziehen. Daraus erklärt man, dass weder ungetrübtes Glück noch absolutes Unglück bei den Menschen zu finden sei. Auch ist es nicht notwendig, dass die Macht des Karma sich auf einmal offenbare. Hiermit erklären es auch die Buddhisten, dass Buddha, von dessen früheren Lebensgestalten eine ganze Reihe genau überliefert ist, oft eine ziemlich niedrige Stellung in der Welt der Geschöpfe einnahm, und sogar mehrmals in Tiergestalt als Affe, Elefant, Hase, Hirsch, Büffel, Vogel oder Fisch existiert habe.

Vom ethischen Standpunkt aus betrachtet, wird man die Lehre vom Karma eine Vergeltungslehre nennen müssen. Sie ist jedoch mehr. Sie ist der Schlüssel, der uns erschließt, wie das in der Natur überall sichtbare Gesetz der Kausalität auch innerhalb der menschlichen Gesellschaft wirkt, wie auch auf diesem Gebiete das Heute die Folge von einem Gestern ist. Von dieser Seite aus gesehen, zeigt sich die Lehre in ihrem vollen Umfang und in ihrer ganzen Bedeutung. Man pflegt sich das Karma eines Individuums als eine Anzahl Keime vorzustellen, diese werden gesät, kommen allmählich zu Wachstum und Blüte und geben, wenn sie zu ihrer — je nach der Art verschiedenen — Reifezeit gelangt sind, ihre Früchte. Im Zusammenhang dieser sehr gebräuchlichen Bildersprache ist *Phala*, welches *Frucht* bedeutet, das gewöhnliche Wort, womit man diese notwendigen Folgen bezeichnet. Wohl dem, der sich, einen großen Schatz von guten Werken gesammelt hat, wessen sündige Taten, Worte und Gedanken geringfügig sind. Ein umso größeres Glück wird ihn im Jenseits erwarten.

Dieses Glück jedoch, sei es noch so groß und herrlich, ist nicht für ewige Zeiten. Keine indische Religion kennt ewige Seligkeit oder ewige Verdammnis. Von einem so ungeheuerlichen Missverhältnis zwischen den hier vollbrachten Taten und der ihnen folgenden Belohnung oder Strafe hat man dort keinen Begriff, wenngleich der Buddhismus zum mindesten einen guten Schritt in dieser Richtung gegangen ist. Das Karma, oder welche Gottheit man sich als den Ausführer seines Willens denken mag, ist gleich der Mutter Natur ein gewissenhafter Rechenmeister. Verdienst und Schuld bewirken Glück und Missgeschick, aber nur gerade so viel und nicht mehr als ihrem Umfang und ihrer Beschaffenheit entspricht. Man kann in einem der Himmel wiedergeboren werden und dort das sorgenlose und herrliche Leben eines Gottes führen; jedoch diese himmlische Seligkeit, wenn sie auch Tausende und Abertausende von Jahren dauern mag, ist endlich. Wenn das Kapital der guten Werke verzehrt, das letzte Phala verbraucht ist, fällt die Gottheit unwiderruflich zurück auf die Erde. Dann beginnt ein neues Leben, dem wieder ein anderes folgt und so geht es immer weiter in endloser Folge.

Diesen ewigen Kreislauf des Entstehens, Bestehens, Vergehens, Wiederentstehens usw., wobei die Seele immer wieder aus der einen Existenzform in die andere übergehen muss, nennen die Inder *Sansâra*. Wer sich in dem Sansâra befindet, muss Leid tragen, das ist unvermeidlich damit verbunden. Auch die glücklichste Existenz ist Krankheiten ausgesetzt; niemandem bleibt der Schmerz des Abschieds von teuren Verwandten und Freunden erspart; niemand entgeht dem Alter und dem Tode. Bei dem übergroßen Teil der Menschen wirken solche Überlegungen nicht stark genug, um nach einem höheren Ideal zu streben als dem einer, wenn auch nicht ewig, so doch recht lange andauernden, Seligkeit durch eine Wiedergeburt in himmlischen Gefilden, dem Lohn ihres Erdenlebens. Ernstere Naturen jedoch, welche von dem Übermaß von Leid, das mit einer jeden Existenzform verbunden ist, tief durchdrungen waren, konnte dieses Ideal nicht befriedigen. Je mehr sie sich in die Frage der Unumgänglichkeit dieses Leidens versenkten, desto tiefer fasste sie das Verlangen nach Befreiung der Seele aus dem Sansâra. Ist eine solche möglich? lautet die erste Frage. Und dann, wenn sie möglich ist, wie kann man sich von den Banden, welche die Seele an den Sansâra bindet, befreien?

In der Sprache jener in den Wäldern lebenden Weisen, in deren Einsiedeleien die Ideen der Upanishads, wie sie im vorigen Kapitel geschildert sind, herrschten, heißt dies so viel als: wie kann man eine endgültige Vereinigung des individuellen Âtman mit dem universalen Âtman bewirken? mit anderen Worten: wie kann man den befleckten Âtman wieder zu seiner ursprünglichen makellosen Reinheit zurückbringen? Bei anderen Weltentsagern und wandernden Asketen wird diese Frage wieder anders formuliert. Für alle jedoch war Erlösung das Ziel ihres Strebens und die Losung ihres Tuns. Und sie haben die Erlösung gefunden. Denn an Erlösungslehren ist wahrlich in Indien kein Mangel gewesen. Die Lehre von Nachfrage und Angebot, bemerkt Kern sehr scharf, hat sich auf diesem Gebiet, wie auf so vielen anderen, wieder bewahrheitet.

Viertes Kapitel

Sânkhya und Vedânta.

Unter den Heilslehren sind es zwei, die in erster Linie einen Anspruch auf eine genauere Betrachtung haben, nämlich die von dem Vedânta und die von dem Sânkhya. Beide haben einen überwiegenden Einfluss auf das indische Denken und auf die indische Religion ausgeübt. Seit den letzten fünf Jahrhunderten herrscht der Vedânta nahezu ausschließlich über die Geister der höher entwickelten Hindus. Die heute dort geltende indische Theosophie ist hauptsächlich Vedânta .

Beide Lehren haben dies gemeinsam, dass sie meinen, Erlösung sei nur durch *Wissen* zu erlangen. Unter diesem „Wissen", das für sie also den Weg zur Erlösung bildet, versteht man das wahre Wissen, nämlich ein solches, das über das wahre Wesen der Dinge, das hinter der Welt der Erscheinungen verborgen liegt und der großen Menge immer verborgen bleibt, Aufschluss erteilt. Durch einen klaren Blick in sein wahres Wesen wird der Âtman, der Purusha aus seinem gebundenen Zustand erlöst und aus dem Sansâra befreit. Dann weicht das falsche Wissen von ihm, mit dem er durch all seine Existenzen hindurch belastet gewesen war, und das eine Folge des Verlustes seiner makellosen Reinheit war. Der Verlust dieser seiner Reinheit aber ist wiederum die Folge seines Karma. Es kommt also darauf an, das Karma endgültig aufzuheben.

Zweierlei steht bei diesen Erlösungslehren im weitesten Sinne des Wortes im Vordergrunde: das Streben nach dem vollkommenen Besitz des höchsten Wissens, und die Unterdrückung jeglicher Neigung zum Handeln. Das erste entsühnt die Seele und führt sie zu ihrer ursprünglichen makellosen

Reinheit zurück, wodurch sie schließlich von ihrer „Gebundenheit" erlöst wird; das zweite soll jeder Gefahr vorbeugen, dass etwa die Mächte, welche sie im Sansâra festhalten könnten, eine neue Handhabe bekämen. Es bedarf keiner weiteren Auseinandersetzung, dass bei dieser Auffassung eine absolute *Gleichgültigkeit für alle irdischen Dinge* die erste Bedingung ist; man könnte sie den ersten Halt nennen, von dem aus der Weg zur Erlösung führt. Damit ist bereits gesagt, welche Kreise wir als den Ursprung und Herd der verschiedenen Erlösungslehren betrachten müssen. Natürlich haben wir unsere Blicke auf die halben oder ganzen Welt-Entsager zu richten, die wir zum einen Teil in den Waldeinsiedeleien, den Wohnstätten der Vedabeflissenen des dritten Lebensstadiums antreffen; zum anderen unter den Scharen der heimatlosen Wanderer, die sich außerhalb der Gesellschaft gestellt haben. Über beide Klassen haben wir im ersten Kapitel gesprochen.

Da nun die Erlösung das große Ziel ist, steht die Betrachtung der Welt im eigentlichen Sinne, d. h. das Streben nach der richtigen Auffassung und Erklärung der Erscheinungen in und um uns, nicht so im Vordergrunde, wie man bei rein philosophischen Systemen erwarten müsste. Dies gilt insbesondere für die unbeseelte Welt; sie wird vernachlässigt. Man beschäftigt sich fast ausschließlich mit den beseelten Wesen; die unbeseelte Natur kommt eigentlich nur in Betracht, soweit die Geschöpfe etwas mit ihr zu tun haben.

Schon früh waren die indischen Philosophen, und zwar so gut wie unabhängig von ihren Geistesverwandten in Griechenland, zu der Einsicht gekommen, dass die reiche Mannigfaltigkeit der stofflichen Welt auf eine kleine Anzahl von Elementen — vier oder fünf — zurückzuführen sei. In unseren Heilslehren werden wir diesen Elementen immer wieder begegnen, aber das Interesse dafür bezieht sich nur darauf, insofern der tierische Körper — man könnte fast sagen: der menschliche Körper — aus ihnen zusammengesetzt ist. Denn im Grunde genommen ist doch nur der Mensch allein das Objekt des Studiums und der Betrachtung. Gewiss breitet die Erlösungslehre ihre rettenden Flügel über alle lebenden Geschöpfe: über Tiere (streng genommen auch Pflanzen), Menschen und göttliche (unsichtbare) Wesen, aber diese Fürsorge hat trotz alledem nicht zu einer bestimmten näheren Untersuchung oder genaueren Festlegung der Unterschiede zwischen den geistigen Funktionen der Menschen und Tiere geführt. Die Vorstellung, dass in allem, was lebt oder für lebend gehalten wird, derselbe Âtman wohnt, und dass dieser dadurch, dass er an die Materie gebunden ist, nicht in seiner echten vollen Reinheit hervorstrahlen kann, sondern gefesselt, getrübt, abhängig und zum Leiden bestimmt ist, — diese Vorstellung hält die Gemüter zu sehr gefangen, als dass sie für die Einzelheiten des größeren oder geringeren Grades dieser Trübung, welche der Âtman bei seiner Gefangenschaft in allerlei Tier- und Menschengestalten erlitten hat, noch genügendes Interesse übrig haben könnten. In der Auffassung der Weltentsager ist die Materie etwas, wovon man sich vor allen Dingen frei zu machen hat. Und weshalb sollte sich der Geist damit über das Notwendigste hinaus beschäftigen? So hat die Ausdehnung der Machtsphäre dieser Erlösungslehren auf die Dauer einen hindernden Einfluss auf die Entwicklung der experimentellen Wissenschaft ausgeübt. Sie hat die Aufmerksamkeit der Denker von den Dingen, die innerhalb unseres Bereiches liegen, abgelenkt und sie mit Vorliebe auf die Fata Morgana eines sehr achtungswerten, jedoch verwirrenden seelischen Verlangens gerichtet. Genau wie es im christlichen Europa im Mittelalter geschah.

Doch auch in Indien gab es eine nüchterne Philosophie. Zum mindesten gibt es ein System, in welchem die Erlösungstheorie (die auch da nicht fehlt) in den Hintergrund tritt gegenüber dem Versuch, durch wissenschaftliche Analyse die Materie besser kennen zu lernen. Dies ist die Lehre der Atomisten, die das indische Gegenstück zu den Theorien des Leukipp, Demokrit und Epikur im klassischen Hellas bildet. Doch auch aus ihr hat sich keine selbständige Naturwissenschaft entwickeln können.

Wir wissen nur von einer Sekte, welche die Möglichkeit der Erlösung leugnet — oder vielmehr: leugnete, denn sie scheint keine Anhänger mehr zu besitzen. Auch ist das Lehrbuch oder die Lehrbücher dieser Sekte verloren gegangen. Aus den Mitteilungen von anderen über sie kann man schließen, dass von ihnen der gröbste Materialismus gepredigt wurde. Als Stifter dieser Sekte wird Cârvâka genannt. Sie muss sehr alt sein. Cârvâka erkannte keine andere Quelle des Wissens an als die sinnliche Wahrnehmung. Nach ihm gab es nichts als die Materie, welche man wahrnimmt, also auch keine unsterbliche Seele. Unsere Intelligenz entsteht, nach seiner Lehre, aus der Vermischung der Bestandteile, aus denen auch unser Körper aufgebaut ist, ungefähr in gleicher Weise wie die betäubende Kraft alkoholischer Getränke durch den Gärungsprozess entsteht. Himmel, Hölle und Erlösung sind insgesamt Unsinn. Die Mühe der Selbstquäler und Asketen ist ebenso fruchtlos wie die Opferhandlungen. Durch Opfer und Gebet bringt man nichts zustande; der einzige Nutzen dieser Dinge ist, dass sie dem beamteten Brahmanen eine Einnahmequelle sind. Die Veden sind das Werk einiger Betrüger. Das einzige Streben des Menschen muss sein, in seinem kurzen Leben so viel wie möglich zu genießen. Denn mit dem Tode hat alles ein Ende.

Es ist möglich, dass das Bild jener „Weltlichen", wie sie auch genannt werden, mit Absicht von ihren Gegnern entstellt worden ist. Wenn es jedoch eine naturgetreue Zeichnung wäre, dürfte man vielleicht die dumme Trivialität und die grobe Oberflächlichkeit dieses Materialismus einigermaßen daraus erklären, dass die Schule des Cârvâka sich so kräftig wie möglich dem Formendienst der Ritualisten und der Einseitigkeit der nach Erlösung Trachtenden entgegenstellen wollte, und bei der Formulierung ihrer Lehrsätze in das andere Extrem verfiel. Dass die praktischen Menschen, welche sich in erster Linie mit irdischen Dingen zu beschäftigen hatten, an manchen Widerwillen erregenden Gebräuchen und unerfreulichen Eigenschaften der Weltentsager Anstoß nahmen, kann ihnen an sich nicht übelgenommen werden.

Die materialistische Schule selbst ist sehr alt. Als erster Verkünder dieser Theorien, welche dem Veda so durchaus feindlich gegenüberstehen, wird ein übermenschliches Wesen genannt, und dazu noch eines, das in der indischen Mythologie als Oberpriester Indras und seiner Götter bekannt ist. Und dennoch steht seine Lehre im Widerspruch zu dem, was dem Anhänger des Veda das Höchste und Heiligste sein muss! Gewiss ein Beweis von weitherziger Auffassung und großer Gemäßigtheit. Wir hatten schon früher Gelegenheit, darauf hinzuweisen, dass in Indien in der Regel die größte Freiheit des Glaubens und der Gedanken geherrscht hat; den „Andersdenkenden" war die Verbreitung ihrer abweichenden Theosophie und ein Leben nach der Regel ihres abweichenden Glaubens nicht verboten. Es hat dort immer eine bunte Mannigfaltigkeit von Sekten gegeben. Übrigens musste schon die Zersplitterung der Nation in eine so große Anzahl von Kasten an sich eine große Verschiedenheit der religiösen Gebräuche mit sich bringen. In den Jahrhunderten, in denen die Sânkhya- und Vedântalehren entstanden, war der Glaube an die Unfehlbarkeit des Veda noch nicht so intensiv und so allgemein, wie er es später wurde und jetzt noch ist. Die Heilslehren stehen dem vedischen Ritual alle mehr oder weniger feindlich gegenüber. Denn dieses nennt sich ja den Quell irdischer Güter und irdischen und himmlischen Glückes, Die Heilslehren aber verachten dieses Ziel, auch dann, wenn sie, wie Sânkhya und Vedânta, in dem vedischen Ritus das richtige Mittel sehen, um diesen Zweck zu erreichen. Ihr Streben ist ein anderes, nach ihrer Auffassung ein höheres: die Vernichtung des individuellen Seins.

Auch die älteren Theorien der Upanishads haben denselben Zweck. Der Vedânta hat auf diesen Theorien weitergebaut und ist sich dessen auch immer bewusst geblieben. In den vedântischen Schriften, ja schon in der ältesten, die uns bekannt ist, und die als die höchste Autorität dieser Lehre gilt, im *Brahmasûtra*, wird mit Upanishadtexten gearbeitet —

und gelegentlich umgesprungen — gerade wie bei uns mit Bibelstellen, und solche Aussprüche werden schon an sich als überzeugend genug betrachtet, um irgendeine Behauptung zu beweisen. Wenn die Vedântins (die Anhänger des Vedânta) sich auf die Schrift oder auf den Veda beziehen, meinen sie im Allgemeinen die Upanishads. Die Anhänger des Sânkhya sind freier. Ihre Lehre hat sich ganz von der vedischen Tradition losgemacht. Die Quellen des Wissens sind für sie Wahrnehmung und Vernunft; die „Schrift" lassen sie beiseite. Erst in der Zeit unseres Mittelalters, als die Macht der Schrift immer größer geworden war, kam man dazu, die Lehren des Sânkhya mit den vedischen Texten in Übereinstimmung bringen zu wollen; dies erforderte viel Kunst und Mühe, ist aber natürlich gelungen. Daher wird die Sânkhyalehre zu den sogenannten orthodoxen Systemen, und nicht zu den „ketzerischen" gerechnet, obgleich sie in den Augen des unparteiischen Betrachters eigentlich zu den letzteren gehören müsste.

Der Unterschied zwischen Sânkhya und Vedânta spricht sich am kräftigsten in ihren Ansichten von dem ersten Ursprung der Dinge aus. Der Vedânta steht hier ganz auf dem Standpunkt der Upanishads. Er predigt den Monismus. Der Allgeist ist beides, Geist und Materie. Denn beides ist das Aussichheraustreten, die Erscheinung und die Entwicklung des Brahma, welches das Weltall aus sich hervorgehen ließ. Das Brahma ist überall anwesend, in allem was lebt, und in den Elementen, aus welchen die tote Materie zusammengesetzt ist, aber dies in verschiedenen Graden von Trübung. Die erste Emanation ist der Gott Brahma: der Weltschöpfer, aber doch selbst schon Geschöpf. Nach der Formel umfasst die phänomenale Welt (d. h. die Offenbarung des Brahma) eine graduelle Abstufung von dem höchsten Gotte: Brahma bis zu dem Wurm oder dem Grashalm.

In diametralem Gegensatz hierzu steht, was das Sânkhya lehrt: die absolute und ewige Geschiedenheit von Stoff und Geist. Diese Lehre ist ausgesprochen dualistisch. Weiterhin fasst sie wohl die Materie als eine Einheit auf, erkennt aber keinen Allgeist an. Im Gegenteil, die Zahl der *Purushas* ist endlos, entsprechend der Anzahl der lebenden Wesen, welche in dem endlosen Sansâra umherirren. Die Purushas sind alle gleichwertig; jeder für sich und an sich besitzt jene hohen Eigenschaften von Lichtglanz, Wissen, Unteilbarkeit und Freiheit der Bewegung, die der Vedânta dem Âtman zuerkennt. Nur ist ihnen bei dem gebundenen Zustand, in dem sie sich befinden, bei ihrer Gefangenschaft im Stoff, die freie Äußerung dieser Eigenschaften unmöglich geworden. Sie sind sich derselben nicht einmal bewusst, ausgenommen natürlich die Wenigen, denen die Heilslehre des Sânkhya zuteil geworden ist. Aus der Gleichwertigkeit der Purushas folgt von selbst, dass ein oberstes Wesen in diesem System undenkbar ist. Diese Lehre ist atheistisch. Doch verhindert das nicht, dass auch hier kein Mangel an übermenschlichen und himmlischen Wesen ist, darunter auch solche, die man im täglichen Leben als „Götter" zu bezeichnen pflegt, wie schon oben am Schluss des ersten Kapitels auseinandergesetzt ist. Diese höheren Wesen verdanken ihren höheren Rang nur dem bedeutenden Saldo auf der Kreditseite ihrer Karmabilanz, dies hat ihnen im Weltall eine so viel höhere Stellung als uns Menschen verschafft. Jedoch ist der Purusha, welcher in jedem von ihnen wohnt, dem unseren dem Wesen nach gleich.

Es mögen die Hauptzüge des Systems folgen.

Die Materie ist ursprünglich etwas Übersinnliches und darum für uns nicht wahrnehmbar. Ihre Entfaltung geschieht zum Besten der Geister, welche durch ihr Karma an sie gebunden sind. *Prakriti* (Materie) [1]) und *Purusha* (Geist) sind die zwei Mächte mit den denkbarst entgegengesetzten Eigenschaften, die infolge der Notwendigkeit des Karma diese Erscheinungswelt ins Dasein gerufen haben und sie erhalten.

---

1) Die Übersetzung mit „Natur" ist an sich nicht falsch. Sie ist jedoch irreführend, weil Prakriti, im Sinne des Sankhya, immer als ein Ding, eine Substanz, und nicht als eine Eigenschaft, ein Zustand oder eine Wirkung vorgestellt wird. Wir ziehen daher die Übersetzung „Materie" vor.

Der Gegensatz zwischen diesen beiden könnte nicht größer sein, als er ist. Ist die Prakriti eins, so sind der Purushas unendlich viele; ist die Prakriti ohne Verstand, dumm, so sind die Purushas reine Intelligenz; ist Verwandlung, Umbildung, Fortpflanzung das eigenste Wesen der Prakriti, so sind die Purushas unwandelbar und unveränderlich; handelt die Materie, so sind die Purushas untätig. Doch ist es der Purusha, der durch seine bloße Anwesenheit die Prakriti an die Arbeit setzt, wie ein Fürst seine Diener.

Infolge der Einwirkung der unerlösten Purushas vollbringt Mutter Prakriti [1]) durch Verwandlung ihres Wesens nacheinander eine Reihe von Schöpfungen. Wenn wir die Urmaterie das erste nennen, dann ist das zweite Buddhi, auch der „Große" genannt, das heißt der Verstand, das Prinzip des logischen Denkens, Überlegens und Entschließens.

Das dritte ist Ahankâra, das Ichprinzip, welches bewirkt, dass die eine Materie als in eine Anzahl von Individuen zersplittert erscheint und zwar in so viele, als es Purushas gibt. Es bezeichnet ungefähr dasselbe, was Schopenhauer mit einem Ausdruck der mittelalterlichen Scholastik das *principium individuationis* nennt. In den Upanishads wird diese Teilung in Ichheiten durch die Formel ausgedrückt, dass das eine Brahma als Name und Form (*nâmarûpa*) erscheint.

Aus diesem Ichprinzip entstehen sechzehn Dinge, nämlich:

Nr. 4—19. Dies sind zuerst die Sinnesorgane, d. h. diejenigen *fünf*, die mit unseren „fünf Sinnen" übereinstimmen: Gehör, Tastsinn, Gesicht, Geschmack, Geruch, sodann *fünf*, deren indische Namen man am besten durch Tatsinn oder Fähigkeit des Handelns [2]) wiedergeben kann, es sind: Sprache, Greifen, Gehen und die Fähigkeiten der beiden Ausflusskanäle des tierischen Körpers. Als elftes Organ, mit den genannten auf einer Linie stehend, gilt das *Manas*, der „innere Sinn",

---

1) Das Wort *prakriti* ist weiblich, *purusha* männlich.
2) Ich übernehme Garbes Übersetzung des Sanskritausdrucks *Karmendriya*.

der alles verrichtet, was wir als die Funktionen des Vorstellungsvermögens, des Gefühls und des Gemüts betrachten. Diese elf umfassen die ganze Ausrüstung, deren das Individuum bedarf, um von der Außenwelt Eindrücke empfangen und darauf reagieren zu können. Die Außenwelt selbst, mit Einschluss der Keime des Körpers, mit dem das Individuum bekleidet werden soll, ist ebenfalls eine Schöpfung des Ichprinzips, und besteht aus den Urprinzipien, den Ansätzen, den Keimen der fünf Elemente: *âkâśa*, Wind, Feuer, Wasser, Erde. Sie heißen *tanmâtrâs* und ergeben die Nr. 15—19 der Reihe. Aus diesen *tanmâtrâs* oder „feinen Elementen" entwickeln sich:

Nr. 20—24, die fünf groben Elemente. Nur diese letzte Entfaltung ist für die Geschöpfe wahrnehmbar. Die fünf groben Elemente und ihre Verbindungen untereinander ergeben die Erscheinungswelt, wie wir sie sehen. Solange die Materie sich noch in einem früheren Stadium befindet, entzieht sie sich unserer sinnlichen Wahrnehmung.

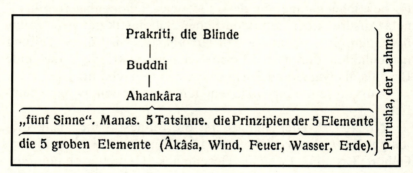

Als Nr. 25 gilt der Purusha, der ungeschaffen und unveränderlich, unmöglich mehr als ein Glied in der Aufzählung dessen bilden kann, was die richtige Analyse des lebendigen Weltalls in seiner gesamten Form enthält. Jedoch, wenn er auch nur als ein einziges der 25 Bestandteile oder tattvas, auf die das Sânkhya den Sansâra zurückführt, betrachtet wird, so ist doch er es, dem zu Liebe die anderen da sind. Ohne

Purushas würde die Materie sich nicht entfalten. Eben durch die Anwesenheit der Purushas entfaltet sie sich, weil das Karma eines jeden Purusha sie mit Beschlag belegt, um dem Purusha aus ihr einen Körper zu verleihen, in welchem es ja allein die Folgen seines Karma erfahren kann. Wie man sich keine Wohnung denken kann, ohne jemand, der sie bewohnt und sich die Möbel und den Komfort zunutze macht, so muss man es sich in Bezug auf das Verhältnis von Körper und Purusha vorstellen.

Doch gibt es einen wichtigen Unterschied. Der Bewohner eines Hauses tritt handelnd auf, der Purusha handelt nicht. Er besitzt nicht einmal die Kraft zur Tat. Sein Wesen ist nur Licht und Wissen; Bewegung, Veränderung, Teilung sind ihm fremd. An den Verrichtungen des Körpers, sowohl den intellektuellen als den vegetativen, hat er keinen Teil. Seine Rolle ist die eines Zuschauers, der selbst außerhalb der Handlungen steht, für den diese jedoch stattfinden, und auf den sie sich beziehen. Doch würde die Materie auch ohne seine bloße Anwesenheit nichts ausrichten können, denn sie ist verstandeslos. Man verdeutlicht die Vereinigung der Prakriti und des Purusha durch die alte Parabel von dem Blinden, der den Lahmen trägt. Die erste ist imstande, alle Bewegungen in jeder Richtung zu machen, sie ist jedoch blind und kann also aus sich nichts tun; der zweite kann führen, denn er hat Einsicht, jedoch als ein Wesen aus lauter Intelligenz vermag er nicht zu handeln, er ist lahm. Gemeinsam können sie alles, jedes für sich nichts.

Der scharfsinnige Leser wird wohl bemerkt haben, dass dieses Bild nicht richtig ist. In der Tat liegt hier die schwache Seite des ganzen Systems. Wenn der Purusha nichts anderes ist als nur ein Zuschauer, nicht mehr als ein Zeuge dessen, was die Materie durch ihre Organe verrichtet, wie kann er dann der Führer, der Wegweiser des Blinden sein? Man bedenke dies: alles was von den Verrichtungen unseres Geistes, was wir moderne Menschen mit der Tätigkeit unseres Gehirns, unseres Rückenmarks, kurz unseres Nervensystems in

Zusammenhang bringen, also jede Wahrnehmung, jedes Gefühl, jede Gemütsbewegung, jede Vorstellung, Denkarbeit, logische Beweisführung und Erinnerung geschieht nach dem Sânkhya unabhängig von dem Purusha durch Produkte der Materie. Die drei: *buddhi* (Verstand), *ahankâra* (Ichmacher), manas (innerer Sinn) tun dies alles allein durch ihr Zusammenwirken. Es wäre nicht unmöglich, dass man in unserem System nicht nur ein realistisches, als welches es immer betrachtet worden ist, zu sehen hat, sondern eines, das ursprünglich materialistisch gewesen ist, und nur im Lauf der Zeit dem unstofflichen Geist den höchsten Platz eingeräumt hat. Auf diese Weise wurde es idealistisch und konnte zur Erlösungslehre werden. Aber die Spuren der Zusammenfügung von ursprünglich nicht zueinander passenden Weltanschauungen, so geistreich sie auch zustande gebracht ist, sind noch sichtbar.

Eine andere solche Spur der Zusammenfügung von ursprünglich nicht zueinander passenden Gedanken findet man in der Theorie der *Gunas*. Diese Theorie ist ein wesentlicher Bestandteil der Sânkhyalehre, und unsere Arbeit wäre unvollständig, wenn wir unterließen, sie hier mitzuteilen. Aber unbedingt ist ihre Kenntnis nicht notwendig, um die Erlösungslehre zu verstehen, sie ist auch nicht dem Sânkhya allein eigentümlich, sondern findet sich fast überall in den indischen welterklärenden Systemen wieder. In dem Sânkhya dient sie dazu, zu erklären, wie die Materie, welche in ihrem ursprünglichen Zustande formlos ist und über dem Bereich der sinnlichen Wahrnehmung steht, sich in die Erscheinungswelt, zu der wir selbst gehören, umsetzen konnte.

Es wird auf folgende Weise argumentiert. Die Prakriti ist eins, und zugleich doch wieder nicht eins. Denn diese Einheit ist nichts anderes als die Folge des Gleichgewichts zwischen den drei Teilen, aus denen sie zusammengesetzt ist, den sogenannten *gunas*. Diese heißen *sattva, rajas* und *tamas*. Es ist so gut wie unmöglich, diese Termini zu übersetzen und sehr schwer, sie richtig zu umschreiben. Ich will mich damit begnügen, hier treulich niederzuschreiben, was uns die reinste

Quelle unseres Wissens in Bezug auf diese Lehre als das Wesen von jedem dieser drei angibt. Sattva ist alles, was licht und leicht, also das Gegenteil von dunkel und schwer ist, rajas drückt alles aus, was feurig, hitzig und beweglich, tamas was schwer, träge und hemmend ist. Ganz rein ist keines dieser drei in irgendwelcher Art von Geschöpfen enthalten. Wo eines von ihnen derart überwiegt, dass wir den Eindruck von einer Eigenschaft bekommen, welche mit den genannten übereinstimmt, dann hat dort der betreffende Guna das Übergewicht über die beiden anderen. So wird gelehrt, dass im Allgemeinen bei den Göttern das sattva, bei den Menschen das rajas, bei den Tieren das tamas überwiegt, und dass, wo wir bei den Einzelindividuen Charakterunterschiede usw. bemerken, auch diese auf dem relativen Übergewicht des einen oder anderen Guna beruhen. Menschen von freundlichem, heiterem, lebhaftem Charakter, begabte, tugendhafte haben ein Plus von sattva; leidenschaftliche, zum Handeln geneigte, energische, ehrsüchtige einen Überschuss an rajas; die faulen und dummen Menschen, die Geistesstumpfen haben diese Eigenschaften durch das Übermaß von tamas in der Materie, aus der ihre stoffliche Hülle aufgebaut ist, und dies natürlich umso mehr die niederträchtigen und verbrecherischen Naturen.

Diese Theorie, die sich vortrefflich dazu eignet, auf allerlei Gebiete [1]) angewendet zu werden, hat ursprünglich mit der Erlösungslehre oder der Theosophie nichts zu tun. Ihr Ausgangspunkt ist eine naturmythische Weltanschauung. Die feurig rote Glut der Dämmerung, der lichte Tag, wenn die Sonne hoch am Himmel glänzt, die schwarze düstere Nacht, das sind die Korrelate der rajas, sattva und tamas in der Natur. In dem System der Lehre sind sie benutzt, um die unendliche Verschiedenheit der Dinge dieser Welt in ästhetischem und ethischem Sinn verständlich zu machen. Im Sânkhya schließt man nun folgendermaßen. Die Prakriti verliert ihren ursprüng-

---

[1]) Der indische Geist, der ein Behagen am Gruppieren und Systematisieren hat, kommt auch hier zum Vorschein. Man lese nur den siebzehnten Gesang der Bhagavadgîtâ.

lichen Zustand der Ruhe und Formlosigkeit dadurch, dass das Gleichgewicht zwischen den drei Gunas, aus denen sie besteht, gestört wird. Ist dieses Gleichgewicht einmal aufgehoben, so beginnt sie die 23 tattvas zu erzeugen, zuerst die buddhi und zuletzt die fünf groben Elemente, und dies eben führt zur Entstehung dieser Erscheinungswelt in ihrer unendlichen Geteiltheit zum Besten der Purushas. Die drei Gunas verbinden sich dabei untereinander auf die verschiedenste Weise. Daraus lässt sich die große Mannigfaltigkeit der Typen und Klassen der Dinge, und ebenso die der individuellen Unterschiede erklären.

Doch wenn auch auf diese Weise gezeigt wird, wie die Prakriti dazu gekommen ist, sich zu verwandeln und weshalb sie sich ans Werk begeben hat, dennoch bleibt eine schwierige Frage ungelöst: wie kommt es, dass die Purushas in den gebundenen Zustand geraten sind? Von Natur sind sie frei, rein und lauter Wissen, weder an Zeit noch an Raum gebunden. Gibt man zur Antwort: ihr Karma ist die Schuld ihrer Gebundenheit, so kann diese Antwort nicht befriedigen. Um Karma verrichtet zu haben, muss der Purusha schon einmal gebunden gewesen sein. Ohne Verbindung mit der Prakriti ist ihm jede Handlung unmöglich. Wer die gegenwärtige Form der Existenz erklären will, muss zu einer früheren zurückgehen; diese führt wieder zu einer früheren und so immer weiter. Um das erste Karma verrichtet zu haben, das den Purusha an den Sansâra band, muss er schon im Sansâra verweilt haben, als er es verrichtete. Wann war er also denn jenes freie Wesen des Lichts, des Wissens und makelloser Reinheit, zu welchem er, nach dieser Vorstellung, in seinem erlösten Zustand wieder werden wird?

Diese Schwierigkeit hat man zweifelsohne empfunden. Die Logik des Systems musste deshalb dahin führen, dass man annahm, diese Gebundenheit habe von aller Ewigkeit an existiert. Nicht nur Stoff und Geist sind ewig, sagt die Lehre, sondern auch ihre Verbindung, d. h. der Sansâra. Es ist also kein Anlass, nach dem Zeitpunkt zu fragen, wo die Purushas in den Sansâra geraten sind. Diese Frage kommt jener anderen gleich: was eher gewesen sei, das Huhn oder das Ei.

Trotz alledem bleibt die Ungereimtheit bestehen, dass die Verbindung der Purushas mit dem Prakriti keinen Anfang gehabt haben soll und doch ein Ende haben könne. Und ein Ende seines Aufenthalts im Sansâra muss für den Purusha möglich sein. Nähme man dies nicht an, so hätte die ganze Erlösungstheorie keinen Zweck. Gern und von Herzen wird zugegeben, dass diese Befreiung ein schwieriges Werk ist. Nur wenigen ist es gelungen und dies nur nach großer Anstrengung. Die Zahl der erlösten Purushas ist minimal im Vergleich zu den Millionen und Milliarden von Unerlösten, welche im Sansâra verharren und zum weitaus größten Teil nicht einmal imstande sind, die Erlösungsformel kennen zu lernen.

Eine ähnliche Schwierigkeit erhob sich, wenn man vor dem Problem stand, dass der nicht handelnde Purusha doch für alles, was sein dreiteiliges inneres Organ eigenmächtig für ihn tut, verantwortlich sein solle. Man stellt es sich dann so vor, dass er das Licht sei, welches den an sich dunkeln Organismus erleuchte, und das Wissende, das die Vorstellung von dem hat, was in seinem Körper durch die Verrichtungen seines an sich unwissenden Intellektes vor sich geht. Infolge seiner Gebundenheit ist er nicht imstande, sich seiner Reinheit, Allwissenheit und Unstofflichkeit bewusst zu werden, und er bildet sich ein, dass er es sei, der wahrnimmt und gewahr wird, sich erinnert und denkt, Freude und Schmerz fühlt, während es doch in Wirklichkeit rein materielle Dinge, seine Buddhi und sein Ichprinzip mit den Organen, ihren Schöpfungen, sind, die in ihm wirken, um ihm diese Vorstellungen zu vermitteln. So leidet er auf vielfache Weise, und weiß nicht, dass sein Leiden Wahn und Einbildung ist. Und dieser Wahn hält ihn fest am Stofflichen, an den Produkten der Prakriti. Das ist die Ursache, dass er im Sansâra gefangen bleibt, dass seine Buddhi, sein Ichprinzip und im Allgemeinen sein feinerer Körper auch nicht durch den Tod vernichtet wird, sondern mit ihm in einen neuen groben Körper übergeht, der mit dem gegenwärtigen Zustand seines Karma übereinstimmt, wie sich dieses in der mit ihm vereinigten Materie festgesetzt hat. Dass die Seele nicht allein von dem einen Körper in den anderen zieht, sondern eingeschlossen in den feinen Körper (*linga, sûkshma* oder *lingaśarîra, sûkshmaśarîra*) diese Reise unternimmt, ist ein Glaube, der nicht nur dem Sânkhya eigen, sondern ziemlich allgemein ist. Auch die Vedantins nehmen dies an. Und schon in einem der ältesten, wenn nicht dem ältesten, der Upanishads findet man ein deutliches Anzeichen dieses Dogmas. [1])

Aus all diesem geht hervor, auf welche Weise allein die Gebundenheit endigen kann. Wahn und falsche Meinung über sich selbst und sein wahres Wesen hält den Purusha in der Materie gefangen; die Aufhebung dieses Wahns und die richtige Erkenntnis seiner selbst, seines wahren Wesens und von dem Wesen der Materie wird ihn erlösen. Die Lehre des Sânkhya umfasst diese wahre Erkenntnis. Wer diese kennen lernt, sie studiert und sie immer wieder überdenkt, wird im Verlaufe soweit kommen, dass er sich ganz davon durchdringen lässt. Dann hat die Materie keine Macht mehr über ihn; befreit von den materiellen Denk- und Wahrnehmungsorganen, welche ohne seine auf Wahn beruhende Mitwirkung nichts vermögen, wird er sogar noch während seines Lebens erlöst und von dem Schmerz befreit werden, der doch mit jedem Bestehen untrennbar verbunden ist. Bei seinem Tode wird sein feiner Körper sich auflösen. Wollte man dem entgegenhalten: wie ist es denn möglich, dass nicht gleich bei dem endgültigen Durchbruch der wahren Erkenntnis der Tod eintritt, so würde das Gleichnis von der Töpferscheibe die Antwort sein. So gut wie die Scheibe, die der Töpfer mit seinen Füßen in Bewegung gesetzt hat, sich auch nach dem Aufhören des Tretens noch eine Weile weiterbewegt, so läuft auch das durch altes Karma hervorgebrachte Leben noch ab und lebt sich aus, auch dann noch, wenn neues Karma end-

---

1) Brihadâranyaka Upanishad IV, 4.

gültig unmöglich geworden ist. In diesem Stadium ist das Leben ein bloßes Vegetieren. Jeder Antrieb zum Handeln fehlt.

Das Sânkhyasystem selbst spricht nur von der wahren Erkenntnis; es lehrt, worin diese besteht und welche Herrlichkeit man mit ihr erreicht: die Erlösung von dem Leiden, das mit dem Sansârazustand unbedingt verknüpft ist, und zwar die Erlösung für ewig. Denn die erlösten Purushas sind für immer von dem Angriff der Materie befreit. Aber die Lehrbücher des Sankhya schweigen über die Methode, wie man sich dieses Wissen nach dem jeweiligen Bedürfnis aneignen kann.

Doch gibt es einen anderen Leitfaden, das bekannte Yogasûtra, welches dem Heilsuchenden in bündigen Regeln den Weg weist, den Purusha zu seiner ursprünglichen makellosen Reinheit und Freiheit zurückzuführen. Dieses Werk lehrt Beschaulichkeitsübungen; es setzt auseinander, wie die Seele sich Schritt für Schritt von den Produkten der Materie losmachen kann, mit denen sie so fest und so eng verbunden ist. Doch dies gehört zu den Praktiken der indischen Theosophie, deren Betrachtung der dritten Abteilung aufgespart bleiben muss.

Das Yogasûtra (das dem weisen Patanjali zugeschrieben wird) befindet sich in völliger Übereinstimmung mit den Lehrsätzen des Sânkhya. Aber in einem wichtigen Punkte weicht der alte Katechismus des Yoga davon ab: es wird ein höchstes Wesen angenommen. Zu dem Sânkhyadogma, dass die zahllosen Purushas einander alle gleich und gleichwertig sind, wird eine Ausnahme gemacht; es gibt einen Purusha, der über allen erhaben ist, dieser ist Gott. Seine Hilfe ist von Wichtigkeit bei der Selbsterlösung; sich bei der Beschaulichkeit in ihn zu vertiefen, ist ein Notwendiges für den guten Erfolg.

Sânkhya und Yoga haben in dem Indien des Altertums und des frühen Mittelalters zweifellos eine bedeutende Rolle gespielt. Außer in der philosophischen und theosophischen Literatur im engeren Sinne zeigt sich dies in den populären

Schriften. In den großen Heldengedichten, besonders im Mahâbhârata und den Purânas findet sich vieles, was mit dieser Weltanschauung übereinstimmt, aber, wie zu erwarten, mit allerlei mythologischem und legendarischem Stoff vermischt. Auch dort herrscht der Glaube an ein oberstes Wesen, welches als höchster Purusha das Weltall regiert. Vermischung solcher Vorstellungen mit denen des monistischen Vedânta ist nicht selten.

Der Vedânta lehrt mit größter Bestimmtheit die Einheit der individuellen Seele und der Weltseele. Dass die große Masse der Menschen diese Einheit nicht einsieht, ist die natürliche und notwendige Folge des falschen Wissens, der *avidyâ*, wie der Schulterminus lautet, welche sie befangen hält, und ein anderer Grund ist ihre Gebundenheit und ihr Verbleib im Sansâra . Wie der Anhänger des Sânkhya die Erlösung von der wahren Einsicht des Purusha und dessen Verhältnis zur seelenlosen Materie abhängig glaubt, gilt für den Anhänger des Vedânta als Moment der Erlösung der Augenblick, wo er das Wissen von dem Zusammenfallen seines eigenen persönlichen Âtman mit dem höchsten Âtman = Paramâtman = Brahma erlangt hat. In der Praxis macht dieser Unterschied nicht viel aus. Denn in beiden Fällen wird Befreiung aus dem Sansâra , d. h. Gewissheit, nie wiedergeboren zu werden und zu der ursprünglichen Reinheit und dem reinen Wissen, worin das Wesen des Âtman oder Purusha eigentlich besteht, zurückzukehren, dem zuteil, der die Heilslehre ganz in sich aufgenommen hat und dem es gelungen ist, seine Seele aus der avidyâ, in welcher er infolge seines Karma gefangen war, zu befreien. Die Mühe, um dies zu erreichen, mag groß sein, der Lohn für diese Mühe ist das höchste Heil, nämlich das Bewusstsein, dass diese Geburt, in der man zum wahren Wissen gelangt ist, auch die letzte gewesen sein wird!

Wie im Sânkhya werden auch im Vedânta unsere Verstandeskräfte nicht als wirkliche Eigenschaften der Seele aufgefasst, wenngleich die scharfe Unterscheidung zwischen buddhi, ahankâra und manas, welche, wie wir oben sahen, im Sânkhya gelehrt wird, hier nicht bekannt ist. Gerade unser inneres Organ, sagen die Lehrer des Vedânta , ist es, das den Âtman in uns durch seine Umklammerung begrenzt und einschränkt. Dadurch festgehalten, hält er sich für ein individuelles Wesen und darum ist sein Blick auf das gerichtet, was seine intellektuellen Kräfte im Zusammenhang mit seinen Sinnesverrichtungen ihn sehen und erfahren lassen: Endliches, Vergängliches, Schein. Und so ist er sich seines wahren Wesens nicht bewusst.

Aber von einer vernunftlosen Materie wollen die Vedântins nichts wissen. Wie könnte, so sagen sie, etwas, das vernunftlos ist, aus sich selbst erschaffen, wie die Prakriti des Sânkhya? Nein, die Schöpfung muss das Werk eines mit Verstand begabten Wesens sein. Und das Brahma ist nicht nur die Ursache der Erscheinungswelt in dem Sinne wie der Töpfer die Ursache des irdenen Gefäßes ist, das er zustande bringt; es ist auch Ursache in der Weise, wie der Ton es ist. Brahma ist sowohl der schöpferische wie der materielle Grund der Welt. Die Welt ist nicht nur sein Werk, sie ist das Brahma selbst in seiner Entfaltung.

Von welcher Art ist diese Entfaltung?

Über diese Frage bestanden Meinungsverschiedenheiten und faktisch bestehen sie noch. Prof. Deussen, der in Indien war und dort mit einer Anzahl brahmanischer Philosophen von Beruf zusammengetroffen ist, erklärt, dass sicher drei Viertel der jetzigen Vedântins der Weltbetrachtung des *Sankara* zugetan sind, und dass nur ein Viertel aus anderen, unter sich verschiedenen Parteien von Vedântaanhängern besteht. Wollen wir den Vedânta näher kennen lernen, so ist es das Beste, ihn nach der Auslegung des Sankara zu studieren. Dieser große Theologe lebte um das Jahr 800, war also ein Zeitgenosse Karls des Großen und Harun al Rashids. Auf geistigem Gebiet ist er in Indien zu einer ähnlichen Berühmtheit gelangt, wie die beiden genannten großen Herrscher auf politischem Gebiet, der eine in der christlichen, der andere in der mohammedanischen Welt.

Der Einfluss des Śankara ist durch seine Kommentare begründet. Es bestehen von ihm unter anderem Auslegungen zu den wichtigsten Upanishads. Ferner hat er eine Auslegung desjenigen Werkes verfasst, das als der Katechismus der Vedântalehre gilt und von den Vedantins allgemein als solcher anerkannt wird, das sogenannte *Brahmasûtra*. Dies ist eine Zusammenstellung einer großen Anzahl nach indischer Weise bündig zusammengefasster Regeln oder Paragraphen. Sie zeichnen sich durch absichtliche Unklarheit aus und spielen auf allerlei an, was nicht dasteht, sondern als bekannt vorausgesetzt wird. Ohne Kommentar sind sie absolut unverständlich. Dieser Katechismus lehrt in der Form eines Systems dasselbe, was in den Upanishads systemlos und nicht ohne große Widersprüche im Einzelnen gepredigt wird. Es handelt sich also darum, durch Beweisführung die Widersprüche hinauszuschaffen, die sich aus der Lehre vom Brahma als dem einzig Bestehenden ergeben, eine bis in alle Einzelheiten in sich geschlossene Theorie aufzustellen und davon Rechenschaft zu geben, wie die Welt, sowohl die außer uns, der Makrokosmos, als die in uns, der Mikrokosmos, in gleicher Weise die Entfaltung dieses einen Urbegriffes darstellt. Dass dieses Wissen von dem wahren Wesen der Welt, d. i. also von Brahma, uns zuteil geworden ist, das verdanken wir der Offenbarung, die in den Upanishads niedergelegt ist. Darin besteht im wahren Sinn des Wortes der Vedânta, d. h. das Ende —, der Endzweck —, der wahre und höchste Sinn des Veda. Die Texte, welche diese höchste Wahrheit enthalten, sind daher der Grund, auf dem das System erbaut ist. Jeden Augenblick wird auf sie verwiesen. Sie gelten als die höchste Autorität.

Dies verhindert aber nicht, dass das Brahmasûtra in mehr als einem Sinne erklärt werden kann, und auch erklärt worden ist. Es gab genug, welche die Weltentfaltung aus dem einen Brahma für etwas Wirkliches und Wahres hielten, und nicht für Schein. Auch das Verhältnis des individuellen zu dem universellen Âtman wird verschieden beurteilt. Während Śankara dem ersteren, dem *Jîva* jede Selbständigkeit abspricht, nehmen andere eine größere oder geringere Selbständigkeit an. Ja, es gibt sogar eine Gruppe von Vedântins, welche, gleich den Anhängern des Sânkhya, an eine individuelle Existenz dieser Jîvas auch im erlösten Zustande glaubt.

Śankaras außerordentliche Kunst zu argumentieren, hat zweifellos viel dazu beigetragen, dass *seine* idealistische Erklärung allmählich allgemein Eingang fand und zu der orthodoxen Theosophie des Brahmanismus geworden ist. Seine Auffassung wird wohl nicht von ihm zuerst erdacht worden sein, aber dank seinem Einfluss hat die von ihm gepredigte Mâyâlehre, über andere, realistischere Auslegungen der Upanishads gesiegt. Auch in späteren Zeiten haben jene, trotz der besten Verteidiger, das verlorene Gebiet nicht zurückerobern können.

Was ist nun diese Mâyâlehre?

Sie besagt, dass die ganze Erscheinungswelt Illusion ist. Die Schöpfung aus dem Einen, Seienden, wovon in den Upanishads so oft die Rede ist, geschieht nicht wirklich. Brahma ist unveränderlich. Was wir in unserer Unwissenheit, und mit den beschränkten Fähigkeiten der unseren Âtman einengenden Körper- und Geistesorgane für die Welt und ihre mannigfachen Erscheinungen halten, besteht in Wirklichkeit nicht. Die Avidyâ gaukelt sie uns nur vor. Sie ist eine Folge von Brahmas Mâyâ, welche uns etwas vorzaubert. „Zauberkraft" ist in der Tat das Wort, das den Begriff mâyâ am besten wiedergibt. Wenn Śankara von mâyâ spricht, benutzt er gern das Gleichnis von dem Zauberer oder Gaukler oder von irgendeinem Gott, der die Menschen allerlei sehen lässt, wovon es sich später herausstellt, dass es nur in der Einbildung bestanden hat. Geradeso, sagt er, geht es im Großen mit dem, was der Âtman in seinem gebundenen Zustand wahrnimmt. Im wachenden Zustand sehen wir ebenso gut Gebilde des Scheins wie im Traum. Die wache Illusion dauert nur länger; sie wird erst aufhören, wenn Mâyâ aufhört über uns zu herrschen.

Die große Frage von dem Verhältnis der individuellen Âtmans zu dem Paramâtman hat Śankara in dem Sinne gelöst, dass er vollkommene Identität annimmt. Ein jeder, sagt er, würde dies einsehen, wenn die mâyâ unsere Augen nicht blendete. Es ist Mâyâs Werk, wenn wir meinen, dass jeder von uns ein gesondertes Ich bildet, dass unsere Seele ein besonderes Bestehen hat, dass wir uns in dem Sansâra mit seinem überwiegenden Gefühl von Leiden und Schmerz befinden. In Wirklichkeit geschieht nichts von alledem. Es gibt keinen Sansâra, und wir sind in unserem wahren Wesen eins mit Brahma. Die Erlösung besteht daher in der Vernichtung der Illusion, die uns gefangen hält, in der Vertilgung der Avidyâ, die uns vormacht, dass wir Ichheiten, Subjekte mit Wahrnehmungen und Leidenschaften, Träger von Unruhe und Leid seien, und die uns in Mâyâs Bezauberung, also in dem Sansâra gefangen hält. Entzaubere dich, und du bist erlöst.

Diese Betrachtung hat Śankara mit der größten Konsequenz durchgeführt. Es ist aber sehr die Frage, ob dies nun auch die Meinung der Mehrzahl jener alten Weisen, welche die Upanishads schufen, ausdrückt. [1]) Doch unter seinen Händen sagen diese alten Texte, was er sie sagen lassen will, und sein maßgebendes Wort ist den späteren Generationen zur Richtschnur geworden. In der älteren Auffassung bleibt die Vorstellung möglich, dass die Welt etwas Reales sei, eine wirkliche, wahre und echte Entfaltung des Weltalls aus dem einen Brahma, so dass man die Welt als einen großen Körper betrachten kann, der Brahma zur Seele hat; also dasselbe Verhältnis im großen, was im kleinen und in jedem lebenden

---

1) Bei alledem ist die Mâyâ-Idee in Indien sehr alt. Schon in einem alten heiligen Texte, in einem der liturgischen Bücher des Veda, wird folgende Äußerung eines alten Weisen zitiert:

Kein einz'ges Mal hast du gekämpft, o Indra;
Und keiner ist, den du bekämpfen könntest.
Und deine Taten, die man pflegt zu rühmen,
Sind nichts als mâyâ, jetzt sowohl als früher.

(Śatapatha Brâhmana XI, 1, 6, 10.)

Geschöpf zwischen Körper und Seele (Âtman) wahrnehmbar ist. Später als Śankaras Illusionismus gesiegt hatte, galt die Parole:

> Wahr ist Brahma, Trug ist alles was man wahrnimmt mit den Sinnen
> Und in jedem ist der Âtman nichts als dieses selbe Brahma.

Diese Welterklärung, welche die ganze Schöpfung als illusorisch stempelt, musste notwendig zu einer Unterscheidung zwischen absoluter und relativer Wahrheit führen. Mit der negativen Wissenschaft, dass unser Leben und was wir darin erfahren im Grunde genommen ein fortgesetzter, lang ausgedehnter Traum ist, kann man nicht viel anfangen. Für die Praxis des Lebens haben wir doch mit diesen Erfahrungen im wachen Zustande — möge man sie auch „Traum" nennen — zu rechnen. Und auch für die Erlösung kann man sie nicht entbehren. Zwischen dem schlafenden Traumzustand und dem wachenden ist doch ein wesentlicher Unterschied. Der erste ist etwas individuelles; er offenbart sich zu verschiedenen Zeiten, und erfasst jeden auf eine andere Weise; dabei ist dieser Zustand immer von kurzer Dauer, und verschwindet jeden Morgen mit dem Erwachen; endlich ist die Traumerfahrung höchst unzusammenhängend. Die Erfahrung des wachen Zustandes dagegen ist nicht, wie die des Schlafzustandes, nur von der Einwirkung des individuellen gebundenen Âtmans eines jeden abhängig. Sie ist die Wirkung von Brahmas Mâyâ. Unabhängig von uns breitet Mâyâ über alle Geschöpfe in gleicher Weise ihr Illusionsnetz aus. Deshalb hält sie allen dasselbe vor, und da sie ebenso lange dauert als die Schöpfungswelt, zeigt sie uns jene Regelmäßigkeit, jenen ursächlichen Zusammenhang und jene Gesetzmäßigkeit, die wir in der Welt wahrnehmen. Es kann uns also gar nicht wundern, dass auch Śankara und seine Schule mit dem Werke der Mâyâ ernstlich rechnet, mit dieser Welt der Namen und Formen, die alles Geschaffene umfasst, auch was in jedem Menschen zu seiner eigensten Persönlichkeit gehört: seinen Verstand, sein

Selbstbewusstsein, seine Sinne.

Demgemäß unterscheidet er zweierlei Wahrheiten: eine *höchste*, die „wirklich wahre" und eine *niedere*, die „praktische". Die erste ist so kurz wie möglich zusammengefasst in dem *tat tvam asi*, mit allem, was logisch daraus folgt, einen anderen Inhalt hat sie nicht. Die niedere Wahrheit will richtige Ansichten geben über die Welt, die wir mit unseren beschränkten Fähigkeiten wahrnehmen, und, worauf es ankommt, über den Weg zur Erlösung. Um Mâyâs Scheinvorstellungen zu entkommen, muss man sie zunächst gründlich kennen.

Vor allem lehrt uns die niedere Wahrheit, dass ein höchstes Wesen ist, Gott der Herr (*Îśvara*), d. h. Brahma, wie er sich uns in Mâyâs Spiegel zeigt. Was in der Betrachtung der höchsten Wahrheit das Ewig Bestehende ist, allgegenwärtig, unveränderlich, ohne jede Eigenschaft, nichts als reine Existenz, das ist von dem Standpunkt der niederen Wahrheit aus der allmächtige, allweise, gerechte Gott, der die Welt geschaffen hat und wieder untergehen lässt, und der sie erhält, solange sie da ist. Er ist es, der mit der größten Unparteilichkeit die Wirkungen des Karma übersieht und sie leitet. Ihm greift es ans Herz, wie alle aus dem Jammer des Sansâra Erlösung suchen. Für die Seele, die nach Erlösung dürstet, ist seine Hilfe unentbehrlich. Deshalb vertiefe sich, wer danach strebt, in seine Betrachtung und Verehrung. Nachsinnen und Andacht im Geiste des als Person gedachten Brahmâs, ist die beste Vorbereitung, um zu der „höchsten Wahrheit" zu gelangen. Möge man dies auch in dieser Lebensform noch nicht erreichen, so erreicht man doch dadurch eine Wiedergeburt, die näher zu dem großen Endziel führt: die vollkommene Vernichtung jener beschränkenden und einengenden Attribute des individuellen Âtmans, die ihn an der Erkenntnis seiner Identität mit dem höchsten Âtman, mit anderen Worten: an seiner Erlösung, hindern. Diese in der Praxis am meisten vorkommende Form des Strebens nach Befreiung, welche Śankara ebenfalls sehr empfiehlt, wird die „stufenweise Erlösung" genannt. In diesem Punkt stimmt der Vedânta also mit dem Yoga zusammen, der ja auch Gottes unentbehrliche Hilfe lehrt, und die Anbetung Gottes als Hilfsmittel und Vorbereitung empfiehlt.

Es ist kaum notwendig zu bemerken, dass mit diesem Prinzip gottesdienstlichen Handlungen die Tür geöffnet ist, die sich dann von der erhabensten Form der Verehrung des Höchsten Wesens bis zu dem gröbsten und plumpsten Götzendienst und Aberglauben erstrecken können.

Jedoch hierauf kommen wir später zurück. Jetzt müssen wir von einem Thema handeln, das den alten Weisen der Upanishads sehr am Herzen lag und auch in der Lehre des Vedânta weitläufig behandelt wird. Wir sahen schon öfter, dass der individuelle Âtman eines jeden, der seinem Wesen nach mit der Weltseele eins ist, infolge seiner Gebundenheit an den Körper — sei es an den unsichtbaren und feinen oder an den groben und sichtbaren — gleich einem Vogel, dem die Flügel gestutzt sind, nicht die unbeschränkte Freiheit der Bewegung besitzt und darum an Wissen und Macht beschränkt ist. Die Weltentsager, die in den Upanishads das Wort führen, glaubten, dass im Schlafe die Bewegungsfreiheit eine bedeutend größere sei. Sie unterschieden drei Zustände, den des Wachens, den des Traumes und den des tiefen Schlafes. Letzteren betrachteten sie als einen Zustand, der dem des Erlösten am nächsten steht. Denn in ihm hat die Tätigkeit der hemmenden Sinnes- und Verstandesorgane aufgehört; sie sind nach innen zusammengezogen in den kleinen Raum des Herzens, wo in seiner Lotosstadt der Âtman des Menschen thront und strahlt; nur der Atem arbeitet unausgesetzt weiter und steht der völligen Vereinigung mit dem Paramâtman im Wege. Dass in dem Zustand des tiefen traumlosen Schlafes eine innige Verbindung mit der Weltseele zustande gekommen ist, wird uns unter anderem an einer törichten Wortableitung demonstriert: *svapiti*, das Sanskritwort, welches bedeutet, dass man „schläft", heiße so viel wie *svam apîta*, d. h. „aufgelöst in sich selbst (in seinem eigenen Wesen)". Und dass man in solchem Zustand glücklich sei, sei daraus zu entnehmen, dass man beim Erwachen sagt: „wie herrlich habe ich geschlafen!"

Das Träumen wird in den Upanishads oft als eine wirkliche Reise dargestellt, welche der Jîva außerhalb des Körpers macht. „Wie ein Vogel, der an einer Schnur festgebunden ist, nach allen Richtungen umherflattert und, weil er anderwärts keinen Sitz findet, zum Orte seiner Gefangenschaft zurückkehrt, ebenso geht das Manas im Traume überall umher und kehrt, weil es anderwärts keinen Sitz findet, zum Standorte seines Atems zurück. Denn das Manas ist an den Atem gebunden." [1]) An einer anderen Stelle wird etwas Ähnliches breiter ausgeführt.

„Dieser Purusha hat zwei Standorte, diesen hier und den Standort im Jenseits. Als dritter ist die Grenze beider Gebiete zu nennen, nämlich der, wo er sich im Traume befindet. Wenn er sich in diesem Grenzgebiete befindet, übersieht er beide Standorte, diese und die andere Welt. Über den aufwärtssteigenden Weg, der von hier zu der anderen Welt führt, steigt er empor und übersieht beide: Leiden und Freuden.

„Wenn er in den Traumschlaf eingeht, nimmt er das Material von überall aus dieser Welt, aber er zerlegt es selbst und baut selbst daraus auf bei seinem eigenen Licht, bei seinem eigenen Glauben. Dann leuchtet der Geist selbst.

„Dort sind keine Wagen, kein Wagengespann, keine Wege; er erschafft sich selbst Wagen, Wagengespann und Wege. Dort gibt es keine Wonnen, keine Freuden und keine Ausgelassenheiten; er erschafft sich diese selbst durch seine eigene Macht. Dort gibt es keine Teiche, Flüsse, Seen; aber er erschafft sich Teiche, Flüsse und Seen durch seine eigene Macht. Er hat ja schöpferische Kraft. Hiervon sind folgende Verse überliefert:

> Im Traume stößt, was körperlich, er von sich
> Und strahlt empor, nicht schlafend über Schlafenden: [2])

---

1) Chândogya Upanishad 6, 8, 2.
2) Die „Schlafenden" sind die Organe des Körpers, sowohl die geistigen als die stofflichen.

Mit hellem Glanz kehrt er zu seinem Standort,
Der goldne Vogel, Purusha, der einzige.

Sein niedres Nest muss ihm der Prâna hüten;
Wenn er, unsterblich, aus dem Nest gezogen.
Unsterblich schweift er, wo es ihm beliebte,
Der goldne Vogel, Purusha, der einzige.

Im Traumzustande schweift er auf und nieder,
Und schafft, ein Gott, sich vielerlei Gestalten.
Bald freut er sich mit Frauen, oder isst er,
Bald sieht im Traum er schreckliche Gefahren!
Sein Spielen sieht man nur, ihn selbst sieht niemand.

Darum soll man, heißt es, einen Schlafenden nicht jäh-
lings wecken, denn schwer ist einer zu heilen, zu welchem Er
sich nicht zurückfindet". [1])

Ich habe diese Stelle hier ganz übersetzt, weil man aus ihr
so gut erkennen kann, wie die ganze Vorstellung von der Irr-
fahrt der menschlichen Seele als Erklärung des Träumens auf
dem Boden der alten animistischen Weltauffassung steht. Besonders der Schluss ist bezeichnend. Wir finden hier nicht
den geringsten Fortschritt, wenn wir diese Schilderung mit
den vedischen Sprüchen aus viel älterer Zeit vergleichen, wo
die Seele zurückgeholt werden muss, wenn sie den Körper
verlassen hat.

Die Lehrer des Vedânta sind jedoch diesem naiven Glauben entwachsen. Sie sehen in dem Traum nichts als eine bloße Illusion. Śankara sagt sogar ausdrücklich, dass die Traum-
bilder durch das Fortwirken der Eindrücke, die der Geist im
wachen Zustand empfangen hat, entstehen, eine gesunde und
mit der unserigen übereinstimmende Auffassung. Nichtsdestoweniger gibt er die Möglichkeit zu, dass Träume eine Vor-
bedeutung haben; augenscheinlich konnte er sich hier nicht
von einem Volksglauben losmachen, der in Indien bei der
großen Menge allgemein war und noch ist. Natürlicherweise
musste der Widerspruch mit der Lehre der Upanishads ir-
gendwie wegräsoniert werden. Śankara tut dies, indem er die

---

1) Brihadâranyaka-Upanishad IV, 3, 9 u. ff.

125

oben angeführten Beschreibungen des Traumzustandes so auslegt, als sei nicht ein wirkliches Herumirren der Seele außerhalb des Körpers gemeint, sondern als sei dies alles nur Schein und Symbolik. Die Erklärung ist gesucht. Sie wurde denn auch von vielen nicht angenommen. In einem späteren Kapitel wird sich zeigen, dass die indischen Yogin in der Tat an die Möglichkeit einer zeitweiligen Entfernung des Âtman oder Purusha vom Körper während des Lebens glauben, oder zu glauben behaupten.

In Bezug auf das, was beim Sterben geschieht, behält der Vedânta die alte Vorstellung der Upanishads bei. Diese ist im Wesentlichen die folgende. Wenn der Tod eintritt, dann ziehen sich alle Lebensgeister und Sinnesorgane in das Herz zurück, wo die eigentliche Wohnstätte des Âtman ist. Sie gehen jeweils einer im anderen auf, bis schließlich alle in *prâna*, dem Atem aufgegangen sind, der also zuletzt und allein übrig bleibt. Dann geht *prâna* selbst in dem Âtman auf. Wenn der Âtman auf diese Weise den Atem und damit auch alle darin aufgelösten Lebensgeister und Lebensfunktionen, die während des Lebens in Wirkung waren, in sich aufgenommen hat, zieht er damit verbunden, oder besser gesagt davon umklammert und gebunden, wieder aus und macht sich auf den Weg zu einer neuen Existenz. Im Vedânta wird dies weiter ausgeführt und erklärt. Von vornherein versteht sich, dass der Âtman auf dieser Reise sein Karma mit sich führt; dies befindet sich in latentem Zustande in den Lebensgeistern und Sinnesorganen, die ihn bekleiden. Aber, da die Erfahrung lehrt, dass nichts besteht, was nicht aus Elementen aufgebaut ist, so nimmt man weiter an, dass die fünf Elemente, deren grobe, sichtbare Form während des Lebens den Körper bildete, in ihrer feinen, unsichtbaren Gestalt der auswandernden Seele als Basis, als Substrat dienen. Dieser ganze Komplex: der Âtman mit den darin befindlichen latenten Lebensgeistern und die diesen umhüllenden ebenfalls latenten fünf Elemente, bilden den für unsere Sinne unwahrnehmbaren, sogenannten „feinen Körper", der dahin zieht, wohin sein Karma ihn treibt, um durch eine neue Verbindung mit der groben Materie einen neuen groben Körper zu erhalten und damit eine neue Existenz zu beginnen, in welcher reifgewordene Frucht des alten Karma sich zeigen wird, irgendwo in der weiten, weiten Welt, entweder in einem der Himmel oder irgendwo auf Erden oder in irgendeiner Hölle.

In diesem Punkt sehen wir die schönste Übereinstimmung der Lehre des Vedânta mit der des Sânkhya, die wir oben (S. 114) erwähnt haben. Auch hierin stimmen beide überein, dass der Sansâra keinen Anfang gehabt haben kann. Und ebenso wenig wie die Lehrer des Sânkhya gehen die des Vedânta auf die naheliegende Frage ein: wie es ist möglich, dass etwas, das keinen Beginn gehabt hat, ein Ende nehmen kann? Als ob von einer Erlösung aus dem Sansâra ernstlich die Rede sein könnte, wenn nicht erst in diesem Punkte Klarheit wäre, und zwar Klarheit im Sinn einer bejahenden Antwort.

Bei alledem — so stark ist die Macht einer alten und heiligen Überlieferung — haben diese Denker es nicht gewagt, die alten Ideen von der Schöpfung und Vernichtung der Welt, wie sie sowohl in den Veden, als auch in der gleichfalls uralten, mythologischen und legendarischen Überlieferung einer früheren Zeit verkündigt worden waren, über Bord zu werfen. Der Sansâra heißt *ewig* und *ohne Anfang*, trotzdem übernehmen sie das Dogma der Weltschöpfung und des Weltuntergangs . . . . jedoch in einer Form, die der abendländische Beurteiler je nach seiner Stimmung bald großartig, bald grotesk nennen wird. Jene beiden Ereignisse werden nämlich nicht als Anfang und Ende des Weltalls überhaupt betrachtet, sie leiten nur Episoden ein, Epochen, die regelmäßig vergehen und regelmäßig wiederkehren. Die drei Zustände der Weltschöpfung, des Weltbestehens und der Weltvernichtung folgen ebenso notwendig und regelmäßig aufeinander wie die Jahreszeiten eines Jahresumlaufs, wie Jugend, mittlere Lebenszeit und Alter, wie Erwachen, Wachsein und Schlaf, Die Weltexistenz umfasst vier Zeitalter (*yugas*), die beinahe mit dem goldenen, silbernen, ehernen und eisernen Zeitalter der Griechen übereinstimmen, wie sie uns aus dem ersten Buch von Ovids Metamorphosen wohl am besten bekannt sind. Der Rückgang an Tüchtigkeit und Tugend, der stufenweise in den vier Perioden beim Menschengeschlecht stattfindet, ist beiden Theorien gemeinschaftlich; es versteht sich von selbst, dass wir jetzt in der letzten und schlechtesten leben, in dem sehr unvollkommenen Kali Yuga. Auch hier spielt wieder die zu allen Zeiten und überall bekannte Gewohnheit ihre Rolle, dass der Mensch seine eigene Zeit im Vergleich mit der früheren geringschätzt und seine Ideale in eine graue Vorzeit verlegt.

Die Griechen kennen nur ein Ganzes, das aus den vier genannten Zeitaltern besteht. Die indische Phantasie lässt auf diese vier eine ebenso lange Periode der Weltlosigkeit folgen, und darauf wieder eine neue Schöpfung, neue vier Weltzeitalter und so fort. Sie nennen die Zeit des Weltbestehens einen Tag des Brahma, und die ihres Nichtbestehens seine Nacht. Will man die Angaben von der Dauer dieser Perioden beziffern, so kommt man zu einer Zahl von vielen Millionen unserer Menschenjahre für die Dauer von Brahmâs Tag und seiner Nacht. Man sieht, wie riesenhaft die Vorstellung ist, welche die Inder von der Unendlichkeit der Zeit haben!

Durch diese Theorie entsteht insofern eine Schwierigkeit für die Erlösungslehre, als der Weltuntergang augenscheinlich nicht zu dem Wirken des Karma passt. Wie kann das Karma, muss man fragen, seine unentrinnbare Macht geltend machen, wenn die Welt Millionen von Jahren nicht besteht und also gar kein Raum für dasselbe vorhanden ist? Für diese Schwierigkeit hat man folgende Erklärung. Bei dem Weltuntergang geht alles, so lehrt die Überlieferung, zu dem einen Brahma ein — also auch alles Karma der verschiedenen unerlösten Âtman. Solange der Schlafzustand der Welt dauert, schläft auch das Karma, Bei der neuen Schöpfung kommen alle in das Brahma zurückgegangenen Dinge aus ihm wieder hervor, also auch die unerlösten Âtman mit ihren feinen Kör-

pern und dem damit zusammengewobenen Karma. Nur die erlösten Âtman kommen nicht in den Sansâra zurück. Einmal
erlöst bleibt erlöst, lautet die Parole aller indischen Theosophien. Mit diesem sicheren, unveräußerlichen höchsten Gut
vor Augen haben die Heilsbegierigen und Heilsgläubigen weder Mühe noch Anstrengung gespart, um ihre Erlösung zustande zu bringen. Enthaltsamkeit von allen irdischen Genüssen, ein Leben in Armut und Entbehrungen, Selbstquälerei aller Art, Hingabe an schwierige und abstumpfende Denkübungen — nichts war und ist solchen nach Selbstvernichtung
strebenden Denkern und Büßern zu viel oder zu schwer. Das
Ende muss doch ihre Mühe krönen!

Und dieses selige Ende ist für jeden ohne Ausnahme erreichbar, der nur die Geisteskraft und Ausdauer besitzt, jene
außerordentliche Weltverachtung zu üben und jene Höhe und
Tiefe der Denkübungen zu erreichen, welche die Lehre verlangt. Genau genommen müsste es in den Theosophien, die
auf dem Boden des Vedastudiums stehen, als eine Unmög-
lichkeit betrachtet werden, dass jemand, der nicht zu den drei
höheren Ständen, Brahmanen, Kshatriyas, Vaisyas, gehört,
gleich bei dem Tode mit dem Brahma vereinigt werde. Denn
das Vedastudium ist die unentbehrliche Vorbereitung zur Er-
lernung und Ausübung der Heilslehre — und allen anderen
als diesen drei höheren Ständen, welche als Âryas, die Herren, von alters her gegenüber den Śûdras, den Knechten,
standen, waren die Veden verboten. Für Śûdras und Barbaren
(Fremde) war die höchste erreichbare Aussicht, in einem folgenden Leben in einem der höheren Stände wiedergeboren zu
werden; in diesem nächsten Leben konnten sie dann die Vorbedingungen zur Erlösung erfüllt finden.

Auf diesem Standpunkt steht der ältere Vedânta und sogar noch Śankara. Jedoch das Sânkhya, der Yoga und die anderen Heilslehren, die ursprünglich außerhalb des Veda standen, und, genau betrachtet, im Grunde gegen den vedischen
Formalismus und Ritualismus gerichtet waren, machen diese
Einschränkung nicht. Jeder, der es ernstlich will, kann nach

ihrer Lehre unmittelbar der Erlösung teilhaft werden; *Wissen* und *Anstrengung* führen auch ohne vorhergegangene gesetzmäßig erworbene Vedakenntnis zu jenem höchsten Ziel, das aus dem übersinnlichen Wissen besteht, wie es die Heilslehre mitteilt, und aus der Anstrengung (yoga), welche zu den verschiedenen Denkstufen und den mit ihnen verbundenen ekstatischen Zuständen hinaufführt. Diese weitherzigere Auffassung hat auch im Vedânta nach und nach Boden gewonnen, und wir werden in einem der nächsten Kapitel sehen, wie man allmählich dazu gekommen ist, verhältnismäßig einfache Erlösungsmethoden in den Bereich eines jeden zu bringen, sogar ohne Weltentsagung. Ehe wir jedoch zu diesem Abschnitt unserer Arbeit übergehen, ist es nötig, im Einzelnen von jener Heilslehre zu handeln, die auf die Richtung, in welcher sich das religiöse Leben in Indien entwickeln sollte, einen so großen Einfluss gehabt hat, und die viele Jahrhunderte lang sogar die Vorherrschaft gehabt hat, ich meine die Heilslehre des Buddhismus.

Fünftes Kapitel.

Die Heilslehre des Buddhismus.

I.

Der Buddhismus ist nicht so sehr ein theosophisches System als eine Religion. Es lehrt nicht nur den Weg zur Erlösung, sondern in seinem Mittelpunkt steht auch ein Erlöser, der, seinen Jüngern Lehrer und Vorbild zugleich, alles was in der Lehre verkündet wird, in seiner Person gleichsam konzentriert, und der gefeiert, verehrt und angebetet wird. Die bisher behandelten Systeme lehren Erlösungsmethoden unabhängig von der Person ihrer Stifter, Verkünder oder vorbildlichen Repräsentanten; sie haben kein persönliches Element, sind rein sachlich. Der Buddhismus stellt neben die Lehre (den *dharma*) und die Kongregation (den *sangha*) die Gestalt des *Buddha*, des allweisen, alle Wesen übertreffenden Meisters, des Verkünders der herrlichen Lehre (*Saddharma*), als ein gleichwertiges Glied der buddhistischen Dreieinigkeit. Wir befinden uns hier auf einem anderen Boden als bei dem Vedanta und den anderen Theosophien, die wir vorher betrachteten.

Unwillkürlich drängt sich uns hier ein Vergleich mit dem Christentum auf, dieser anderen Weltreligion, die, später entstanden, [1] in ihrem Wesen, ihrem Wirken und ihren Schicksalen neben Unterschieden doch auch auffällige Übereinstimmungen mit dem Buddhismus aufweist. Beide stellen die Person des Erlösers in den Vordergrund, an seine übermenschlichen Eigenschaften, seine Macht zu glauben ist die

---

1) Der Buddhismus datiert ungefähr vom Jahre 400 v. Chr., vielleicht auch noch ein Jahrhundert früher.

allererste Bedingung um selig werden zu können. Beide erhoben sich gegen den alten überlieferten Opfer- und Ritualdienst und haben, wo sie konnten, die altertümlichen, verschiedenen Göttern geweihten Tieropfer unmöglich gemacht. Beide legen größeres Gewicht auf den sittlichen Wert des Menschen; sie predigen Sanftmut, Versöhnlichkeit, Nächstenliebe, Selbstaufopferung. Beide haben endlich einem jeden, ob arm oder reich, angesehen oder gering, das Evangelium verkündet; beide waren darauf aus, so viele als ihnen möglich war, zu dem neuen Glauben zu bekehren. Daher gehört die Aussendung von Aposteln nach allen Orten, um das Erscheinen des Erlösers zu verkünden und zur Bekehrung aufzufordern, auch zu den Taten, die sowohl dem Buddha als dem Christus zugeschrieben werden. Und die Propaganda hat in beiden Fällen außerordentlich großen Erfolg gehabt. Hat das Christentum sich schon bald über das jüdische Land, wo es entstanden war, hinaus ausgedehnt — erst über das große Römische Reich in seinem ganzen Umfang, sogar bis über dessen Grenzen, bis nach Persien und Mittelasien, danach über die halbwilden und unzivilisierten germanischen und slavischen Völker — so hat der Buddhismus einen nicht minder glänzenden Triumphzug vollführt, zuerst durch Indien selbst, aber bald auch außerhalb, durch das jetzige Afghanistan, Mittelasien, China, Korea, Japan, Tibet, Hinterindien, Indonesien. Und wie die Bibel der Christen nicht an die Sprachen, in denen sie ursprünglich geschrieben war, gebunden geblieben ist, ebenso ist auch die Heilige Schrift der Buddhisten in viele Sprachen übersetzt worden.

Man könnte diese Analogien leicht häufen. Auch Äußerlichkeiten in der Praxis des Kultus, wie der Zölibat der Mönche und Nonnen, ihre geschorenen Scheitel, ihre Gewänder, die Anwendung von Rosenkränzen beim Hersagen von Gebeten, und der Gebrauch von Kirchenglocken, bieten hier wie dort merkwürdige Berührungspunkte.

Es gehört nicht in den Plan dieses Buches, die buddhistische Religion zu beschreiben. An guten und zuverlässigen

Werken, die dem Leser für dieses Gebiet zur Verfügung stehen, ist glücklicherweise kein Mangel. Vor anderen nenne ich besonders Prof. *Kerns* „Geschichte des Buddhismus in Indien" in der deutschen Übersetzung von Prof. H. Jacobi (1882—84) und Prof. *Oldenbergs* Buch, von dem im Jahre 1906 eine fünfte Auflage erschien. Da die beiden Gelehrten den Buddhismus von verschiedenem Standpunkt aus betrachten, ist es sehr nützlich, beide Anschauungen kennen zu lernen. Wer von dem Geist und dem Ton der buddhistischen heiligen Schrift eine richtige und klare Vorstellung bekommen will, dem sei das Buch eines amerikanischen Gelehrten empfohlen: H. C. *Warren*, „Buddhism in Translations", 1896.[1])

Wir müssen uns hier so viel wie möglich auf die Heilslehre selbst, auf die Erlösungstheorie beschränken. Da jedoch, wie gesagt, die Theorie nicht bestehen kann ohne das Dogma von der Person des Erlösers, so müssen wir mit dieser beginnen.

Nach zahllosen Existenzen, in welchen er sich für seine Buddhapflicht allmählich vorbereitete, begann, so lehrt die Schrift, der Buddha der Weltperiode, in der wir leben, seine letzte, seine Buddhaexistenz in einer fürstlichen Familie. Er ist geboren als der Sohn des Herrschers über das Geschlecht der Śâkya in Kapilavastu. [2]) Bis zu seinem neunundzwanzigsten Jahre führte er das Leben eines Prinzen, genoss den Reichtum und die Vergnügungen, die die Schätze seines Vaters, dem er einmal auf dem Thron folgen sollte, ihm auf die bequemste Weise verschaffen konnten. Aber schon früh kam über ihn das Gefühl von dem unentrinnbaren Leid, das mit jedem Sein verbunden ist und zugleich das unwiderstehliche Verlangen, der Welt zu entsagen und in sich zu gehen, um den Weg zur Erlösung zu finden von Tod und Krankheit und von allem anderen Leid, das wie ein unheilbares Übel über

---

1) Über die für diesen Geist gewiss nicht weniger bezeichnenden wichtigen Erzählungen, die später unter dem Namen jâtakas bekannt geworden sind, siehe unten S. 162.

2) Die Ruinen dieser Stadt hat man im Süden von Nepal gefunden.

aller Kreatur liegt. Als dieser Drang allzu mächtig in ihm wurde, verließ er heimlich sein Schloss, sein Weib und den Luxus des sorgenlosen Fürstenlebens, um fern von seiner Heimat ohne festen Wohnort das Leben eines wandernden Mönches zu führen, und zunächst bei anderen, und als ihn dies nicht befriedigen konnte, allein und aus eigener Kraft nach dem höchsten Wissen zu streben.

Nach Verlauf von sechs Jahren gelingt ihm dies; unter dem Bodhibaum zu Gayâ erwirbt er sich nach einem gewaltigen Kampfe mit Mâra dem Bösen die Buddhawürde, und ist von nun an der allwissende Meister, das höchste Wesen in der ganzen Welt, die Götter mit einbegriffen. Nach einigem Zaudern beginnt er die Heilslehre zu predigen, zuerst zu Benares, danach an vielen anderen Orten, wo er eine Anzahl Proselyten macht, auch unter Königen und Vornehmen. Er stiftet einen Mönchsorden, zu dem nach einiger Zeit auch Nonnen zugelassen werden; auch Laienbrüder und Schwestern sind ihm willkommen. Viele Klöster mit reichen Besitzungen werden von seinen leidenschaftlichen Anhängern ihm und seinem Orden geschenkt, Nachdem er fünfundvierzig Jahre sein Lehramt erfüllt, geht er im hohen Alter in das Nirvâna ein; dies geschah zu Kusinâra (Kuśinagara). [1]) Feierlich hat man ihn verbrannt; seine Gebeine und übrigen Reste wurden in acht Teile geteilt, welche als ebenso viele Reliquien betrachtet, von treuen Anhängern an verschiedenen Orten verwahrt und Gegenstände der Verehrung wurden. Unmittelbar nach seinem Tode kamen seine Mönche zusammen, um die Worte und Vorschriften des Meisters gemeinschaftlich festzustellen. So entstand die buddhistische Heilige Schrift.

Dies ist, so kurz wie möglich zusammengefasst, der Abriss der ergreifenden Geschichte von dem Erdenwandel des Buddha Śâkyamuni „des Asketen aus der Familie der Śâkya, des Verkünders der „Wahren Lehre", des ewigen Dharma, des Begründers des *Sangha*, des Ordens der Mönche (*bhikshus*)".

---

1) Kusinâra ist die Form des Namens im Pâli, Kuśinagara im Sanskrit.

Diese drei: Buddha, Dharma, Sangha, die Drei Juwelen (*Tri-ratna*) bilden die buddhistische Dreieinigkeit, zu welcher jeder, der der kirchlichen Gemeinschaft beitreten will, sich bekennen muss, in gleicher Weise etwa wie man sich, um in die Gemeinschaft des Christentums aufgenommen zu werden, zu der Trinität bekennen muss oder musste.

Zuverlässige Mitteilungen über die Person des Stifters des Buddhismus besitzen wir nicht; wir können auch nicht genau verfolgen, inwiefern die von ihm gepredigte Lehre eine Umgestaltung von älteren damals schon bestehenden Erlösungstheorien war. Soviel ist gewiss, dass in dem, was über ihn überliefert ist, eine legendarische Geschichte fortlebt, die so alt ist wie die buddhistische Kirche selbst, und die wegen der Großartigkeit ihrer Konzeption, der Hoheit ihres Ideals, des Reichtums ihrer Phantasie, und der vielen eindrucksvollen Details ein wirksames Propagandamittel gewesen sein muss. Sie ist voll von wundersamen Dingen und auch dadurch geeignet, auf das Gemüt der Menge einen tiefen Eindruck zu machen. Auch ist kein Zweifel, dass diese Gestalt, wie sie in der geweihten Tradition aller Buddhisten lebt, als das Große Wesen, das zum Buddha geworden, die höchste Wahrheit lehrt und den Weg zur Erlösung weist, eine Schöpfung der Mythologie ist. Der Stifter des Mönchsordens der Bauddha, d. h. der Jünger oder wie sie sich gerne nennen der Söhne Buddhas, lebt in der Erinnerung späterer Geschlechter fort als eine Erscheinungsform des Sonnengottes. So und eben nur so wird die an Wundern reiche Vorstellung von dem in allen körperlichen und geistigen Eigenschaften sich auszeichnenden Idealhelden erklärlich, dem denn auch alle unterliegen, und der später durch unverdrossene Anstrengung zu dem allweisen Meister wird. Ist er doch das große Wesen, das in einer endlosen Zahl früherer Existenzen sich allmählich die Eigenschaften errungen hatte, um in seiner letzten Existenz nicht nur sich selbst aus dem Sansâra zu befreien, sondern auch einem jeden, der sein Wort hören wollte, den Weg zur Erlösung zu weisen. Jedoch darauf können wir an dieser Stelle nicht eingehen. Ich verweise den Leser auf Kern und auf *Senarts* Buch „La légende du Buddha".

Zum richtigen Verständnis der Buddhaidee muss zweierlei in Betracht gezogen werden. Erstens, dass sie älter sein muss als die Legende, welche erzählt, dass in dem Śâkyaprinzen ein Buddha erstanden sei. Zweitens dass sie und die Sekte selbst aus einem anderen Teil von Hindostan stammen, als wo die Wiege des Brahmanismus gestanden hatte. Was das erste anbelangt, so sagt die Legende ausdrücklich, dass der große Mann nicht als Buddha geboren wurde; wohl war er dazu bestimmt, zu jener höchsten Würde zu gelangen, doch musste er sich diesen Rang durch eigene Anstrengung erobern. Der Glaube an die Erscheinung eines solchen Wesens wie ein Buddha zu irgendeiner Zeit ist der logische Ausgangspunkt der Geschichte selbst, gerade so, wie der Glaube an die Erscheinung des Messias zu irgendwelcher Zeit, die Grundlage für das Auftreten des Christus gebildet hat. Überdies gehört der ursprünglichen und allen Buddhisten gemeinschaftlichen Lehre folgender Glaube an: dass vor Śâkyamuni, dem „Asketen aus dem Śâkyastamm", in längst vergangenen Jahrhunderten andere Buddhas dagewesen seien, die gleichfalls nach derselben Vorbereitung unter irgendeinem heiligen Baume ihre Buddhawürde erworben und vollkommen denselben Dharma gepredigt haben. Sogar die Namen usw. jener früheren Buddhas sind in der Tradition festgelegt, und die letzten vor ihm besaßen Heiligtümer.

Was das zweite anbelangt, so deckt sich das Heilige Land der Buddhisten nicht mit den Gegenden, in die man die Entstehung der Upanishads zu verlegen hat; es liegt östlich davon. Man könnte ungefähr sagen, dass Benares in dem westlichen Teil des Landes liegt, in dem Buddha predigend umherzog und in den für ihn erbauten Klöstern wohnte, dagegen müsste es der östlichste Ort heißen, wenn man das Gebiet in Betracht zieht, in dem der Brahmanismus in seiner reinsten Form herrschte. Wahrscheinlich wurde in den östlichen Gegenden, wo der Buddhismus entstand, das Wort *buddha* außer in seiner allgemeinen Bedeutung auch in engerem Sinne gebraucht. Im Allgemeinen ist es ein Wort, das „wach" und „weise" bedeutet. In den Lehren des Vedânta und Sânkhya wird der nichtgebundene Âtman oder Purusha „ewig, rein und weise (*buddha*)" genannt. Der engere Sinn ist der eines Weisen, und speziell des Allweisen, der das wahre Wesen der Dinge gefunden hat. Als die neue Sekte entstand, gelangte der von da an geheiligte Ausdruck zu einer noch engeren Bedeutung. Denn jetzt ist er die Bezeichnung für die erhabenste Persönlichkeit der Welt, für den, der die höchste Weisheit, die Allwissenheit erreicht hat. Kurz, wir haben es hier mit einer Idealisierung jener mit einem geheimnisvollen Nimbus umgebenen Gestalt zu tun, wie sich die ungebildete Menge den gelehrten, Zauberkraft besitzenden Weisen, den „Doktor Allwissend" vorzustellen pflegt. Die Ausbildung und Bekleidung dieses Ideals ist — ich möchte sagen, selbstverständlich — der Mythologie entlehnt.

II.

Nach der Person des Erlösers müssen wir von der Erlösungslehre selbst, dem Dharma sprechen. Gerade wie bei den anderen Heilslehren ist Wissen das unentbehrlichste Mittel, um Befreiung aus dem Sansâra zu erlangen. Doch dieses Wissen enthält oder enthielt, wenigstens ursprünglich, nicht bestimmte Dogmen der Welterklärung.

In einem der vielen Dialoge, welche der Buddha mit anderen Asketen oder Hausleuten, Anhängern und Nichtanhängern seiner Lehre nach der Überlieferung gehalten haben soll, und welche in die Heilige Schrift der Buddhisten aufgenommen sind, ist einmal die Rede von einem seiner Mönche, der sich nicht dabei beruhigt, dass der Meister sich über allerlei wichtige Fragen, die in anderen Heilslehren in diesem oder jenem Sinne gelöst werden, niemals äußert. „Ist die Welt ewig oder ist sie nicht ewig? Ist sie begrenzt oder unbegrenzt? Ist Seele und Körper Eins, oder sind es verschiedene

Dinge? Besteht der Erlöste noch nach dem Tode oder nicht, oder beides? Diese und ähnliche Fragen erklären Euer Ehrwürden nicht. Deshalb komme ich zu Euer Ehrwürden, um von Euch eine Antwort auf diese Frage zu bekommen." So ungefähr spricht der Mönch zu dem Meister und macht ihm dabei bemerklich, dass er, wenn der Meister ihm über solche wichtige Fragen keinen Aufschluss erteilen will, nicht länger seinem Mönchsorden angehören wolle.

Der Buddha antwortet ihm in sokratischer Weise mit einer Reihe von Gegenfragen: Gesetzt es sei einer verwundet durch einen Pfeilschuss, und der Pfeil ist giftig, und seine Freunde und Verwandten lassen den Arzt holen, würde da der Verwundete sagen: „ich lasse mir den Pfeil nicht herausziehen, bevor ich nicht weiß, ob derjenige, der ihn abschoss, ein Kshattriya ist oder ein Brahmane oder einer des dritten Standes oder ein Śûdra"? Oder: „— ehe ich nicht weiß, ob der Mann lang war oder kurz oder mittelgroß"; oder: „— ehe ich nicht weiß, aus welchem Dorfe er stammt, was für ein Bogen es gewesen, woraus die Bogensehne gemacht war, von welchem Vogel die Federn genommen sind, die sich an dem Pfeile, der mich verwundete, befinden"? Einer, der nach all diesen Dingen fragte, wäre schon längst gestorben, bevor ihm auf seine Fragen geantwortet wäre. Gerade so würde es dem ergehen, der das Leben in frommem Wandel unter dem Tathâgata [1]) davon abhängig machte, ob man ihm vorher antwortete auf solche Fragen wie: „Ist die Welt ewig oder ist sie nicht ewig? Ist sie begrenzt oder unbegrenzt? Besteht der Erlöste noch nach dem Tode oder nicht, oder beides?"

Nachdem er in dem breiten und eintönigen Stile, der zu allen Predigten und Beweisführungen des Buddha gehört, eins nach dem anderen angeführt hat, über welche Lehrsätze er sich nämlich nie ausgelassen habe, schließt er folgendermaßen: „Und weshalb, Mâlunkyaputra, habe ich dieses nicht er

---

1) Ein Epitheton, womit der Buddha in der heiligen Schrift gerne angedeutet wird.

klärt? Weil es nicht zum Heile gereicht, Mâlankyaputra, weil es nicht etwas ist, das den Dharma betrifft, weil es nicht führt zur Entsagung der Welt, zur Bekämpfung der Lust, zur Ruhe des Geistes, zum Erwerb höherer Eigenschaften, zur höchsten Weisheit, und zu dem *Nirvâna.* Deshalb habe ich das nicht erklärt.

„Was aber, Mâlunkyaputra, habe ich wohl erklärt? Das Leiden (der Geschöpfe) habe ich erklärt, o Mâlunkyaputra; den Ursprung des Leidens habe ich erklärt; die Überwindung des Leidens habe ich erklärt; den Weg, der zur Überwindung des Leidens führt, habe ich erklärt."

Unumwundener als es hier ausgedrückt ist, kann wohl kaum ausgesprochen werden, dass die von dem Buddha gepredigte Lehre eine reine Erlösungslehre ist, dass sie aber keine Erklärung von dem wahren Wesen der Welt und der Seele gibt. Damit beschäftigt sie sich nicht. Das Leiden, das notwendige, deshalb aber nicht weniger traurige und folternde Leiden der Kreatur in dem Sahsâra ist da. Dieses Leiden hinwegzunehmen, und, wo das nicht gleich möglich ist, wenigstens zu lindern, das ist das Einzige, worauf die von dem Buddha gepredigte vortreffliche Lehre ausschließlich gerichtet ist. Als Heiland, nicht als Philosoph ist der Buddha aufgetreten. Seine vier erhabenen Wahrheiten [1]) — dieselben, welche er in dem Schlusssatz seiner Antwort dem Mönch aufzählt — hat er, wie Kern trefflich bemerkt, der medizinischen Heilkunde entlehnt. Weil diese Antwort die Quintessenz der dem älteren Buddhismus angehörenden Heilslehre enthält, möge sie hier in ihrer vollständigen Form folgen, wie die Schrift sie dem Buddha in den Mund legt.

---

1) Dies ist die allgemein gebräuchliche Übersetzung dessen, was im Pâli *ariyasaccâni,* im Sanskrit *aryasatyâni* heißt. Die Engländer übersetzen den Ausdruck mit „noble truths". Es ist jedoch möglich, dass die eigentliche Bedeutung ist: „Die Wahrheiten für den *Ârya."* Die buddhistischen Mönche, die auch in so vielen anderen Hinsichten die brahmanischen Asketen nachahmen, legen großen Wert auf den Ehrentitel *ârya;* der von alters her den Mitgliedern der drei höheren Stände zukommt. Auch sie nennen sich gern so. Bei einem Inder ruft der Ausdruck *ârya* denn auch ziemlich dieselben Vorstellungen hervor wie bei dem Engländer gentleman.

Diese vier, o Mönche, sind die erhabenen Wahrheiten. Welche vier? Die da betreffen: (1.) das Leiden; (2.) das Entstehen des Leidens; (3.) die Überwindung des Leidens; (4.) den Weg, der zur Überwindung des Leidens führt.

Erstens: Was ist die Wahrheit von dem Leiden? Geburt ist etwas Schmerzliches, und Alter ist etwas Schmerzliches, und Krankheit ist etwas Schmerzliches, und der Tod ist etwas Schmerzliches, und Zusammentreffen mit jemand oder etwas, das einem feindlich ist, oder geschieden sein von jemand oder von etwas, das einem lieb ist, ist etwas Schmerzliches. Und wenn man nach etwas verlangt, nach etwas strebt und es nicht erreicht, auch dies ist etwas Schmerzliches. Kurz, jedes Sein in der Welt der Geschöpfe ist etwas Schmerzliches. Dies ist die Wahrheit von dem Leiden.

„Und was ist das Entstehen des Leidens? Das ist der Durst nach Wiedergeburt, der mit dem Verlangen nach Sinnesgenuss verbunden ist und sich bald auf dieses, bald auf jenes richtet, um dieses Verlangen zu befriedigen, mit anderen Worten: Durst nach Genuss, Durst nach Existenz, Durst nach gänzlicher Vernichtung. Das ist das Entstehen des Leidens."

„Und was ist die Überwindung des Leidens? Das ist die Überwindung dieses Durstes durch völlige Gleichgültigkeit, durch Preisgeben, Vonsichwerfen, Fahrenlassen und Nichtanhängen. Das ist die Überwindung des Leidens."

„Und was ist die Lebensart, die zur Überwindung des Leidens führt? Diese Lebensart ist der achtteilige Pfad, nämlich: die rechte Lehre, das rechte Vorhaben, das rechte Wort, das rechte Handeln, der rechte Lebensunterhalt, die rechte Anstrengung, die rechte Aufmerksamkeit, die rechte Meditation."

Es ist deutlich. Ebenso wie die anderen Lehren, die Erlösung im Jenseits suchen, betrachtet auch Buddhas Dharma das Leben in dieser Welt als ein Leid, als etwas sehr Trauriges, und die Befreiung daraus als den höchsten Segen. Und wie die anderen lehrt auch er, dass diese Befreiung in unserer eigenen Macht liege. Doch wird hier stärker und bestimmter ausgesprochen, dass der Weg zur Befreiung ein *tugendsames Leben* ist. Sehr richtig hat einer der besten Kenner des singalesischen Buddhismus folgende Erklärung von dem achtfachen Wege gegeben. Denke, wie es sich ziemt, rede, wie es sich ziemt, handle, wie es sich ziemt, kurz: lebe, wie es sich ziemt, das ist die Zusammenfassung dessen, was der Buddha lehrt, was er als den Weg zur Erlösung empfiehlt.

Hervorgehoben wird also, was dazu dient, den sittlichen Wert des Menschen zu erhöhen. Aus der näheren Erklärung in der Schrift von dem achtfachen Wege (übersetzt in H. C. *Warrens* „Buddhism in Translation", S. 373) ersieht man dass Wahrheitreden, Vermeidung jeder üblen Nachrede und jeglicher Kränkung eines lebenden Wesens, Hochhaltung der Rechte anderer, Gleichgültigkeit gegenüber sinnlichen Genüssen und Keuschheit Bestandteile dieses tugendsamen Lebens sind. Aber es wird mehr verlangt. Erstens der Glaube an alles, was der Buddha lehrt; denn dies ist der Sinn des ersten der acht Wege: „die rechte Lehre". Weiter sind erforderlich Weltentsagung und Übungen in der Weise wie die *Yogin* sie zu verrichten pflegen. Dies wird zwar nicht gerade heraus gesagt, ergibt sich aber notwendig aus der schriftlichen Erklärung von den vier letzten Gliedern der achtteiligen Reihe: der richtige Lebensunterhalt, die richtige Anstrengung, die richtige Aufmerksamkeit und die richtige Meditation. Es ist auch klar, dass die Lehre vom Karma, wenn sie auch bei den vier Wahrheiten nicht ausdrücklich genannt wird, als der Grund betrachtet werden muss, auf dem sie beruhen. Handelt es sich doch um die Vernichtung von Geburt und Tod zusammen mit dem, was dazwischen liegt, und reicht doch das materielle Streben allein nicht aus, diese Vernichtung zu erzielen. Überdies, der Buddha selbst hat, nach der Überlieferung der Schrift, gleich nach jener denkwürdigen Nacht, wo er die Scharen Mâras des Bösen vertrieb und die Allweisheit erreichte, in dem herrlichen Gefühl seines Sieges zwei Verse ausgesprochen, in denen er nicht nur verblümt, sondern ausdrücklich erklärt, er habe manche Existenz in dem Sansâra durchlaufen „nach dem Verursacher des Griffes" suchend, und er jubelt nun, dass er ihn gefunden; „immer wieder geboren zu werden ist schmerzlich!"

Außer diesen Vier Wahrheiten wird noch ein zweiter Glaubenssatz als fundamental betrachtet, die sogenannte zwölffache Reihe der Ursachen und Folgen. Dies ist die Formel, die den Grund des Bestehens im Sansâra verständlich machen soll. Der Ausgangspunkt ist dasselbe „Unwissen" oder „Wahnwissen" (skr. *avidyâ*, pâli *avijjâ*), das uns schon im Vedânta als der erste Grund, weshalb alle Kreatur im Sansâra verharren muss, und also als die erste Ursache alles Jammers, begegnet ist. Aus dieser avidyâ (1) entstehen die Eindrücke (2), die Bewusstsein (3) erwecken, wodurch Name-und-Form (4), d. h. die phänomenale Welt erscheint. Die Sinne (nämlich die bekannten fünf und der innere Sinn manas), die sie wahrnehmen, bilden das fünfte Glied in dieser Reihe. Das 6. ist die „Berührung" der Sinne und des Namens-und-der-Form; das 7. das dadurch entstandene Gefühl; das 8. der „Drang" (skr. *trishnâ* pâli *tanhâ*), d. h. das Verlangen, das Streben, welches durch das Gefühl erweckt wird; das 9. die daraus entstehende materielle Ursache des Bestehens; das 10. die Werdung des Bestehens; das 11. die Geburt; das 12. Alter, Tod und allerlei Phasen der Trauer, des Kummers und Jammers.

In dieser sonderbaren Kette von Kausalitätselementen ist nur folgendes deutlich. Erstens, dass hier eine rein idealistische .Weltbetrachtung zu uns redet. Unmaterielle Abstraktionen gehen den Produkten der Materie voran, und selbst diese werden nur stillschweigend vorausgesetzt, nicht genannt. Weiter ist der „Drang", die Begierde, Nr. 8 der Reihe, wie es scheint, die nächste Ursache, dass man zu dem Sansâra gehört, im Zusammenhang mit dem, was die zweite und dritte der vier Wahrheiten in dieser Hinsicht lehren. Aber im Übrigen ist die Formel für die Logik eines gewöhnlichen Menschenverstandes unverständlich. Sie wird auch wohl absichtlich in dunkeln Ausdrücken gehalten sein. Europäische Gelehrte haben schon viel geschrieben, um darüber zu irgendwelcher Klarheit zu kommen, aber mit wenig Erfolg. Tiefe Weisheit wird man darin gewiss nicht zu suchen haben.

In buddhistischen Ländern wird die zwölffache Reihe in der Form eines Rades abgebildet, auf dessen Kreisrand die zwölf Glieder durch Figuren symbolisch dargestellt sind, in derselben Art, wie die zwölf Zeichen des Tierkreises auf dem Zodiakus. Der innere Raum ist durch Speichen in sechs Sektoren geteilt, welche — ebenfalls bildlich — die sechs verschiedenen Existenzformen darstellen, in welche die Buddhisten das endlose Heer der Geschöpfe einteilen, nämlich: Götter, Menschen, Dämonen, Tiere, Gespenster, Höllenbewohner. Die zwei ersten Formen sind die guten oder glücklichen Existenzen, die vier letzten werden als elend betrachtet. Die Nabe des Rades besteht aus einem kleineren Kreise, in welchem eine Taube, eine Schlange und ein Schwein, die sich jeweils mit dem Maul an des anderen Schwanz festhalten, einen Ring bilden; dieses stellt die Dreiheit: Begierde, Hass und Geistesblindheit dar, welche zusammen die avidyâ und dadurch den Sansâra in seinem Bestände erhalten. Zur Erbauung der Gläubigen befand sich und befindet sich mitunter noch jetzt ein solches Rad in buddhistischen Heiligtümern.

„Alles Bestellen", erklärt der Buddha weiter, „ist schmerzlich, endlich und unwesentlich". Auch dies ist eine immer wieder ausgesprochene Formel. Über die Schmerzlichkeit ist schon das Notwendige gesagt worden; mit der Endlichkeit wird gemeint: ein Raub des Alters und des Todes; von der „Unwesentlichkeit" haben wir jetzt zu handeln. Das indische Wort bedeutet „*âtman*-losigkeit" (skr. *anâtma*, pâli *anattam*). Dass der Buddha über das Welträtsel kein bestimmtes Dogma verkündet, kommt nicht nur daher, dass er solchen Betrachtungen keinen Wert für die Erlösung beilegt, wie wir oben gesehen haben; es hat seinen anderen Grund in dem Skeptizismus der Buddhisten. Das „Alles ist eitel" womit sie das ganze irdische Getriebe betrachten, ist auch ihr letztes Wort, wo es sich darum handelt, die Erscheinungen dieser Welt selbst, wie wir sie mit unseren Sinnen wahrnehmen, zu erkennen. In

Wirklichkeit erkennen sie nur die immer wechselnden und sich gegenseitig verdrängenden Eindrücke. Von dem, was dahinter verborgen ist, werden sie nichts gewahr. Einen *âtman*, sagen sie, gibt es nicht. Wie der griechische Philosoph Heraklit lehrte, dass alles fließe, nichts bleibe, und dass niemand zweimal in *denselben* Strom steigen könne, ebenso leugnen die Buddhisten das Bestehen eines bleibenden Hintergrundes der Erscheinungswelt. Hierdurch stehen sie im scharfen Gegensatz zu den Anhängern des Sânkhya und Vedânta, welche beide, wenn auch noch so verschieden unter sich, die Einheit und den bestimmten Charakter dieses Hintergrundes annehmen.

Die ersten Verkünder und Apostel der Lehre des Buddha waren, wie es scheint, von dem Gefühl der Eitelkeit alles Irdischen beherrscht. Tief durchdrungen von der Wertlosigkeit jedes Sinnesgenusses und aller Ideale von Reichtum und Macht, welche für die große Masse der Sporn zur Tätigkeit sind, predigen sie, dass man sich von dieser Sucht nach Scheinglück losreißen, diese Tätigkeit, die nur auf Scheinvorteil gerichtet sein kann, unterlassen solle. Dass sie den Âtman leugnen, war wohl anfänglich nur eine Ausdrucksweise für die Wertlosigkeit des Ich, und alles dessen, was sich um unser so wichtiges Ich dreht. Aber wie es mit Ausdrücken einer Sekte oder Partei, welche zur Parole geworden sind, öfters geschieht, so hat man auch hier nach und nach darauf fortgebaut, auch in den metaphysischen Betrachtungen, die auch im Buddhismus — trotz seines Skeptizismus — nicht ausbleiben konnten. Die Âtmanlosigkeit wird ein Dogma, das nicht nur auf den Mikrokosmos, sondern auch auf den Makrokosmos bezogen wird.

Śankara bekämpft vier Schulen buddhistischer Theosophen, die zwar in den zwei Kardinalpunkten übereinstimmen: „es gibt keinen Âtman", und „die Erscheinungen verdrängen Sich jeden Augenblick, so dass es nichts anderes gibt als momentane Eindrücke", in anderer Beziehung aber voneinander verschieden sind. Im Leugnen am weitesten gehen die, die auch diese Eindrücke für Illusion halten. Nach ihrer Lehre ist alles leer und die ganze Welt, Buddhas und Bodhisattvas mit einbegriffen, lauter Schein. Es ging hier übrigens wie gewöhnlich. Die allerradikalste Theorie wird von den Gegnern gern als die Quintessenz der Lehre, die sie bekämpfen, dargestellt. Deshalb nennen die Gegner des Buddhismus Buddhas Lehre gern: „die Theorie der Leere". Auf der anderen Seite waren die Vedântin, die sich mit Śankaras Illusionismus nicht befreunden konnten, geneigt, in ihm einen verkappten heimlichen Buddhisten zu sehen.

Aber diese späteren auf einem so unsicheren Boden aufgebauten theologischen und theosophischen Konstruktionen buddhistischer Mönche sind für die Wissenschaft der indischen Theosophie von untergeordneter Bedeutung. Weder ihr Leugnen des Âtman noch ihren Atheismus muss man ernst nehmen. Als Schultermini und zum Gebrauch bei Disputationen mit Anhängern anderer Sekten (was von alters her eine Lieblingsbeschäftigung indischer Philosophen und Theologen gewesen ist), waren sie sehr geeignet; praktisch konnte man jedoch nicht viel damit ausrichten. Besonders nicht mit dem Leugnen des Âtman. Stand dies doch in direktem Gegensatz zu der Lehre von dem Karma und der Wiedergeburt. Wie kann, wenn es keinen Âtman gibt, dieselbe Person, die jetzt stirbt, später ein neues Leben in dem Sansâra beginnen? Wie lässt es sich logisch zusammenreimen, dass man erst das Ich leugnet und dann doch lehrt, dass der Mensch, der im Leben den Dharma des Buddha beobachtet, im Jenseits die Früchte davon pflücken wird?

Die Spitzfindigkeit der Grübler, die vor nichts zurückschreckt, schaffte auch hier Rat. Der Buddhismus erklärt die Welt des Erschaffenen als Produkt der sogenannten fünf *Skandhas* (Erscheinungsgruppen), deren einer, „die Form", mit dem, was wir den stofflichen Bestandteil des Körpers nennen würden, übereinstimmt; und der selbst wieder aus den vier Elementen: Erde, Wasser, Wind und Feuer [1]) besteht; die

---

1) Ein fünftes Element (âkâśa) kennen sie nicht. Die ganze Welt ist ihnen ja mehr oder weniger eine Leere; wo wäre da bei ihnen für ein Element „Leere" Raum?

vier anderen Erscheinungsgruppen umfassen das, was wir die unstofflichen (psychischen) Bestandteile nennen würden. Aber dieses Ganze, das aus diesen fünf besteht, darf nicht als ein Ganzes betrachtet werden. Es ist nicht ein Ich, ein Âtman; und es ist ebenso wenig der Träger eines Ich. Wenn jemand stirbt, so sagen sie, gehen die Skandhas aus denen er zusammengesetzt war, zugrunde, aber durch die Kraft seines Karma entstehen unmittelbar neue Skandhas, und ein neues Wesen tritt in einer anderen Welt hervor, das zwar aus ganz anderen Skandhas besteht, aber doch mit dem soeben gestorbenen identifiziert werden muss. Denn sein Karma ist dasselbe. Und das Karma ist das Bindeglied, das seine Wesenseinheit in der endlosen Reihe der Existenzveränderungen während seines Umherirrens in dem Sansâra zusammenhält. Wohl gehen mit jedem Tode die kombinierten Skandhas zugrunde, aber die Linie der Existenz des Geschöpfes wird picht unterbrochen. Erst wenn das Arhattum erreicht ist, und dadurch das Karma aufhört zu bestehen, hört die Möglichkeit einer Wiedergeburt auf. Erst der Tod eines Arhats (eines gänzlich Erlösten) ist die Vernichtung nicht nur seiner Skandhas, sondern seiner Existenz überhaupt.

Dass diese Auseinandersetzung, so fein sie auch gesponnen ist, nichts anderes ist als ein dialektisches Kunststückchen, kann dem Leser nicht entgehen. Man mag es drehen, wie man will: wo kein Ich ist, kann dieses Ich nach dem Tode nicht weiter bestehen, und wo die Zusammensetzung der Dinge und Eigenschaften, die das lebende Wesen bildeten, bei dem Tode spurlos zunichtewird, kann eine andere Zusammensetzung von Dingen und Eigenschaften, wodurch ein neues lebendes Wesen entsteht, wenn dies auch gleichzeitig mit dem Verschwinden des anderen entsteht, unmöglich *dasselbe* Individuum sein wie das gestorbene. Es kann jedoch wohl so *genannt werden.* Und in das System der ehrwürdigen Väter der buddhistischen Kirche passte es, sich an die Identität dieses ich-losen Individuums zu halten. Sie haben sogar einen besonderen Namen dafür; anstatt Âtman nennen sie dies Individuum *pudgala*. „Denn eben wo Begriffe fehlen, da stellt ein Wort zur rechten Zeit sich ein."

Übrigens ist diese Sache nicht von wesentlicher Wichtigkeit. Die Überzeugung von der unwiderstehlichen Macht des Karmas ist unendlich viel stärker als der Glaube an die Nichtexistenz des Ich. An das Karma erinnert den gläubigen Buddhisten, den gelehrten wie den ungelehrten, jede Einzelheit seiner Pflichten, die der Dharma ihm auferlegt; die Predigten, die er hört oder liest; die Geschichten von den früheren Existenzen der Bodhisattva, dieses Geistesmanna, das in buddhistischen Ländern so gerne und so allgemein genossen wird. Und gerade dies alles treibt in eine Richtung, wo die Bekenntnisworte „Es gibt keinen Âtman, kein Ich" zu nicht viel mehr als leerem Schall werden. Mit einer nihilistischen Lebensbetrachtung lässt sich in der Praxis nichts anfangen.

Da der Buddhismus keinen Âtman anerkennt, ist es von selbst ausgeschlossen, dass er ein höchstes Wesen annehmen sollte. Insofern stellt er sich auf eine Stufe mit der Lehre des Sânkhya und der Materialisten (Anhänger des Cârvâka), und wird denn auch von oberflächlichen Beurteilern mit der Bezeichnung „Atheismus" kurzweg verurteilt. Wir haben jedoch oben gesehen, dass diesem Ausdruck in indischen Philosophien ein anderer Begriffsinhalt beigelegt werden muss, als in europäischen. An das Bestehen von allerlei Göttern und anderen unsichtbaren Wesen mit übermenschlichen Eigenschaften aber begrenzter Lebensdauer glauben die Buddhisten so gut wie die anderen indischen Sekten. Aber diese Devas und diese Gespenster sind ebenfalls Geschöpfe, die ihren Rang und ihren Zustand ihrem Karma verdanken; auch sie gehören zu dem Sansâra. Der Heilszustand des Mönches, der sich auf dem Wege zum Nirvâna befindet, ist höher und also auch erwünschter als die Herrlichkeit eines Gottes, sei er noch so mächtig, noch so reich, noch so lange lebend; und wer es so weit gebracht hat, dass er das Nirvâna erreicht, ist weit erhaben über einen solchen Gott. So liegt es also ganz in der Richtung dieses Gedankenganges, dass der Buddha, wie die Heilige Schrift es denn auch wirklich lehrt, nicht nur den Menschen die wahre Lehre gepredigt hat, sondern auch den Göttern.

Für den, der nicht an Worten hängen bleibt, ist es klar, dass die Buddhisten in der Tat ein höchstes Wesen kennen und verehren. Ihr höchstes Wesen ist niemand anderes als der Buddha, der denn auch oft genug Purushottama (der Geister Höchster) genannt wird und als solcher ausdrücklich beschrieben wird; derselbe Titel also, der auch dem Gotte Vishnu von Rechts wegen zukommt.

III.

Die buddhistische Gemeinde, mit anderen Worten die Kirche, als Kollektivbegriff für alle Gläubigen, besteht aus einem geistlichen und einem Laienelement. Nach der Tradition ist letzteres sogar das ältere. Als der Buddha sieben Wochen in der Umgebung jenes denkwürdigen heiligen Ortes, wo er unter dem Baume der Erkenntnis ruhend der höchsten Weisheit (bodhi) teilhaftig geworden war, verweilt hatte, zogen dort zwei Kaufleute mit ihren Wagen vorbei. Als diese den Mönch sahen, boten sie ihm ehrerbietig Speise dar; es war die erste, die er in der ganzen Zeit zu sich nahm. Diese zwei Kaufleute waren die ersten, die sich zum Glauben an den Buddha und seinen Dharma bekannten. Sie waren die ersten Laienglieder seiner Kirche. Die Kongregation der Mönche, der Sangha, wie der indische Name lautet, ist etwas jünger. Diese wurde gestiftet nach der ersten Predigt, die der Buddha hielt, als er kurz darauf zu Benares nach dem Wunsche der Götter, den ihm Gott Brahma, Gott Indra und andere überbracht hatten, zum ersten Mal das Rad des Dharma sich drehen ließ. Seine Zuhörerschaft bestand bei dieser Gelegenheit aus fünf Asketen, die sich früher mit ihm zusammen allerlei *tapas* ergeben und ihn als Meister anerkannt hatten, die ihn aber später, als sie bemerkten, dass er diese außerordentlichen Formen der Selbstkasteiung aufgab, weil er ihre

Wertlosigkeit erkannt hatte, darüber verstimmt, verlassen hatten. Diese selben fünf, die nicht einmal vor ihm aufstehen wollten, als er in seiner eben erworbenen Buddhawürde vor ihnen erschien, wurden von der Majestät, die von ihm ausstrahlte, von seinem mächtigen Buddhaworte und von den zwingenden Gründen seiner Beweisführung mit einem Schlage für ihn gewonnen, Sie wurden seine ersten Mönche.

Die Predigt, mit der das große Wesen damals einen solchen Eindruck auf sie machte, ist kennzeichnend für den Geist, der die buddhistische Weltentsagung, im Gegensatz zu der Askese anderer Sekten beseelt. Sie dient zur Verherrlichung dessen, was er den Mittelweg nennt, ein Weg, der stark an die *aurea medioeritas* des Horaz erinnert. „In dieser Rede ermahnte er seine Zuhörer, die beiden Extreme zu vermeiden und den Mittelweg zu wandern. Das eine Extrem ist: Sklave der sinnlichen Genüsse zu sein, was gemein, niedrig, eines Edeln und Weisen unwürdig ist und bedenkliche Folgen nach sich zieht. Das andere Extrem ist: Heil in der Selbstkasteiung [1]) suchen, was beschwerlich, eines Edeln und Weisen unwürdig ist und bedenkliche Folgen haben kann. Der Mittelweg nun, welcher Licht und Erkenntnis bringt und zur vollen Weisheit und Erlösung führt, *zerfällt in acht Teile*"; [2]) es folgt eine Auseinandersetzung des achtteiligen Pfades des edeln und weisen (Ârya) wie sie oben mitgeteilt ist.

Gewiss, um das höchste Ziel, das in der völligen Aufhebung alles Leides besteht, zu erreichen, mit anderen Worten, um in das Nirvâna einzugehen, ist das erste unbedingte Erfordernis, der bösen Welt den Rücken zu kehren und den heimatlosen Stand eines Bettelmönchs nach den Regeln der Kongregation anzunehmen. Als zweite Bedingung steht natürlich obenan ein Leben strenger Enthaltsamkeit und Einfalt im Mönchsstande. Aber man muss diese Askese nicht übertreiben. Die übertriebenen Kunststücke standhafter Selbstmarte-

---

1 „Das Wort *attakalimatha* ist noch dehnbarer als das deutsche, da es eigentlich Selbstabmüdung bedeutet." Jacobi.

2) *Kern-Jacobi*, Geschichte des Buddhismus I, S. 107.

rung, wie manche sie ausüben, z. B. monatelang unverändert in irgendeiner Stellung oder Lage zu verharren, auf Brennnesseln zu liegen, die ganze Nacht Wasser tropfenweise über sich laufen zu lassen, sich in der heißesten Jahreszeit der Glut der „fünf Feuer" auszusetzen, sind für die Erlösung absolut wertlos. Der Buddha musste es wissen, denn er hatte es auf solchen Wegen versucht, in den Jahren, die der Erlangung der höchsten Weisheit vorangingen — und es hatte ihm nichts genutzt. Nie hat jemand in Selbstquälerei so viel geleistet wie er, steht in der Heiligen Schrift. Er sprach also aus Erfahrung.

Auch die Regeln des Ordens selbst sind verhältnismäßig sehr maßvoll. Dies tritt deutlich hervor, wenn man sie mit den strengeren Vorschriften ähnlicher Kongregationen indischer Weltentsager vergleicht, z. B. mit denen der Jains, einer Sekte, die ungefähr in derselben Zeit als der Buddhismus entstanden ist und eine äußerst wichtige Rolle in der Religionsgeschichte Vorderindiens gespielt hat, sich jedoch außerhalb dieser Grenzen kaum verbreitet hat. Auch innerhalb des Buddhismus selbst erhob sich in der ersten Zeit Widerstand von Seiten solcher, die seine Regeln zu milde fanden und sie verschärfen wollten. Die mildere Auffassung hat jedoch den Sieg davon getragen.

Die Regeln selbst und die Klosterzucht sind umständlich niedergeschrieben in jenem Teile der Heiligen Schrift, der von der Zucht (*vinaya*) handelt und deshalb Vinaya heißt. Es ist unnütz, hier darauf einzugehen. Es genüge, wenn wir erzählen, dass die Nahrung des Mönches aus der Speise bestehen muss, die er sich am Vormittage von Haus zu Haus zusammengebettelt hat, die in seinen Napf getan wird und durcheinander gegessen wird, dass sein persönliches Besitztum aus nichts anderem als aus seiner dürftigen, genau vorgeschriebenen Kleidung und einigen anderen unentbehrbaren Gegenständen bestehen darf, und dass das öffentliche Bekenntnis seiner Sünden vor einer zu bestimmten Zeiten zusammentretenden geistlichen Versammlung für eine Sache von höchster Wichtigkeit gilt.

Die große Mäßigkeit seiner Askese — es war dem Mönch z. B. nicht verboten, Einladungen zur Mahlzeit bei Laien anzunehmen — verhindert andererseits nicht, dass der Buddhismus, ebenso gut wie die früher von uns besprochenen Heilslehren, nur in der Befolgung der Ordenspflichten die Vorbereitung zu dem Erlösungswerke sieht. Die Denkübungen und die dadurch entstehenden ekstatischen Zustände, die man hier *dhyâna* (pâli: jhâna) nennt, sind zur Erlösung ebenso unentbehrlich wie der *Yoga* dem brahmanischen Asketen. Wir werden später sehen, dass ihre ganze Denkmethode dem älteren Yoga entlehnt sein muss. Das dhyâna ist notwendig, wenn man es dahin bringen will, alle sündigen Neigungen, jede Leidenschaft, jede Spur des Verlangens nach Existenz oder Nichtexistenz völlig zu ertöten. Erst völlige Vernichtung dieser Dinge, welche doch unvermeidlich eine Wiedergeburt mit sich bringen, lässt jemand den Glückszustand erreichen, der Nirvâna heißt, den Zustand des „Ausgelöschtseins". Wie eine Lampe durch mangelndes öl erlischt, oder durch einen starken Wind ausgeweht wird, ebenso erlischt der Keim des Fortbestehens schließlich in dem, der es vollbracht hat, sich bei seinen Lebzeiten sozusagen tot zu denken. Dieser Glückszustand heißt bei den Buddhisten der Zustand eines *Arhat*, das Arhattum.

Das Arhattum gilt als der höchste von vier Zuständen, vier „Stufen der Heiligkeit".

Wer die erste (niedrigste) Stufe erreicht hat, wird noch siebenmal wiedergeboren werden, entweder auf der Erde oder in einem der Himmel; die vier anderen Existenzformen: Wiedergeburt als Dämon, als Tier, als Gespenst oder als Höllenbewohner hat er auf ewig überwunden. Auf der darauf folgenden zweiten Stufe stehen solche, die nur noch zwei Geburten vor sich haben, eine als Mensch, und eine als himmlischer Geist, und dann das Nirvâna erreichen werden. Wer es bis zur dritten Stufe gebracht hat, ist von jeglicher irdischen Existenz für ewig erlöst; er wird nur noch einmal wiedergeboren werden, und zwar in einem der höchsten Himmel. Erst wer zu der vierten und höchsten Stufe, der des Arhat, gelangt ist, hat die Gewissheit, dass er jetzt zum letzten Mal ein Geschöpf in dem Sansâra ist; stirbt er, so wird er für immer ausgelöscht sein. Ihm fällt die Herrlichkeit des Nirvâna unmittelbar zu, sogar schon vor seinem Tode, und um so viel mehr, wenn er den Geist ausgehaucht hat. Dann ist sein Karma endgültig vernichtet; neue Skandhas können für ihn nicht mehr entstehen; er ist in das Nichts eingegangen.

Wie die Buddhisten sich das Nirvâna genau vorstellen, lässt sich nicht sagen. Denn scharfe Linien fehlen hier gänzlich. Verschiedene Schulen und verschiedene Zeiten müssen auch hier unterschieden werden. Soviel jedoch ist sicher, dass ursprünglich mit diesem Ausdruck der Gedanke einer „Aufhebung des Bewusstseins" verbunden war. Und weil mit dieser Aufhebung, mit diesem süßen Schlaf, die Herrlichkeit verbunden ist, befreit zu sein von allem Schmerz, diesem unvermeidlichen Genossen alles Bestehens, deshalb wird dieser Zustand als einer der höchsten Seligkeit geschildert. Um ihn zu benennen, gebraucht man allerlei synonyme Ausdrücke, die deutlich die Begriffe großes Glück, Unsterblichkeit und ähnliches ausdrücken. Er ist schon bei Lebzeiten erreichbar. Denn die Seligkeit ist der Besitz des Arhat, der alle sündigen Neigungen in sich zu Tode gebracht hat. Von aller Leidenschaft frei, ruhig und ohne irgendwelches Verhältnis zu wem und was es auch sei, in freien und unbegrenzten Besitz der wahren Weisheit und höherer Eigenschaften, tritt er seiner Todesstunde entgegen, Leben und Tod ist ihm gleich. Der Arhat hat das Nirvâna erreicht von jenem Augenblick an, wo er sein Arhattum erworben. Sein Tod ändert nichts an seinem Nirvâna; er vernichtet nur seine Skandhas, sein Letztes, das Einzige, wodurch er noch an den Sansâra gebunden war.

Aber davon ist jeder Buddhist überzeugt, dass der herrliche Zustand des Arhat, in dem jemand weiß, dass diese Existenz sein letztes Leben ist, nur von einer unendlich kleinen Anzahl Wesen in diesem Leben schon verwirklicht werden kann. „Fragt man", sagt Childers, „einen Buddhisten, was die Belohnung für ein tugendsames Leben sei, so wird die gewöhnliche Antwort eine Schilderung der Herrlichkeiten jener Himmel sein, welche noch zu dem Gebiet der Sinnlichkeit gehören (*kâmâvacaradevaloka*); Das ist der Lohn, an den er in erster Linie denkt." Hiermit, fügt dieser gründliche Kenner des singalesischen Buddhismus hinzu „wird nicht, wie man es wohl einmal fälschlich hat verstehen wollen, das Nirvâna gemeint, sondern etwas anderes, nämlich die himmlischen Genüsse, welche eine Folge des guten Karma des Individuums sind"! In dem nördlichen Buddhismus ist der Aufenthaltsort jener seligen Wiedergeburten in eine Art von Paradies verlegt worden, Sukhâvatî (Ort des Glücks) genannt, welches von einem eigenen Buddha, Amitâbha regiert wird, Und deutliche Verwandtschaft mit den Elysäischen Gefilden der alten Griechen und mit dem Himmel der Mohammedaner und Christen aufweist.

Fassen wir kurz zusammen. Wohl ist das Nirvâna, d. h. der herrliche Stand des Arhat, in dem jeder Hang nach dem Leben totgedacht und jede Furcht vor dem Tode verschwunden ist, mit der sich daranschließenden Vernichtung beim Tode das höchste Ideal für den Buddhisten, ein Ideal jedoch, von dem er sich bewusst ist, dass er seine Realisierung in diesem Leben so gut wie sicher nicht erreichen wird. *So tritt die Vorbereitung zu dem Erlösungswerk in den Vordergrund, und das Erlösungswerk selbst bleibt etwas im Hintergrund.* Schon der alte Yoga lehrt, dass Übung in der Tugend die notwendige Vorbereitung für die Denkübungen sein muss, und gibt genauer an, welche Tugenden hierbei vor anderen von Wichtigkeit sind. Es sind die, in denen der Brahmane sich vor allem auszeichnen muss: Sanftmut, Bescheidenheit und Versöhnlichkeit. Aber der Yoga tut dies nur für eine kleine Anzahl Eingeweihter, und unabhängig von irgendwelcher Kirche. Im Buddhismus dagegen mit seinem starken Laienelement, der den Zutritt in den Mönchsorden so leicht macht, wird auf den Lebenswandel der größte Wert gelegt. Die erste Stufe der Heiligkeit, die den Menschen vor künftigen Wiedergeburten in niedrigeren Daseinsformen bewahrt, ist auch für Laien erreichbar. Die erbaulichen Geschichten, an denen die religiöse Literatur der Buddhisten so reich ist, enthalten manches Beispiel von Laien, die dazu gelangt sind.

Wer in die Kirche eintritt und erklärt, seine Rettung bei den drei Kleinodien Buddha, Dharma, Sangha suchen zu wollen, muss sich feierlich verpflichten, gewissen Vorschriften nachzukommen. Fünf davon sind dem Laien und dem Geistlichen gemeinsam, nämlich 1. das Verbot irgend einem lebenden Wesen etwas zu Leide zu tun (*ahinsâ*), 2. fortzunehmen, was dir nicht gegeben ist, 3. das Verbot eines unkeuschen Lebens, für den Mönch im weitesten Sinne, für den Laien als Verbot des Ehebruchs aufzufassen; 4. das Verbot, Unwahrheit zu sprechen und 5. berauschende Getränke zu trinken. Für den Geistlichen kommen noch fünf andere Einschränkungen hinzu:

1. das Verbot, zu verbotenen Zeiten zu essen;

2. weltlichen Vergnügungen beizuwohnen, z. B. Singen, Tanzen usw.;

3. Luxus in Kleidung und was dazu gehört zu treiben;

4. auf einem üppigen Bette zu schlafen;

5. Geldgeschenke anzunehmen.

Diese Vorschriften selbst waren nicht gerade neu. Von Kleinigkeiten abgesehen, kann man sagen, dass die brahmanischen Hausväter von alters her verpflichtet waren, sich vor den ersten obengenannten fünf zu hüten, und die Vedaschüler außerdem vor allem, was in den zweiten fünf verlangt wird. Aber der Geist, der aus diesen buddhistischen zehn Geboten spricht, ist von Bedeutung.

Dieser Geist ist ein anderer als der, welcher in der Zeit der Blüte und Entwicklung der vedischen Opfer unter dem indischen Volke lebte. Der formalistische Götterdienst des Veda, dessen Träger und Organe die Brahmanen sind, ist keine lebendige Kraft mehr. Der Schwerpunkt der Religion hat sich verschoben. Für die äußerlichen Formen des Ritus mit ihrer magischen Wirkung ist man auch jetzt nicht unempfindlich; aber das religiöse Bedürfnis wird dadurch nicht mehr befriedigt. Die rituelle Reinheit wird noch ängstlich beachtet, aber das Gefühl ist erwacht, dass innerliche Reinheit, Läuterung des Gemüts mehr wert ist. Es scheint, dass die Zeit, in der der Buddhismus und so viele andere neue Sekten in Indien entstanden, eine solche gewesen ist, wie die Geschichte Westasiens und Europas mehrere aufweist, wo ein neues Ideal des religiösen Gefühls nach neuen Formen sucht} in die es sich kleiden könnte. Dieses neue Ideal, das schon durch die Upanishads vorbereitet war, kam damals auf mannigfache Weise zum Ausdruck.

Der Buddhismus war nicht die einzige und auch nicht die erste Lehre, in der die Begriffe Tugend und Religion zusammenflossen. Aber noch nie vorher war die Forderung eines tugendsamen Lebens mit solcher Bestimmtheit aufgestellt und mit so viel Nachdruck ausgesprochen worden. Und weil sie auch für diejenigen, die ohne der Welt zu entsagen, zur Gemeinde des Buddha gehören wollten, ausgesprochen wurde, hat diese Verkündigung der Moral als des ersten, und ich möchte fast sagen, einzigen Mittels zur Seligkeit eine kaum zu überschätzende Bedeutung. Weltliche Menschen mögen ihr Heil suchen bei dem Opfer und dem Gebet zu endlichen Gottheiten, die die Macht haben, ihnen endliche Güter zu verschaffen; wer den eitlen Schein dieser irdischen Genüsse durchschaut hat, und sich also nach Erlösung aus dem Sansâra sehnt, der übe nur innerliche Reinigung und Selbstbesserung. Das ist der Ton, der uns aus den Predigten der buddhistischen Geistlichen auf allerlei Weisen entgegenklingt. Das „Gehe in dich" könnte ihnen als Motto dienen. Und zwar in dem Sinne, dass man trachten solle, sanftmütig und freundlich gegen einen jeden zu sein; nichts übel zu nehmen, langmütig gegen andere, streng gegen sich selbst zu sein; jede Aufwallung des Zorns und Neides in seinem Geist zu unterdrücken und die Habsucht ganz auszurotten, indem man lernt mit seinem Schicksal zufrieden zu sein. In dem älteren Buddhismus ist noch wenig Raum für eigentlichen Gottesdienst, und dieser trägt auch zum Teil den Charakter einer Huldigung des Buddha und der Bodhisattva, eine Form der „guten Werke", die später an Ansehen und Wert übermäßig gestiegen ist. Im Anfang ist Bezähmung der Leidenschaften die erste und wichtigste Pflicht des Gläubigen. Es ist bezeichnend, dass man, um zu sagen, jemand sei zu der von dem Buddha gepredigten Erlösungslehre bekehrt worden, einen Ausdruck verwendet, der wörtlich übersetzt lauten müsste: „sein Gemüt wird besänftigt, zur Ruhe gebracht". Die himmlische Heiterkeit, die ungetrübte Gleichmäßigkeit eines ruhigen Geistes, der mit sich selbst im vollsten Frieden ist, das ist denn auch das Ziel, worauf das innere Leben des Geistlichen und des Laien gerichtet sein muss.

Dem vedischen Ritual und den anderen Götterkulten stellte der Buddhismus sich nicht feindlich gegenüber. Im älteren Buddhismus, der einen stark rationalistischen Zug hat, wird gelegentlich wohl einmal über allerlei abergläubische Gebräuche und Zeremonien gespottet. Jedoch ein ausdrückliches Verbot, anderen Göttern zu dienen, findet man nirgends. Das Einzige, wogegen der Dharma sich entschieden feindlich stellt, sind blutige Opfer. Der Widerspruch zwischen der gottgefälligen Absicht und der mitleidlosen Grausamkeit des Schlächterhandwerks empört den Buddhisten. Augenscheinlich war in jenen Tagen in weiten Kreisen ein Gefühl des Widerwillens gegen eine Form der Gottesfurcht rege geworden, deren zu Grunde liegenden Ideen man infolge einer Erhöhung der sittlichen und religiösen Gefühlsentwicklung fremd geworden war. Das Gebot der *ahinsâ* ist nicht ohne Grund das erste des buddhistischen Dekalogs. Rücksicht vor dem Leben unserer Mitgeschöpfe tritt, auch außerhalb des Buddhismus, in der indischen Sittenlehre immer mehr in den Vordergrund. Zwar geht man in den Tagen des Buddha noch nicht so weit, dass der Gebrauch tierischer Nahrung für Sünde gehalten wird — die letzte Mahlzeit des großen Wesens war Schweinefleisch, welches Cunda der Schmied ihm anbot — aber im Lauf der Zeit ist auch diese logische Schlussfolgerung von vielen gezogen worden.

Ein merkwürdiges Symptom für die zunehmende Milde des Herzens, die in den letzten Jahrhunderten v. Chr. in Indien sowohl innerhalb wie außerhalb des Buddhismus immer mehr zutage trat, sind die berühmten Inschriften des Kaisers Aśoka, aus dem dritten Jahrhundert v. Chr. Dieser mächtige Herrscher über fast ganz Vorderindien hat überall in seinem großen Reich auf Felsen und Pfeilern Edikte einhauen lassen, wie die Welt sie wahrscheinlich nie wieder gesehen hat. Inschriften von Fürsten, und dazu noch von asiatischen, enthalten sonst so gut wie immer nur ausgeschmückte Aufzählungen ihrer großen Kriegstaten, der Feinde, die sie überwunden, der Völker und Könige, die sie sich unterworfen haben. Die zahlreichen Proklamationen dieses Monarchen sind von ganz anderer Art. Sie enthalten Vorschriften von religiöser und sittlicher Art; sie sind Zeugen einer warmen Fürsorge für das Seelenheil und die Seligkeit seiner Untertanen; sie melden, was in seinem Gemüt bei Wendepunkten seines eigenen inneren Lebens vor sich ging; sie predigen den Dharma. Ohne andere Sekten zu bekämpfen, lässt er, zumal in den späteren Dokumenten, seine Vorliebe für die Lehre des Buddha deutlich durchblicken, und der Schirmherr des Glaubens ist schließlich selbst Mitglied des Sangha geworden.

Zur Charakterisierung folge hier in Übersetzung das erste und zweite einer Reihe von vierzehn zusammenhängenden Edikten, die in verschiedenen Gegenden Indiens zum Teil vollständig, zum Teil in Bruchstücken der späten Nachwelt aufbewahrt geblieben sind.

Edikt 1: Dieses Edikt wurde auf Befehl des Königs Devânampiya Piyadassi eingehauen. Man darf in diesem irdischen Leben kein lebendes Wesen angreifen, um es zu opfern und keine Opferfeiern abhalten. Denn in einer solchen Opferfeier sieht König Devânampiya Piyadassi viel Sündiges. Einige dieser Feiern werden aber von den Frommen gebilligt. Früher wurden in der Küche des Königs Devânampiya Piyadassi Tag für Tag viele Tiere getötet, zu Hunderten, zu

Tausenden, und wurden zu Speisen bereitet. Aber in dieser Zeit, da dieses religiöse Edikt ausgegeben wird, werden nicht mehr als drei Tiere für seine Tafel getötet: zwei Pfauen und ein Hirsch, und der Hirsch nicht regelmäßig. Und auch diese Tiere sollen in der Folge nicht mehr geschlachtet werden.

Edikt II: In dem ganzen Gebiete des Königs Devânampiya Piyadassi und der daran grenzenden Länder (folgen die Namen) und des Antiochus, des Königs der Griechen, sowie der Könige, die diesem untergeben sind, hat König Devânampiya Piyadassi zweierlei Krankenbehandlungen eingerichtet: eine Therapie für Menschen und eine Therapie für Tiere. Und Heilung bringende Kräuter, welche den Menschen nützlich sind, hat er überall, wo sie nicht waren, hinbringen und anpflanzen lassen, und gleichfalls solche, die dem Vieh nützlich sind. Und überall, wo es keine essbaren Wurzeln und Pflanzen gab, hat er sie einführen und anpflanzen lassen, und hat Brunnen graben lassen an den großen Straßen und Bäume anpflanzen lassen zum Gebrauch für Mensch und Vieh.

Hier spricht der König nur von dem, was er selbst getan hat und tut, um tugendhaft zu leben. In weitaus den meisten seiner Edikte schärft er seinen Untertanen ein, dass sie den Dharma beobachten sollen und setzt auseinander, worin das tugendhafte Leben bestehe. So erklärt er einmal, dass die Menschen bei Krankheiten, bei der Hochzeit eines Sohnes oder einer Tochter, bei der Geburt eines Kindes oder, wenn sie eine Reise antreten, allerlei Gebräuche vollziehen. Daran sei zwar nichts Böses, und es sei recht, dass man sie beobachte, aber sie nützen dem Menschen nichts. „Diejenigen Verrichtungen dagegen tragen reiche Frucht, die in einem tugendhaften Leben, nach dem Dharma, bestehen, nämlich: gute Behandlung der Sklaven und bezahlten Dienstknechte, ehrfurchtvolles Betragen gegenüber Eltern und Lehrern, Sanftmütigkeit gegenüber lebenden Wesen, Freigebigkeit gegenüber Brahmanen und Asketen. Diese Dinge sind gut; dies und ähnliches meine ich, wenn ich rede von der Erfüllung des Dharma. Deshalb muss man sich dazu gegenseitig ermuntern, ein Vater seinen Sohn, ein Sohn den Vater, darauf muss ein Bruder seine Brüder, der Herr seinen Untergebenen weisen." Mehr als einmal erklärt er, dass er alle Sekten in gleicher Weise beschütze, dass es ihm aber darum zu tun sei, dass ein jeder die sittlichen Pflichten erfülle, die seine Lehre ihm vorschreibt; „denn alle bezwecken ja Zügelung der Sinne und Reinheit des Gemüts". Er stellte sogar Beamte an, um sich zu vergewissern, ob seine Untertanen dergleichen religiöse Pflichten auch genügend beobachten! Ein andermal lesen wir in einem seiner Befehle, dass zu einer bestimmten Gelegenheit erbauliche Predigten zu halten seien.

Die zitierten Äußerungen und Vorschriften beweisen an sich nicht, dass Asoka Buddhist gewesen ist. Aber an einzelnen Stellen wird dies doch unzweideutig ausgesprochen und von Dingen gehandelt, die mit dem inneren Leben der buddhistischen Kirche zusammenhängen; das Dekret von Bhabra ist für den Sangha bestimmt, es enthält sogar einen Hinweis auf bestimmte erbauliche Texte, deren Studium der König empfiehlt.

Kurz, der Geist, der aus jenen merkwürdigen Texten einer Zeit, die mehr als zweiundzwanzig Jahrhunderte hinter uns liegt, spricht, lässt sich am besten mit den Worten des Evangeliums wiedergeben: „Ich habe Wohlgefallen an Barmherzigkeit, und nicht am Opfer" (Matth. 9, 13). Das „Was du nicht willst, dass man dir tu', das füg' auch keinem andern zu", das „liebet eure Feinde" und ähnliche Grundsätze werden in der buddhistischen Heiligen Schrift nicht weniger hoch gehalten als in den Evangelien. Ist es ein Wunder, dass man ohne viel Mühe Parallelstellen aus beiden nebeneinander stellen kann? Und dass leidenschaftliche, aber oberflächliche Bewunderer von Buddhas Lehre auf den Gedanken gekommen sind, das Christentum habe vieles, wo nicht alles, dem Buddhismus entlehnt? Ein Gedanke, der vor der Prüfung wissenschaftlicher Kritik nicht bestehen kann. Jene leidenschaftlichen Bewunderer werden sich darein finden müssen, dass zwischen diesen zwei großen Weltreligionen kein genetischer

Zusammenhang besteht; sie mögen sich zufrieden geben mit der Ähnlichkeit bezüglich der Moral und des Weges zur Erlösung, die in der Tat nicht gering ist.

Asokas Bekehrung zum Buddhismus ist der des großen Constantin zum Christentum, sechs Jahrhunderte später, zu vergleichen. Zweifelsohne hat die Verbreitung von Buddhas Lehre ihm viel zu verdanken. Er lebt denn auch fort in der Tradition als der große Schutzherr der Kirche.

Was die weiteren Schicksale des Buddhismus betrifft, so liegt es nicht in der Absicht dieses Buches, sie darzustellen. Auf die Art und die Entwicklung der äußeren Formen der Gottesfurcht und des Gottesdienstes, in denen das religiöse Leben allmählich seinen Ausdruck fand, auf die buddhistische Reliquienverehrung und die Errichtung von Stûpas und Klöstern, deren zahlreiche Überreste noch jetzt von einer reichen Blüte in längst vergangener Zeit erzählen, als ein ansehnlicher Teil der Bevölkerung Vorderindiens zu den Anhängern des Buddha gehörte — auf all das können wir daher hier nicht eingehen.

IV.

Eine nähere Bekanntschaft mit den Texten selbst, in denen der Dharma des Buddha niedergelegt ist, wird in mancher Hinsicht Enttäuschung bereiten. Die große Menge der Predigten des Buddha zeichnet sich durch große Weitschweifigkeit und Unbestimmtheit des Ausdrucks aus. Man ist geneigt, sich zu fragen: wie kann dieser Predigtton die Leute ergriffen haben? Dass Mönche dadurch erbaut wurden, lässt sich noch verstehen; ihr Denken und Streben muss in der Dharmabetrachtung aufgehen. Aber Laien?! Leute, die doch etwas anderes verlangen als endloses Gerede?

Ein viel kräftigeres Propagandamittel war zweifellos die Legende von der Person des Erlösers. Seine heroische Weltentsagung wurde zu einem Ideal. Seine Taten begeisterten zur Behandlung als epische Stoffe. Wärmere Töne, ergreifendere Schilderungen treten hervor, wenn die heiligen Texte davon erzählen müssen.

Ich habe einmal zum Nachteil des Buddhismus, nämlich im Vergleich mit dem Christentum, anführen hören, die Gestalt von Christus, der durch eigenes Leiden die Seligkeit der Welt erkauft hat, stehe höher als die des Buddha, der ja wohl manches geopfert haben möge, um die höchste Weisheit zu erlangen, nach der Erwerbung seiner Buddhawürde jedoch neun Lustra lang geehrt und gefeiert frei seine Lehre verkündete, und im gesegneten Alter von achtzig Jahren eines natürlichen Todes gestorben sei. Bei einer solchen Betrachtung hat man aus dem Auge verloren, dass das ergreifende Drama eines unsäglichen Leidens als Kaufpreis des Erlösertums auch im Buddhismus keineswegs fehlt.

Nur findet man dieses Drama nicht in seiner letzten Existenz. Doch hat auch der Erlöser, den die Buddhisten verehren und anbeten, sehr viel Schmerzliches erlebt. Auch sein Weg war ein Leidensweg. Und nicht einmal nur, sondern immer wieder, in zahllosen Existenzen. Die denkbar größten Taten der Selbstaufopferung hat er verrichtet. Nicht nur war er bereit, seine Güter, sein Weib und seine Kinder preiszugeben, um seinen Nächsten zu helfen; sein eigener Körper stand zur Verfügung seiner Mitgeschöpfe. In verschiedenen Leben hat er so gehandelt: als König ließ er sich einmal zerschneiden, um mit seinem Fleisch und Blut hungrige, menschenfressende Dämonen zu nähren, ein andermal gab er seine Augen einem blinden Brahmanen; als Brahmane ließ er sich von einer ausgehungerten Tigerin verschlingen; als Hase bot er sich einem ermatteten Wanderer zur Speise an; als Elefant erquickte er mit seinem Körper eine in der Wildnis verirrte Karawane. Wahrlich, auf dem Gebiet der Selbstaufopferung lässt der Bodhisattva, was die Zahl und den Gehalt seiner Heldentaten anbelangt, alles, was von anderen an Selbstverleugnung überliefert ist, weit hinter sich.

Eine außerordentlich große Zahl solcher Geschichten aus früheren Existenzen findet man in der überlieferten Heiligen

Schrift des Buddhismus. Nicht immer enthalten sie Heldentaten im Stile der genannten. Auch Beispiele anderer vortrefflicher Eigenschaften des Bodhisattva werden in diesen sogenannten jâtakas [1]) erzählt. Einmal ist es seine Barmherzigkeit, ein andermal seine Sanftmut, sehr oft, wenn nicht in den meisten Fällen, seine beispiellose Weisheit, die sich in einem gesunden Verstand, lebhaften Geist, Einsicht, Scharfsinn, und auch in Menschenkenntnis und Lebensweisheit offenbart. Wie populär diese Art Erbauungslektüre (denn für Erbauung ist darin reichlich gesorgt) gewesen ist, zeigt sich in den vielen Abbildungen von Szenen aus solchen jâtakas auf buddhistischen Bauwerken. Von dem Stûpa von Bharhut, der in die Mitte des zweiten Jahrhunderts vor Beginn unserer Zeitrechnung gesetzt wurde, bis zu dem mehr als tausend Jahre jüngeren großartigen Borobudur-Tempel auf Java, findet man so manche Geschichte, die uns aus der Literatur bekannt ist, im Stein illustriert.

Das Bodhisattvaideal steht in der Tat höher als das des Arhat. Um Arhat zu werden, muss man alle, man merke wohl: *alle* Leidenschaften unterdrücken, sich von allen Banden, die den Menschen an die Welt knüpfen, los machen. Ein Arhat kennt keinen Hass, aber auch keine Liebe; alles muss ihm in demselben Grade gleichgültig sein; um nichts darf er sich kümmern; er ist im vollsten Sinne der Welt gestorben, und die Welt ihm. Gleich einem Stein, gleich einem Stück Holz, wie es jene Buddhisten nannten, die in einer derartig egoistischen Heilsbestrebung keine Befriedigung fanden. Der Bodhisattva dagegen lebt für andere, ja, er lebt ausschließlich für andere. Das Dogma lautet: ein Bodhisattva ist ein solcher, der das Arhattum in Wirklichkeit erreicht hat, aber es nicht wünscht; der in das Nirvâna eingehen könnte, aber es nicht

---

1 Die Engländer übersetzen diesen Ausdruck mit „birth-stories". Die große Sammlung von 550 Stücken, die zu den heiligen Pâlitexten gehört, ist von dem verstorbenen Prof. Cowell und seinen Schülern ins Englische übersetzt worden. Von einer anderen, späteren in schönem Stil und mit vornehmen Geist bearbeiteten Sammlung, Jâtakamâlâ, 34 Stücke enthaltend, gab Prof. Kern den Text heraus; der Verfasser dieses Buches besorgte eine englische Übersetzung derselben.

will. Sein Streben ist höher, denn er will nicht vernichtet werden, ehe er sich die Buddhawürde erobert hat. Ein Arhat hat die höchste Seligkeit nur *für sich selbst*; ein Buddha erlöst sich selbst *und andere*, einen jeden, wer es auch sei, der auf sein mächtiges und weises Buddhawort hören will. Wohl weiß der Bodhisattva, dass ein Lebensweg vor ihm liegt, voller Entbehrungen und Opfer, sowohl in diesem Leben als danach, in den vielen Existenzen, die er noch durchwandern muss, ehe er zu der Buddhawürde emporklimmen kann; dass er allen Egoismus verbannen und völlig für andere da sein muss; aber die Erhabenheit des Zieles lässt ihn die fast übermenschliche Anstrengung, die dazu nötig ist, ertragen.

Die Aufgabe des Bodhisattva besteht in der Beobachtung der *pâramitâs*, d. i. einer Reihe von Vollkommenheiten in verschiedenen Tugenden, deren jede in einer bestimmten Existenz vornehmlich geübt werden muss, und die verschiedene Abstufungen umfassen. Die Zahl dieser *pâramitâs* wird in einigen Richtungen der Kirche auf sechs angegeben, in anderen auf zehn. Beiden Auffassungen gemeinsam sind die Vollkommenheiten der Sanftmut, Sittsamkeit, Langmut, Geisteskraft, Weisheit. In einem Falle reiht sich diesen die Vollkommenheit der Denkübung als sechste an. Die fünf, welche im anderen Falle den fünf genannten zugefügt werden müssen, sind die Vollkommenheiten der Weltentsagung, Wahrhaftigkeit, Festigkeit, Freundlichkeit und des Gleichmutes. Wie gewöhnlich wird die Einteilung sittlicher Begriffe in allerlei Unterabteilungen näher ausgeführt.

Im älteren Buddhismus findet der Bodhisattvatypus seinen Platz in erbaulichen Geschichten, wird aber nicht als ein für uns erreichbarer Zustand dargestellt. Das Arhattum ist das höchste, wozu wir es bringen können. Um den Anfang unserer Zeitrechnung entsteht im Buddhismus eine Strömung, die davon überzeugt ist, dass dies nicht das letzte Wort des Meisters sein könne. Eine Lehre, die bestrebt ist, die höchste Seligkeit des eigenen ichlosen Individuums mit der größtmöglichen Gleichgültigkeit in Bezug auf andere zu vereinigen, findet jetzt keinen Anklang mehr. Nein, das wahre Ideal, das der Meister sich vorgestellt hat, muss das des Buddha sein. Der Wandel des Bodhisattva, der schließlich in den herrlichen Buddhawandel übergehen muss, das ist es, was wir immer als das Ziel unseres Strebens vor Augen haben müssen.

Als diese Richtung sich Bahn brach, gab sie zu einer Spaltung in der Kirche Anlass. Die neuere Auffassung erwies sich nicht bloß als lebensfähig, sie gewann sogar bald die größte Ausdehnung, die größte Macht und den größten Einfluss. Der Mahâyânistische Teil der Kirche — so nennt man die Richtung, die das jedem erreichbare Buddhaideal predigt — herrscht in Nepal, Tibet, in der Mongolei, China, Japan, und hatte früher auch in Hinterindien und auf Java seine Anhänger. Man pflegt ihn auch den nördlichen Teil zu nennen. Im Gegensatz zu diesen nennt man die Anhänger der älteren Richtung, welche glauben, es nicht weiter als bis zum Arhat bringen zu können, südliche Buddhisten; denn solcher Art ist der Buddhismus auf Ceylon, in Birma, Siam und Annam. Die Mahâyânisten, die sich selbst so nennen, weil ihr Überführungsmittel (*yâna*) zur Seligkeit wohl „das große" heißen darf, bezeichnen das andere, das nicht weiter führt als bis zum Arhat, als das *hînayâna* „das kleine Überführungsmittel".

Die ältere Richtung, die in unserer Zeit hauptsächlich durch die Geistlichen auf Ceylon, Birma, Siam und des übrigen Hinterindiens vertreten wird, und die der ursprünglichen Lehre näher geblieben ist, erkennt wohl auch das Bestehen von Bodhisattvas an, auch dass es eine notwendige Bedingung ist, Bodhisattva gewesen zu sein, um zur Buddhawürde zu gelangen, sie wagen es nur nicht, sich ihr Ideal so hoch zu stellen. Der Bodhisattva ist ihnen das Große Wesen, welches in seiner letzten Existenzform ein Buddha geworden ist, und dessen tausenderlei unnachahmliche selbstaufopfernde Taten aus seinen früheren Existenzen in den Jâtakas für die Nachwelt niedergeschrieben sind, und einen unerschöpflichen

Quell der Erbauung und des Genusses bilden. Auch der Mahâyânist ehrt in der Bodhisattvagestalt den Typus des Erlösers und Retters aller Kreatur aus der Not, auch er schwärmt für die Jâtakas, aber er hält es nicht für unmöglich, wenn er sich mit allem Ernst darauf lege, auf dem Weg des größten Leidens und der größten Opfer, den auch die früheren Buddhas gegangen sind, um zu ihrer hohen Würde zu gelangen, es auch selbst einmal in einer späteren Existenz soweit zu bringen.

Heutzutage ist der Buddhismus in Vorderindien so gut wie verschwunden. Schon vor etwa tausend Jahren waren sein Einfluss und seine Bedeutung geringer geworden, und die Zahl seiner Anhänger, die einst so große Macht entfaltet hatten, hatten sich stark vermindert. Die mohammedanische Eroberung, die mit dem Jahre 1000 beginnt, und seit der Mitte des zwölften Jahrhunderts endgültig zu dem Sieg des Islâm führte, gab den buddhistischen Gemeinden den Todesstoß. Es erwies sich, dass diese der Widerstandskraft entbehrten, welche das Hindutum, wenngleich politisch von dem Moslem überwunden, bis auf unsere Tage ungeschwächt standhalten ließ. Die Ursachen dieses Rückgangs und schließlichen gänzlichen Untergangs der Lehre Buddhas in ihrem eigenen Vaterlande, während sie sich doch außerhalb desselben so gut zu behaupten wusste, lassen sich nicht mit Sicherheit angeben. Ein Grund wird wohl der gewesen sein, dass die konkurrierenden Religionen des Śiva und des Vishnu, die mit nationalen Traditionen verwoben sind und mit uralten Vorstellungen und Gebräuchen historisch zusammenhängen, das Gemüt und die religiösen Bedürfnisse des Hindu auf die Dauer besser befriedigten, als die mehr kosmopolitische Lehre der Buddhisten und die skeptisch-rationalistische Tendenz, die ihrem System, trotz aller wunderbaren Dinge, doch im Grunde eigen ist.

Aber wenn auch der Buddhismus in Indien verschwunden ist, so hat er dennoch auf die Religion und die Theosophie des Volkes, in dem er entstanden ist, als ein Sauerteig gewirkt. Schelten auch die Brahmanen noch so sehr auf die Lehre der Ketzer, die die vedischen Traditionen und Gebräuche vernachlässigen und das Bestehen des âtman, des höchsten Objekts alles Wissens in den heiligen *Upanishads*, leugnen: das Evangelium der Barmherzigkeit, einmal in den Vordergrund gestellt, ließ auch sie nicht mehr los. Gewiss, die Tugenden der Sanftmut, Duldsamkeit, Geduld und des Mitleidens wurden auch vor Buddhas Predigt gelehrt, besonders als Pflichten des Brahmanen. Aber in ihrer Voranstellung unter den Anforderungen eines religiösen Lebens, in dem höheren Rang, der ihnen gegenüber der Werkgerechtigkeit und dem Opfer als Mittel zur Erlösung und zur Erlösung eines jeden eingeräumt wird, ist der buddhistische Geist, derselbe Geist, der auch andere ähnliche Sekten erfüllte, unleugbar zu erkennen. Die heiligen Texte des Hinduismus sind voll solcher Äußerungen, „Vergilt nicht Böses mit Bösem", steht irgendwo in dem Mahâbhârata, „wer einem anderen Böses zufügt, tut dadurch seiner Seele Schaden". An einer anderen Stelle liest man: „Wer nach fremden Frauen blickend, sie ansieht, wie er seine Mutter ansehen würde, nach eines anderen Geld und Gut, als wenn es Lehm wäre, und der in allen Geschöpfen sich selbst sieht, der ist der wahre Weise." Kurz, der fundamentale buddhistische Gedanke, dass die Übung der Tugend die Vorhalle zur Erlösung sei, ist allgemein hinduistisch geworden.

Insofern kann man von dem Buddhismus sagen, dass er auf das religiöse Streben der Menschen in Indien einen ähnlichen Einfluss zum Guten gehabt hat wie das Christentum in Europa. Beide haben das Individuum näher zu seinem Gott gebracht. In dieser Hinsicht stehen die beiden sogenannten „Weltreligionen" in gleicher Weise scharf den älteren nationalen Religionen gegenüber, deren Gebräuche, Speisegesetze, Rituale eng mit der Landesart und der Abstammung zusammenhängen, und in denen das Individuum weiter keinen Platz einnimmt als dass es durch seine Geburt ein Teil der Gemeinschaft ist. Und wenngleich dieser ältere Typus sich nicht ganz verdrängen ließ und auch jetzt noch in der Lehre und dem

Leben verschiedener buddhistischer und christlicher Kirchen hier stärker, dort schwächer vertreten ist, so wirkt der freie Geist des Individualismus, der aus der Heiligen Schrift beider Religionen spricht, wie ein Segen auf die Nachwelt. Lehrt nicht der Buddha, dass jeder es selbst in der Hand habe, den höchsten Heilszustand einmal zu erreichen? Bringt nicht Christus den einzelnen unmittelbar in die Gegenwart des Vaters, wenn er sagt: „Wann du aber betest, so gehe in dein Kämmerlein, und schließe die Tür zu, und bete zu deinem Vater im Verborgenen" — und wenn er ihn den „Heuchlern" gegenüberstellt, „die da gern stehen und beten in den Schulen und an den Ecken auf den Gassen, auf dass sie von den Leuten gesehen werden."

Schwächer als auf die Ethik hat Buddhas Lehre auf die sozialen Verhältnisse eingewirkt. Sie hat den Charakter der indischen Gesellschaft nicht verändert. Diese blieb eine Zusammensetzung von untereinander scharf geschiedenen Ständen und Kasten, deren Mitglieder durch jahrhundertalte religiöse Bande und Vorschriften — bis in die kleinsten Einzelheiten der Lebensweise und des Benehmens — eng verbunden und aufeinander angewiesen sind, aber den übrigen Menschen fern stehen; Stände und Kasten, die alle auf einer anderen Sprosse der gesellschaftlichen Leiter stehen und eine echte Hierarchie von Rangunterschieden, so undemokratisch wie nur möglich aufrechterhalten. Trotzdem nannte Buddhas Lehre in der Theorie alle Menschen gleich; trotzdem nahm sein Mönchsorden einen jeden, der im Übrigen den Anforderungen zur Aufnahme entsprach, auf, ohne Stand oder Kaste zu beachten. In der Mönchsgesellschaft waren alle gleich.

Als der Buddha, bei seinem ersten Besuch in seiner Vaterstadt, nachdem er die Buddhawürde erreicht hatte, viele angesehene Mitglieder seines Geschlechts unmittelbar oder mittelbar dazu gebracht hatte, in den Mönchsstand zu treten, zog, so lautet die Geschichte, eine Gesellschaft adliger Jünglinge zu seinem Kloster, um dort in den Orden einzutreten. Unterwegs legten sie ihre prächtigen Gewänder und ihre Juwelen ab, und schenkten dieselben ihrem Barbier Upâli, der sie soweit begleitet hatte. Als sie nun von ihm weggegangen waren, wurde auch dieser einfache Mann gerührt. Solche hochgeborenen und reichen Jünglinge geben diese Kostbarkeiten preis, dachte er, um in einem Leben voll Armut und Entbehrung nach der höchsten Glückseligkeit zu streben; wie sollte es da mir, der an ein ärmliches und demutvolles Leben gewöhnt ist, geziemen, mit den Schätzen, die sie verschmähen, zufrieden zu sein? Und allsobald nahm er sich vor, auch Mönch zu werden. Und es geschah, dass, obwohl er später aufgebrochen war, er dennoch früher in die Gegenwart Buddhas kam und früher zum Mönche geweiht wurde als die Prinzen, seine früheren Herren. So dass sie, als sie endlich ankamen, und der Disziplin gemäß einem jeden der Mönche nach der Altersfolge ihren ehrerbietigen Gruß darbrachten, sich auch vor ihrem Barbier, dem im Range älteren, verbeugen mussten. Die Tradition erzählt, wie sehr ihnen dies zuwider war, und wie es des mahnenden, mächtigen Wortes des Meisters bedurfte, um ihren Stolz zu brechen. Ein Stolz, der nach indischen Begriffen gerechtfertigt genannt werden muss. Denn, dass sie vor Upâli das Haupt gebeugt, war etwas so außerordentlich Heldenmütiges, dass Mutter Erde darüber erbebte, so erzählt die Geschichte.

Diese Legende ist bezeichnend. Sie zeigt trefflich den Unterschied zwischen Theorie und Praxis, Lehre und Leben. Dass es, wenn auch natürliche Gleichheit aller Menschen angenommen wird, dennoch endlose Rangunterschiede gibt und geben muss, dafür gab die Lehre des Karma eine einleuchtende und befriedigende Erklärung. Damit ist auch der Widerspruch beseitigt, den man zwischen jener Gleichheit und dem Dogma finden könnte, dass niemand die Buddhawürde in diesem erreichen kann, der nicht männlichen Geschlechts, in Indien geboren und ein Kshatriya oder Brahmane ist.

Wir besitzen noch eine merkwürdige Schrift von einem berühmten mahâyânistischen Kirchenvater, die gegen den Hochmut und die Anmaßung des Brahmanenstandes gerichtet ist. Nicht in der Abstammung, so wird dort behauptet, nicht in dem von Existenz zu Existenz durch den Sansâra irrenden Individuum, nicht in dem Körper, nicht in den Sakramenten, nicht in dem Besitz des Wissens, nicht in der Lebensführung besteht das Brahmanentum. Von jedem dieser Kriterien wird mit. Beispielen gezeigt, dass es nicht hinreichend sei. Und die Schlussfolgerung ist, ungefähr diese, dass der wahre Brahmane — der wahre Buddhist ist. Eine Schlussfolgerung, welche man auch sonst in den heiligen Büchern der Buddhisten lesen kann, und welche beweist, wie wenig die Anhänger dieser Religion darauf aus waren, die Hoheit des Brahmanenranges im Prinzip zu bestreiten.

Ihre Verteidigungsrede für die Gleichheit der Menschen ist, wie man zu sagen pflegt, rein platonisch. Sie dürfen in ihren Litaneien für alle Geschöpfe beten: „für die Menschen in Asien, in Europa, in Afrika, in Amerika, in Australien", wie ich die Formel einmal in der englischen Predigt eines buddhistischen Missionars auseinandersetzen hörte; Einfluss auf. die sozialen Verhältnisse haben die Buddhisten nicht geübt. Das stimmt auch nicht zu einem System, das die Welt verachten lehrt, und sein Königreich nicht in ihr sucht. Die großen Prinzipien, welche es erfüllten, haben in anderer Richtung gewirkt.

Sechstes Kapitel

Die Bhakti und die Bhagavadgîtâ.

„Und sprachen: Wohlauf! lasst uns eine Stadt und Turm bauen, dessen Spitze bis an den Himmel reiche . . . Da fuhr der Herr hernieder, dass er sähe die Stadt und den Turm, die die Menschenkinder bauten, und er zerstörte ihren Plan, dass sie mussten aufhören die Stadt zu bauen."

Diese Worte der Genesis über den Turmbau zu Babel kommen mir in den Sinn, wenn ich jetzt daran gehe, die weitere Entwicklung der theosophischen Ideen in Indien zu beschreiben. Gerade wie in jener alten Geschichte haben wir hier einen großen, einen titanischen Versuch der Menschenkinder vor uns, zu erreichen, was über aller menschlichen Kraft liegt, einen Versuch, der von dem Glauben getragen wird, dass durch eigene Kraft allein die ersehnte Seligkeit und Unsterblichkeit zu erlangen sei. Den Bau des Turmes haben wir in den vorigen Kapiteln gleichsam miterlebt. Im Folgenden werden wir die Wirkung des Bewusstseins der eigenen Machtlosigkeit und das Eingreifen Gottes des Herrn sehen.

Die Denker der Upanishâds sowohl wie die Stifter und ersten Verkünder der buddhistischen Lehre waren in ihren Betrachtungen von dem Glauben an die Allmacht des menschlichen Geistes ausgegangen. Verwandt oder identisch mit dem Geist, der das Weltall belebt und erhält, vermag er alles, wenn er nur einmal gereinigt ist von den Flecken, die an ihm haften, solange er an den Körper gebunden ist. Nur diese Gebundenheit, zusammen mit der engen Beschränkung an Kraft und Einsicht, welche deren Folge ist, verursacht den Abstand zwischen dem menschlichen und übermenschlichen. Wem es gelingt, durch das wahre Wissen die Produkte und Gebilde der *avidyâ* zu vernichten, der erhebt sich damit zu dem Rang und den Kräften des reinen, unbefleckten Geistes. Erreichbar ist dieser erhabene Rang für jeden. Denn schließlich stand der Weg zur Erlösung einem jeden offen, und mag der Weg lang sein, das begonnene Werk schwer, die notwendige Anstrengung und Ausdauer unaussprechlich groß: ob du den Zweck deines Strebens erreichen wirst, hängt nur von dir selbst ab.

Von dieser hohen Auffassung von uns selbst und unseren Kräften sind die alten indischen Theosophien durchdrungen. Sie mögen untereinander sehr verschieden sein in ihrem Blick auf die Welt in und um uns, in ihren Theorien von dem wahren Wesen der Welt, und von dem Verhältnis zwischen Materie und Geist — und dass sie hier weit auseinander gehen, haben wir bei der Behandlung des Vedânta, des Sânkhya und des Buddhismus gesehen — das unbegrenzte Vertrauen auf die Kraft des Menschen, durch eigenes Streben und eigene Anstrengung die höchste Seligkeit, das Aufgehen in Brahma, die höchste Läuterung, das Nirvâna zu erreichen, ist allen gemeinsam. Die großen Verkünder des wahren Wissens und des wahren Weges sind ihren Schülern ehrwürdige Bahnbrecher, aber nicht Wesen von anderer Art als wir selbst. Genau genommen macht der Buddhismus hierin keine Ausnahme. In der ältesten Form der Heilslehre kann der Buddha in keinem anderen Verhältnis zu seinen Anhängern gestanden haben, als die Entdecker und Lehrer der theosophischen Heilsformeln und Heilswahrheiten in den Upanishads zu denen, die in die geheime Lehre eingeweiht wurden. Wie jene ist er der große Meister, der Wegweiser, das Vorbild. Er hat die wahre Lehre offenbart. Sie zu üben, ihm nachzufolgen, den Weg zu wandeln, den er gezeigt — das ist die Sache und die Aufgabe dessen, der sich die Lehren zu Herzen nimmt. Das ist seine selbständige Tat. In dieser Hinsicht ist kein Unterschied zwischen dem Streben der „atheistischen" Anhänger des Kapila, [1]) de-

---

1) Kapila gilt als der erste Verkünder der Sânkhyalehre und Patanjali als der Verfasser des klassischen Lehrbuchs des Yoga.

nen des Buddha, des „deistischen" Anhängers des Patanjali und denen des „pantheistischen" Vedântin. Alle stützen sich nur auf ihre eigene Kraft.

So wenigstens lehrt es die Theorie. Wie wenige unter diesen Betern und Selbstquälern werden in Wirklichkeit ohne den Glauben an höheren Beistand erst in ihrer Weltentsagung und dann in ihren selbstauferlegten Pflichten und Entbehrungen haben ausdauern können! Ich spreche hier nicht von den Yogin, denen es nur um übermenschliche Kraft zu tun ist, die sie zu eigenem materiellen Nutzen anwenden. Diese könnten mit den vedischen Opferkundigen auf eine Linie gestellt werden, die in der einschmeichelnden Überzeugung lebten, dass sie durch Opferpraktiken und Opfersprüche die Götter zu zwingen vermöchten. Denn etwas Ähnliches bezweckten die Yogin, und, soweit sie aufrichtig sind und nicht einfache Betrüger, kann man sicher annehmen, dass ihr unbegrenztes Selbstvertrauen und ihr Glaube an die Wirkung ihrer allmächtig machenden Askese und Geisteskonzentration einen geistigen Hochmut erzeugen mussten, der groß genug war, sie in den süßen Wahn eines Machtvermögens zu bringen, das den Göttern gleichkommt oder sie gar übertrifft, und also einen Gott überflüssig macht. Und doch wird auch von diesen Ehrgeizigen wohl nur ein kleiner Teil sich so felsenfest in dem Glauben an eigene Kraft gefühlt haben, dass sie in der Praxis atheistisch blieben. In der Regel haben diese Art Weltentsager ihre Schutzgötter, an die sie ihre Gebete richten, geradesogut wie so viele Zünfte und andere Kreise der in der Welt lebenden Menschen dies zur Erreichung von allerlei irdischen Zwecken tun.

Für den jedoch, der die durch *yoga* zu erwerbende übermenschliche Kraft verschmäht, und aufrichtig nach übersinnlicher höchster Seligkeit strebt und sich in seinen Taten und seinem Lebenswandel nur hierauf richtet; für den ist neben allem, was ihn hochmütig machen könnte, auch manches, das zur Demut stimmt. Wir haben gesehen, dass nach indischen Begriffen Erlösung nur durch wahres Wissen zu erreichen ist.

Aber wir haben auch gesehen, dass die Erwerbung dieses wahren Wissens durch die Beobachtung von allerlei Tugenden vorbereitet und begleitet werden muss. In feineren Naturen — und das Gemüt des Hindu ist im Allgemeinen zartbesaitet — muss sich durch die fortwährende Übung von Tugenden, wie Demut, Opferfreudigkeit, Langmut und ähnlichen, ein Gefühl menschlicher Schwäche und Hilflosigkeit ausbilden, das zu dem Hochmutsgefühl, von dem oben die Rede war, in schroffem Gegensatz steht.

Endlich, als gleichzeitig mit dem Umsichgreifen des Buddhismus, dieses Evangeliums der Barmherzigkeit, und anderer ähnlicher Heilslehren, als eine Folge davon auch das alte Heilsideal, welches anfänglich nur Eigentum weniger auserkorener Brahmanen war, in alle Kreise des Volkes drang und ein verhältnismäßig leicht erreichbares Gut geworden war — da konnte man unmöglich an der Forderung der Theorie, dass man ausschließlich auf sich selbst angewiesen sei, festhalten.

Es lohnt sich wohl der Mühe, zu verfolgen, wie in den verschiedenen Heilslehren allmählich allerlei Rückhalte und Vorbehalte zugelassen wurden.

Zuerst in der von dem Buddha, gepredigten Lehre. Man stempelt sie oft zu einem philosophischen System, das den Nihilismus predige und keinen Gott anerkenne. Diese Vorstellung ist gewiss nicht ganz unrichtig, aber ihre Wahrheit ist von dem Standpunkt abhängig, von dem aus man sie betrachtet. Sonst wäre es unmöglich zu erklären, warum, diese Gottesleugner treu zu ihren vielen Buddhas und Bodhisattvas beten, warum man in buddhistischen Ländern überall Tempel mit den Bildnissen einer großen Menge jener höheren Wesen antrifft. Faktisch sind sie zu ebenso vielen Göttern geworden und man ruft sie in derselben Art an und trägt ihnen höhere oder niedere Bitten vor, wie dies in anderen Religionen mit anderen Göttern und Heiligen geschieht. Nun wird man vielleicht sagen: dies mag für die große Menge gelten, für die ungebildeten, im Allgemeinen für solche, die, weil sie nicht nach dem Höchsten, nach der Seligkeit des Nirvâna zu streben wagen, an den niedrigeren, materiellen Dingen hängen bleiben; aber soll dies auch für die Mönche gelten, die, von der Leere und Eitelkeit aller Dinge überzeugt, sich mit ihrer ganzen Seele der Weltentsagung und Beschaulichkeit hingegeben haben? Die Antwort muss lauten: ja. Auch diese höher stehenden unter den Söhnen Buddhas ermangeln nicht, sich durch Gebete an höhere Wesen und deren Verehrung zu stärken, und bei ihnen in ihrem Streben nach Erlösung eine Stütze zu suchen. In einer berühmten religiösen Schrift, von einem mahâyânistischen Geistlichen des siebenten Jahrhunderts unserer Zeitrechnung, in welcher der Weg zu der Buddhawürde beschrieben und verherrlicht wird, werden bei der Ablegung des Gelübdes, das an dem Beginn dieses Weges steht, die Buddhas und Bodhisattvas in leidenschaftlichen Worten und mit Versen, die von frommer Verehrung glühen, um ihre Hilfe angerufen, einige werden sogar mit Namen genannt. Ebenso kommt es, entgegen der Logik des Systems, in Geschichten von der Belohnung und Strafe guter und schlechter Handlungen oft vor, dass die Person des Buddha auf wundertätige Weise in den Mechanismus des Karma eingreift. Wenn *seine* Strahlen aus irgendwelchem Grunde in die tiefsten Höllen eindringen, so gibt das eine Erleichterung des Leidens, ein Aufatmen in den Folterqualen, die die Höllenbewohner zu ertragen haben. Und was muss man sich wohl bei der folgenden Stelle, die ich wörtlich übersetzt wiedergebe, denken, einer Stelle, die in Erbauungsgeschichten immer wieder vorkommt:

„Dreimal in der Nacht und dreimal des Tages übersieht er (nämlich Buddha) mit seinem Buddhaauge die Welt, und lässt sein Allwissen wirken: Wer geht rückwärts? wer vorwärts? wer ist in Schwierigkeiten geraten? wer in die Enge getrieben? wer befindet sich in Not? wer neigt sich herüber, versinkt oder ist versunken in den Tiefen des Elends? Wen soll ich aus dem Elend herausziehen und in den Himmel und zur Erlösung kommen lassen? wer ist nicht im Besitz von Schößlingen, die heilbringende Früchte tragen werden, auf dass ich ihm solche pflanze? bei wem sind sie schon gepflanzt, auf dass ich sie ihm reifen lasse? und bei wem soll ich die reif gewordene Frucht abfallen lassen?"

Bei den nichtbuddhistischen indischen Denkern ging es ebenso. Wir haben gesehen, wie Sânkhya und Vedânta durchdrungen sind von einer Vorstellung des Geistes als von etwas, das aus lauterem Sein, Wissen und Licht besteht, und im Übrigen ohne Eigenschaften ist. Aber wir haben auch gesehen, dass in jenen höchsten und gewagtesten Theosophien erstlich die Befreiung von den Fesseln, die den Âtman oder Purusha eines jeden in den engen Raum eines materiellen Körpers bannen, von der Läuterung durch „wahres Wissen abhängig gemacht wird"; und dass zweitens dieses „wahre Wissen" nicht nur auf intellektuellem Wege, sondern auch teilweise und allmählich ganz durch yoga-Verrichtung erlangt werden muss. Dieser yoga nun, das wird unumwunden zugegeben, ist so gut wie unausführbar, wenn die Gedanken von Anfang an auf etwas konzentriert werden müssen, das gar keine Eigenschaften besitzt, und das man sich also eigentlich auch mit dem besten Willen nicht vorstellen kann. Im Interesse der Betrachtung und des Sichversenkens in jenen höchsten Âtman, ist es daher nicht nur erlaubt, sondern wird es sogar empfohlen, sich den Allgeist in seiner nicht ursprünglichen, abgeleiteten Form, d. h. als Schöpfer, Allwisser, Allkönner, Regierer zu vergegenwärtigen. Der Yogin kann einer mehr oder weniger konkreten Vorstellung von dem Urprinzip aller Dinge nicht entbehren. Mit Śankaras Worten lautet dies: die höhere Form des Brahma ist unerreichbar, wenn man sich nicht zuerst die niedrigere zu eigen gemacht hat. Die höhere, unpersönliche Vorstellung des höchsten Wesens kann man nur stufenweise erreichen; man muss erst die niedrigere, die persönliche, in allen ihren Äußerungen in sich aufgenommen haben. Dies kommt darauf hinaus, dass man sich kein wahres, d. h. erlösendes Wissen denken kann ohne Gott und ohne Gottes sich in mancherlei Formen offenbarende Größe.

In der Tat sind weitaus die meisten der indischen Theosophen Deisten. Sie bleiben bei dem, was Śankara das „Niedrigere Brahma" nennt, stehen. Und das Sichvertiefen in den
Herrn und in seine Eigenschaften ist in erster Linie Ehrerbietung, Verehrung, Anbetung. Schon das alte Lehrbuch des
Patanjali, das das Standardwerk für den Yoga ist, macht das
Gelingen von der Hilfe des Herrn abhängig.

Monotheistische Neigungen sind in Indien im Laufe der
Zeit und im Fortgang der Kultur, gerade so gut wie in West-
asien und in Europa, hervorgetreten, und dieselben und ähnli-
che Ursachen, die hier das alte Heidentum allmählich durch
Religionen mit einem Gott oder wenigstens einem höchsten
Wesen ersetzten oder doch verdrängten, haben dort gewirkt.
Sie führten dort aber nicht zu einem so festen, und gewiss
nicht zu einem so einfachen Resultat. Das Hindutum erkennt
ein höchstes Wesen an. Diese Überzeugung ist tief in alle
Stände und Schichten eingedrungen. Trotzdem bleiben in dem
Volksglauben, unterhalb jenes höchsten Wesens, eine bunte
Reihe göttlicher und sonstiger übermenschlicher, unsichtbarer
Wesen bestehen und ganze Kategorien solcher Wesen, die ihre, zwar auf bestimmte Gebiete beschränkte, aber an sich sehr
mächtige Herrschaft ausüben. Soweit die Hindus daran glauben und durch Verehrung und Gebete an sie selbst und an ihre
Bilder die Gunst dieser Gottheiten erflehen, mag man sie als
vielen Göttern dienend und als „Heiden" bezeichnen. Nur
vergesse man hierbei nicht: die Einheit des Weltalls unter der
regierenden Hand eines Herrn, ist ein Axiom, das jeder anerkennt.

Zwar nennt nicht jeder diesen Herrn, diesen Îśvara mit
demselben Namen. Manche nennen ihn Brahma, andere Śiva,
wieder andere Vishnu. Alle glauben an diese drei Existenzformen des höchsten Gottes; der Unterschied liegt nur in ihrem Rang, in der Antwort auf die Frage, welchen dieser drei
Gottheiten man als das wahre, das ursprüngliche, höchste
Wesen betrachten muss. Andere nehmen wiederum an, dass
sie alle drei gleichen Ranges sind, und dass das höchste We-

sen in Wahrheit eine Dreieinigkeit sei, welche in den Schöpfer (Brahmâ), den Erhalter (Vishnu) und den Vernichter (Śiva) zerfällt. Hierbei darf man jedoch nicht aus dem Auge lassen, dass es. keineswegs richtig ist, wenn man aus dem traditionellen Dogma von der Einheit dieser drei nun ableiten wollte, dass jeder von ihnen ausschließlich auf die Rolle des Schöpfers, des Erhalters oder des Vernichters beschränkt sei. Dieses ist weit von der Wahrheit entfernt. [1])

Um kurz zu sein, in der nachvedischen Zeit wurde schließlich der Allgeist, der Urgrund der Welt, immer mehr entweder mit Vishnu oder mit Śiva identifiziert. Die erbauliche Lektüre für jedermann, wie sie in dem großen Epos Mahâbhârata und in den heiligen Offenbarungen, welche die Purânas heißen, niedergelegt, ist, gibt davon die greifbarsten Beweise. Und daneben bleibt die Vorstellung, dass Brahma der Schöpfer und Erhalter aller Dinge ist, bestehen.

Diese Gottesvorstellungen, die zum Teil älter sind als der Buddhismus, aber zu einem guten Teile sich parallel mit ihm entwickelten, haben wieder auf die theosophischen Ideen ihren Einfluss ausgeübt. Je nachdem sie zur Herrschaft kamen, begannen sie auch sich in den theosophischen Kreisen geltend zu machen. Was ist natürlicher, als dass Leute, die man von Kind an daran gewöhnt hatte, in Vishnu das höchste Wesen zu sehen, jetzt auch, nachdem sie zur Weltentsagung und zu dem Yoga gekommen waren, sich das höchste Wesen, mit dem sich zu vereinigen ihr Streben war, am liebsten und am leichtesten in den bekannten Zügen Vishnus vorstellten, wie Mythologie und Kunst ihn abzubilden pflegten, und dass sie darauf aus waren, für die Attribute und Zustände, mit und in denen er geschildert wird, passende allegorische und symbolische Erklärungen zu finden? Und die Śiva über alles verehrten, trieben es mit ihm ebenso. Die Typen dieser durch Tradi-

---

1) Es braucht kaum gesagt zu werden, dass diese Skizze des indischen Monotheismus äußerst gedrängt und unvollständig ist. Das Thema dieses Buches gestattet nicht, ihn anders als nur beiläufig zu behandeln, nämlich nur insofern der Monotheismus sich in der Theosophie geltend macht.

tion und Volksglauben reich ausgestatteten Nationalgötter mit ihrem Kreis von Nebengottheiten redeten deutlicher zu der Phantasie, als der aus reiner Abstraktion geborene Gott Brahmâ.

In diesem Stadium nimmt das Streben nach Befreiung aus dem Sansâra mit Vorliebe den Charakter ekstatischer Verehrung und mystischer Anbetung des Allerhöchsten an. Die als Person vorgestellte Welteinheit muss wie eine Person gewonnen werden. Wer sich zum Endziel stellt, in dem höchsten Wesen aufzugehen, mit diesem für immer vereinigt zu werden, für den fällt die verlangte Geistesanstrengung mit einem völligen Sichergeben in den höchsten Gott zusammen. Diese Ergebung, diese Hingabe, dieses sich selbst ganz in die Hand der höchsten Gottheit stellen, das nennen die Inder *bhakti*. Sahen wir in den alten Upanishads und in dem echten, unverfälschten Vedânta die indische Theosophie zu dem höchsten Selbstbewusstsein und zu der größten Selbstgenügsamkeit gesteigert, so ist in den jüngeren Erlösungslehren, welche in *bhakti* den Schlüssel sehen, der den Eingang zu der höchsten Seligkeit im Jenseits eröffnet, dieser stolze Glaube an die eigene Kraft in eine ganz devote und sklavische Untertänigkeit umgewandelt.

Damit ist nicht zu viel gesagt. Das Verhältnis des devoten Yogin zu dem als Person gedachten höchsten Gott wird regelmäßig wie das des allerniedrigsten Knechtes zu seinem Herrn und Meister dargestellt. Das Wort dâsa, „Sklave", wird mit Vorliebe für jemand gebraucht, der dem Gotte bhakti erweist, ähnlich wie sich in der christlichen Welt der Fromme gerne *servus Dei* „ein Knecht Gottes" nennt.

Diese Form der welterklärenden Theosophie ist weniger erhaben als die ältere, aber sie bringt das höchste Gut mehr in den Bereich eines jeden. Der Weg, der durch bhakti zur Erlösung aus dem Sansâra führt, ist auch für Ungelehrte und Niedriggeborene, Sûdras und Frauen offen. Es werden nicht die älteren Methoden mit ihrer Erwerbung des „wahren Wissens" als Hauptgegenstand ihrer Anwendung beseitigt — daran denkt man keineswegs — aber die Übung der Tugend, die Selbstverleugnung, die Hingabe an Gott vermögen nahezu dasselbe.

Die bhakti wird in einer großen Anzahl von Texten gepriesen und verherrlicht, in Texten, die sich für ebenso viele Offenbarungen ausgeben. In dieser Hinsicht unterscheiden sie sich nicht von den Quellen des Wissens vom Âtman und dem Purusha, in den Upanishads und dem Vedânta. Eine große Menge späterer Upanishads und eine Reihe von Offenbarungen und Betrachtungen in dem Mahâbhârata und in den Purânas gehört zu dieser Klasse von Schriften. In der Regel wird dieser Offenbarungscharakter von dem Hindu gläubig hingenommen, wenn man auch beweisen kann, dass die Zeit ihres Entstehens nachbuddhistisch ist und viele Jahrhunderte umfasst, beinahe bis auf unsere Tage. Oft werden sie als „geheime Lehren" dargeboten, doch ist dies nicht mehr als ein schöner Name, mit dem sie sich selbst schmücken.

*   *

*

Ihre schönste und beste Äußerung hat die *bhakti* in dem „Lied des Herrn", der Bhagavadgîtâ gefunden, welche einen Teil des gewaltigen Epos Mahâbhârata bildet. Als der maßgebendste Vertreter dieses Typus der „höchsten Offenbarungen" verlangt diese groß gedachte und groß ausgeführte Dichtung hier eine besondere Besprechung.

Das Lied des Herrn ist eine Episode in dem Heldenepos, das den berühmten Krieg besingt, der in der indischen Welt dieselbe Rolle spielt wie der trojanische Krieg in der griechischen: den Krieg zwischen zwei verwandten Familien, dem jüngeren Zweige, der aus den Pândavas, den fünf Heldensöhnen des verstorbenen Königs Pändu besteht, und der älteren Linie, die unter dem allgemeinen Geschlechtsnamen als die Kauravas bekannt ist. Die Episode ist an der Stelle der Geschichte eingeschoben, wo die beiden Heere in Schlachtordnung einander gegenüberstehen und der Kampf beginnen soll. Held Arjuna, der dritte und gefeiertste Sohn des Pându (in Wirklichkeit ist er ein Spross des Indra, ebenso wie Herakles ein Sohn des Zeus ist) steht auf seinem Schlachtwagen und Krishna, sein Vetter, als Wagenlenker neben ihm. Wie er nun seine Blicke über die Scharen der Gegner schweifen lässt und unter ihnen so viele seiner Verwandten, so viele Helden, die ihm aus früheren Jahren der Freundschaft und Kameradschaft teuer sind, auch Lehrer und ehrwürdige ältere Mitglieder seines Geschlechts, gewahrt, da kommt ein Gefühl des Grauens über ihn wegen des Blutbades, das er anrichten soll; Widerwillen gegen den Kampf vertreibt seine Kampflust, und der erhobene Bögen entsinkt seiner Hand. Er äußert diese Stimmung in Versen: „Lieber erbettelte Speisen essen, ein heimatloser Flüchtling auf dieser Erde, als sich an Schätzen und Genüssen ergötzen, die durch Verwandtenmord erworben und mit Blut besudelt sind." Und er erklärt, dass er nicht kämpfen werde.

Krishna gibt ihm zu verstehen, dass er mit dieser Weigerung nicht richtig handle. Du hast keinen Grund zu jammern, spricht er, und deine Auffassung ist die der großen Menge. Weise wehklagen nicht um den, der sterben muss. „Wahrlich, niemals war ich *nicht*, noch du, noch diese Fürsten, noch werden wir alle in Zukunft jemals nicht sein. Ebenso wie in dem Körper Kindheit, Mannesälter und Alter dessen, der in dem Körper wohnt, einander folgen, so folgt auch für ihn ein anderer Körper. Der Standhafte lässt sich (durch den Tod) nicht aus der Fassung bringen. Man kann von dem Seienden nicht sagen, dass es entstehe oder vergehe, und das was entsteht und vergeht, ist nicht das wahre Seiende. Die Körper sind vergänglich, nicht aber das, von dem dieses All durchdrungen ist, das Ewige, Unvergängliche, Unermessliche (außer Geburt und Tod Bestehende): Wenn der Töter meint, dass er es sei, der tötet, und der Gefallene meint, dass er es sei, welcher getötet worden, so irren sie beide." Mit diesen und ähnlichen Worten beginnt dann eine lange, vielseitige Auseinandersetzung von dem wahren Wesen der Dinge, und von den Wegen, die zur Erlösung und zur Vereinigung mit dem höchsten Wesen führen: Dabei offenbart sich Krishna als der höchste Gott Vishnu in eigener Person, der Menschengestalt angenommen hat zum Heil der Sterblichen. „Denn wenn der Dharma leidet, und das Unrecht (Adharma) sich erhebt, dann erschaffe ich mich selbst durch meine Zauberkraft (mâyâ), um die Frommen zu beschützen, die Bösen zu vertilgen und den Dharma zu befestigen". [1])

In dieser Offenbarung des Krishna, der das höchste Wesen vor dem geistigen Auge des verwundeten und entzückten Arjuna natürlich als eine rechte „Geheimlehre" entrollt, — und zwar Teil für Teil auf Fragen hin, die Arjuna stellt — sind Sânkhya- und Vedântaideen vermischt. Vor allem ist es dem Dichter darum zu tun, indem er die Identität des Krishna und des Vishnu demonstriert, das Dogma der *bhakti* gegenüber Vishnu zu verkünden. Diesem Zweck ist die ganze hier gegebene Erklärung des Welträtsels untergeordnet. Es werden verschiedene Wege gelehrt um zu der höchsten Seligkeit zu gelangen, und unter diesen besonders die Lebensführung dessen empfohlen, der dem Vishnu seine vollkommene Hingabe dadurch bezeugt, dass er ihm dient, sich ihm weiht in ununterbrochener, unveränderlicher Übung der Tugend und Betrachtung, den Geist stets auf ihn gerichtet. Glauben, Verehrung und Unterwerfung gegenüber Vishnu, das ist der kurze Inbegriff dieser Heilswahrheit.

Einige charakteristische Stellen mögen hier folgen: „Mit dem Geiste auf mich gerichtet sollst du Yoga betrachten." „Nichts Höheres gibt es als mich, in mir ist alles verwoben, wie die Perlen in der Schnur." „Wie der Wind, der überall Zutritt hat, der mächtige, sich in dem Raum aufhält, so weilen alle Wesen in mir; davon sei überzeugt." „Solche die in Demut einer anderen Gottheit Opfer bringen mit gläubigem Ge-

---

1) Bhagavadgîtâ IV, 6 und 7; vgl. Garbes Übersetzung (Leipzig 1905) S. 86 und 87.

müt, solche opfern mir, nur nicht in der richtigen Weise. Denn ich bin der Genießer und der Herr eines jeden Opfers, aber jene kennen mich nicht in Wahrheit; deshalb bleiben sie immer im Sansâra." „Allen Wesen gegenüber bin ich der Gleiche; [1] für mich gibt es keinen Feind und keinen Freund. Aber die, so mir mit Hingabe (bhakti) anhängen, die sind in mir, und ich bin in ihnen." Und: „Sei davon überzeugt, Arjuna, wer sich mir geweiht, der geht nicht verloren."

Man hat das Recht, diese Weltbetrachtung monotheistisch zu nennen. Wenn man nur daran festhält, dass dieser Monotheismus sich nicht mit der Gottesvorstellung unserer abendländischen Religionen deckt. Vishnu ist nicht nur allweise und allgegenwärtig und Schöpfer aller Dinge, sondern alles ist auch aus ihm hervorgegangen. Ebenso wie das Brahma der Vedântin, ist dieses als Person vorgestellte höchste Wesen Erschaffer und Substanz zugleich, sowohl *causa efficiens* als *causa materialis*.

In dem Gedicht als Ganzem ist gar vieles bedenklich. Es enthält, was bei indischen theosophischen Texten in der Regel der Fall ist, viel Verwirrtes und Unklares, und auch an allerlei Widersprüchen und gewollt Rätselhaftem fehlt es nicht. Auch verrät diese „ewige Offenbarung", als welche der orthodoxe Hindu das Lied des Herrn betrachtet, für den unbefangenen Beurteiler unverkennbare Spuren der Bearbeitung und Erweiterung; wahrscheinlich ist ein gut Teil der achtzehn Gesänge, aus denen es besteht, späteren Ursprungs als der Kern des Gedichts. Man setzt den ursprünglichsten Teil einige Jahrhunderte vor Chr. an und mit Wahrscheinlichkeit nicht früher als ins vierte Jahrhundert. Bei alledem gehöre ich zu denen, welche die Bhagavadgîtâ sehr bewundern, und darin eines der schönsten Werke indischer Literatur sehen. Einfach und ungeschmückt wird hier zur Erbauung und zum Gebrauche eines jeden eine Erlösungslehre gepredigt, welche einen

---

1) Vgl. Matthäus 5, 45: „Er lässt seine Sonne aufgehen über die Bösen und über die Guten, und lässt regnen über Gerechte und Ungerechte."

erhabenen Geist atmet und den edlen, hohen Sinn des unbekannten Dichters verrät.

Diese Eigenschaften und die gemäßigte Tendenz des Liedes, in welchem doch untereinander verschiedene Lebensnormen und Lebensrichtungen als ebenso viele Wege zu demselben Ziel in ihrem relativen Wert mit Anerkennung behandelt werden, erklären genügend das Ansehen, das es bei den Hindus genießt. In allen Zeiten hat es bei den Indern in hohem Ansehen gestanden. Von mehr als einer Sekte wurde und wird die Gîtâ als die Bibel betrachtet. Śankara und andere große Theologen verschiedener Richtung bedienten sich gern ihrer, um ihre eigenen Auffassungen von Upanishadstellen zu erhärten. Und auch jetzt noch sehen die Gebildeten unter den Hindus, die nicht minder als wir die groben Formen und oft hässlichen Äußerungen des Götzendienstes und des Aberglaubens verachten, aus denen bei den niederen Klassen ihrer Landesgenossen und im Allgemeinen bei den Ungebildeten die Religion besteht, in dem Liede des Herrn die beste und richtigste Auseinandersetzung ihrer eigenen Religion und ihrer Pflichtenlehre.

Insofern gewiss mit Recht, als die Gîtâ eine Auffassung des Begriffes „Pflicht" enthält, wie sie in der älteren theosophischen Literatur nicht vorkommt. Auch im Buddhismus ist nichts, was diesem gleicht. Wir müssen deshalb hier näher darauf eingehen.

Bis jetzt haben wir gesehen, dass Befreiung aus dem Sansâra nur für den erreichbar galt, der sich die Möglichkeit, dass neues Karma entstehe, abschnitt. Unterdrückung alles Handelns war daher der Ausgangspunkt für den nach Erlösung aus dem Leiden Strebenden, d. h. Erlösung von der körperlichen Existenz in der Welt der Geschöpfe. Diese theoretische Forderung kommt in der Praxis auf Weltentsagung und Askese hinaus. Durch ein tugendsames Leben konnte man den Himmel gewinnen, auch wenn man in der Welt, inmitten der sündigen menschlichen Gesellschaft lebte; denn der Himmel oder eine Wiedergeburt in höherem Stande unter den Menschen ist der Lohn, oder richtiger die Frucht des guten Karma. Es wurde aber für unmöglich, ja für undenkbar gehalten zu dem Nirvâna zu gelangen, wenn man in der Welt blieb; denn hierzu ist Tötung, Vernichtung des Karma notwendig.

Nun lehrt die Gîtâ, dass auch für den, der in der Welt bleibt, vollkommene Erlösung, d. h. Vereinigung mit dem Allgeist gleich nach diesem Leben möglich ist. Ihre Methode beruht auf ihrer Lösung der Frage, wie man es anzustellen hat, ohne das Handeln überhaupt aufzugeben, kein neues Karma zu schaffen, das doch der Ursprung der neuen Wiedergeburt ist. Hier lehrt Krishna-Vishnu, man könne dies erreichen durch das, was er *Karmayoga* nennt. Damit bezeichnet er eine Weise, Taten zu verrichten, die sich aus der folgenden Vorschrift ergibt: Banne allen Eigennutz, jedes Gefühl des Strebens nach eigenem Vorteil bei dem Werke, das du verrichten musst; schrecke, wo es nötig ist, nicht zurück vor Mühe und Beschwerde; scheue auch keinen persönlichen Schaden, wenn die Art deiner Pflicht es mit sich bringt; tue, was zu tun ist, wie es sich gehört, ohne dich im mindesten mit deiner Seele an das Werk zu hängen. So wird die Pflichtbetrachtung ohne irgendwelches Verlangen nach Vorteil, Genuss oder Ansehen zu dem mächtigen Mittel, das, richtig angewendet und natürlich mit der bhakti gegenüber Vishnu verbunden, das Wohlgelingen im Streben nach Erlösung verbürgt. Besteht doch, so lehrt die Gîtâ, das wahre Preisgeben alles Handelns nicht darin, dass man überhaupt nicht handelt; das wäre unmöglich; jedes lebende Geschöpf muss, um bestehen zu bleiben, handeln, sei es noch so wenig; aber die richtige Weise des Karmapreisgebens besteht darin, dass man nur tut, was man tun muss und dass man dies tue, wie es sich gehört, doch darf das Ich nicht mit seinen Sinnen an dem, was es tut, hängen. „Wie der Tropfen an der Lotosblume herabgleitet, ohne sie zu befeuchten, so gleite das Werk, das du verrichten musst, und das du, den Geist immer auf das höchste Wesen gerichtet, verrichten musst, an dir hernieder, ohne dass eine Spur der Berührung zurückbleibt, so dass daraus neues Karma entstehen könnte, welches dich an den Sansâra bindet und dich in deinem Streben nach Erlösung behindern würde.

In dieser modifizierten Form ist, das wird dem Leser deutlich geworden sein, ein kürzerer und weniger schwieriger Weg angegeben als der schwere Gang, der nötig ist, um das „wahre Wissen" zu erlangen, durch Einkehr in sich selbst und Yogabetrachtung. Man kann auch nicht sagen, dass dieser Karmayoga zu den Ideen, auf denen die ältere Theorie beruht, in direktem Widerspruch steht. Denn wodurch wird der individuelle Âtman bei den Vedântin, der Purusha des Sânkhya gebunden? Dadurch, dass er in Verbindung mit seinen materiellen Verstandesorganen, das heißt mit dem intellektuellen Inhalt seines stofflichen Körpers, Karma verrichtet, dadurch setzen sich die vielerlei Eindrücke seines Handelns, die Spur seiner engen Verbindung mit diesem aktiven Ich in ihm, dem Purusha, dem Âtman, fest. Auf diese Weise trägt er die Keime der Wiedergeburt nach dem Tode mit sich herum; diese verhindern seine Erlösung. Wenn es jedoch solchen Eindrücken, diesen Spuren der früheren Vereinigung mit der Materie, unmöglich gemacht wird, sich in den ichlosen Geist festzusetzen, so braucht ja nichts der Möglichkeit der Erlösung im Wege zu stehen. Die Karmayoga-Lehre gibt an, wie man dem Eindringen dieser Eindrücke vorbeugen kann.

Indem aber Krishna diese Methode zur Erlösung ohne vorhergegangene Weltentsagung offenbart, verwirft er die anderen, uralten, von der Tradition geheiligten Methoden nicht. Auch in der Geheimlehre, in welcher er Arjuna unterrichtet, steht unter den Erlösungsmethoden Beschaulichkeit und durch Beschaulichkeit erworbenes höchstes Wissen obenan. Aber nächst und neben diesen von alters her als Yoga bezeichneten Praktiken kommt auch der Karmayoga in Betracht. Für den Krieger Arjuna, der als solcher und als Mitglied seines Geschlechts heilige Pflichten in der Welt zu erfüllen hat, gibt es sogar keinen anderen Weg zur Erlösung.

Deshalb ist diese Lehre dort in dem Epos Mahâbhârata vollkommen am Platze.

In dieser Belehrung ist des öfteren von Sânkhya und Yoga die Rede. Man muss hier diese Termini nicht auf ihren technischen Sinn beschränken. Sie haben offenbar eine weitere Bedeutung. Unter Sânkhya versteht man auch, was wir im Allgemeinen philosophische oder wissenschaftliche Beweisführung nennen würden, unter Yoga jede Anstrengung und Übung des Geistes. Diese Auffassung ist keineswegs gezwungen; sie passt zu dem, was diese Wörter, von ihrer engeren und technischen Bedeutung abgesehen, im Allgemeinen auszudrücken vermögen. Besonders das Wort *yoga* eignet sich zu Auffassungen in verschiedenem Sinne. Es lässt sich auf verschiedene Weisen, etymologisch vollkommen durchsichtig erklären. Diese Unbestimmtheit macht es so geeignet, jeweils auszudrücken, wozu man es gebrauchen will. Wer behauptet, der Yoga heiße so, weil die Übung, die Anstrengung, das Bezwingen der Sinne und die Zucht der Beschaulichkeit darin die Hauptsache seien, kann sich auf die Wortableitung berufen. Wer aber meint, das Wort müsse ursprünglich nicht die ekstatischen Übungen bedeutet haben, sondern das Ziel, auf das diese Übungen gerichtet sind, also der wahre Sinn des Wortes Yoga sei „Verbindung, Vereinigung", nämlich des individuellen Purusha oder Âtman mit dem Allâtman, auch er kann die Begründung seiner Meinung aus der Etymologie schöpfen. In der Sprache des täglichen Lebens ist yoga schon früh ein Wort geworden, das Zauberei und Wirkung geheimer, übernatürlicher Kräfte bedeutet. In letzterer Bedeutung gebraucht Krishna-Vishnu es einmal, wo er von seinem eigenen yoga redet.

In diesem Zusammenhang wird es verständlich, wie der Verfasser des Liedes des Herrn dazu gekommen ist, dieser Methode zur Vereinigung mit Vishnu, ohne dass man erst der Welt entsagen müsste, den Namen Karmayoga zu geben. Verrichtet man doch auf diese Weise Karma und Yoga zugleich.

Der klassische Verkünder der Lehre wird wohl nicht der

Erfinder derselben sein. Erlösungsmöglichkeit unmittelbar nach dem Leben, ohne vorhergegangene Weltentsagung war ein Gedanke, der von vielen geteilt wurde. Auch in anderen Episoden des großen Heldengedichtes wird diese Möglichkeit angenommen. Es werden Fälle erzählt wie die folgenden: Ein als Sûdra geborener Mann, von Beruf ein Jäger und Fleischverkäufer, der also durch den Kreis, in dem er lebte und die Pflicht, welche ihm sein Beruf auferlegte, grausame Taten verrichten musste, hatte es durch Tugend und Yoga, in dem Sinne des Karmayoga so weit gebracht, dass er zu höheren Eigenschaften kam, als die während ihres Lebens Erlösten sie besitzen. Eine einfache Frau hatte in ähnlicher Weise hohe Weisheit und die Gabe, zu wissen, was in weiter Entfernung geschieht, erhalten, nur infolge der musterhaften Weise, in der sie ihre ehelichen Pflichten erfüllte.

Das Tröstliche dieser Lehre liegt darin, dass das höchste Ideal jetzt auch im Bereiche des in der Welt Lebenden liegt. Dass nicht nur der herrliche Lohn für gute Werke, der, so begehrenswert und genussreich er auch sei, doch nur zeitlich ist, sondern dass auch das ewige Heil unmittelbar nach dem Tode erreichbar ist, ohne dass man mit seinem vergangenen Leben und mit den Pflichten seines Standes zu brechen braucht, das ist eine frohe Botschaft, besonders für die vielen, die in der Welt, d. h. in der großen menschlichen Gesellschaft, nicht zu den höheren Klassen gehören. „Sogar solche, die hier in schlechter Geburt zur Welt gekommen sind: Frauen, Vaisyas und Sûdras", erklärt Krishna-Vishnu, „gelangen dadurch, dass sie sich auf mich verlassen, zu der höchsten Seligkeit". [1] Hiermit wird der Übung der Tugend ohne eigennützige Nebengedanken der Adelsbrief verliehen, die bisherige Unzulänglichkeit der guten Werke, um zu dem Allerhöchsten zu gelangen, zurückgewiesen, und der bisherige Gegensatz zwischen natürlicher Frömmigkeit und außerordentlicher Weisheitsbestrebung gemildert. Kurz, die Kluft zwischen Gottes-

---

1) Bhagavadgîtâ IX, 32

furcht und Theosophie tut sich in der Bhaktiperiode der indischen Religion weniger weit auf als in den älteren, näher bei dem Veda stehenden Theorien, die in unserer Zeit noch durch den Vedânta vertreten werden.

Bei einem Volk, das so scharf in Klassen geteilt ist wie die Hindus, das eine so starke Anhänglichkeit an seine altüberlieferten Gebräuche besitzt, und wo das tägliche Leben in sozialen Einzelheiten durch feste Regeln beherrscht wird, musste diese Erweiterung des Erlösungsideals wohl Eingang finden. Dazu kam die Unbestimmtheit der Vorstellung, die man sich von dem „höchsten Heil" macht. Was das Nirvâna, das Aufgehen in Brahma, die Erlösung der individuellen Seele nicht ist, das wird in allen Sekten deutlich ausgesprochen: der Erlöste kommt nicht wieder zurück; er wird nicht wieder geboren; er hat, um mit den Buddhisten zu reden, Geburt, Alter und Tod mit all dem damit verbundenen Elend überwunden. Was aber diese höchste Seligkeit nun selbst ist, davon wird nirgends ein klares Bild gegeben. Es war wirklich nicht viel dazu nötig, um das positive, aber vergängliche Ideal der herrlichen Belohnung guter Werke im Jenseits mit dem unvergänglichen, aber unaussprechlichen und nebelhaften Ideal, nie mehr in diesem Jammertal verweilen zu müssen, zusammenzuschmelzen. Fortan sollte letzteres auch für einen jeden erreichbar sein, der gute Werke verrichtet und dabei nur dafür sorgt, dass er sie ohne Eigennutz und mit Unterdrückung seines eigenen Ich verrichtet.

Auch nach der in dem Liede des Herrn verfassten Offenbarung hat es in Indien nicht an neuen mystischen Offenbarungen gefehlt. Immer und immer wieder sind in jener Welt der Beschaulichkeit und eines außerordentlich kräftigen religiösen Gefühls Propheten erstanden, die die alten Ideen in neue Formen kleideten. Stifter von Sekten, von bekannten und unbekannten, hat es viele gegeben. Als in späteren Jahrhunderten abendländische Religionen, der Islam und das Christentum, besonders ersterer, ihren Einfluss geltend machten, ist es häufig vorgekommen, dass man versuchte, eine

neue Offenbarung zu verkünden, worin die von auswärts her-
eingebrachten religiösen Ideen und Gottesvorstellungen mit
den einheimischen verbunden waren. Aber wie sie auch immer voneinander abweichen mögen, die Überzeugung, dass
Demütigung vor Gott vor allen anderen Dingen dem nottut,
dem es um die Seligkeit zu tun ist, herrscht überall. Man ist
nicht weit von der Wahrheit entfernt, wenn man dem Bhak-
tielement in diesen Erlösungslehren den ersten Platz anweist.

In einer vor einigen Jahren erschienenen Studie über indische Weisheit von einem Hindu, Shantaram Anant Desai,
M. A. und Professor der Philosophie an dem Holkar College
zu Indore, wird die Gîtâ als Ausgangspunkt genommen, und
in der Gîtâ wiederum die Bhakti im Zusammenhang mit der
Pflichtenlehre. [1]) Der gelehrte Verfasser beginnt das erste
Kapitel seines lesenswerten Buches mit folgenden Worten:
„That, which peculiarly distinguishes the Gita, is what is
known as Karma-yoga-bhakti." Die ersten zwei Glieder dieser
drei umschreibt er folgendermaßen: „Ohne auf den Ausgang
zu blicken, ohne dein Herz daran zu hängen, in Glück und
Leid Gleichmut bewahrend, (das geistige Auge) immer gerichtet auf den, der deinen Geist lenkt — in solcher Gemüts-
stimmung sollst du stets deine Pflicht tun, eben nur, weil es
deine Pflicht ist." Und was mit Bhakti gemeint wird, erklärt
er mit diesen der Gîtâ entlehnten Worten: „Was du ver-
richtest, was du isst, was du opferst, was du verschenkst, was
du an Askese ausrichtest, tue das, Arjuna, als eine Opfer-
spende für mich."

In engerem Sinne ist das Lied des Herrn die Heilige
Schrift einer Sekte, die nach „dem Herrn", Sanskrit Bhagavân, den Namen Bhâgavatas erhielt, Sie haben noch verschiedene andere maßgebende heilige Texte. Es würde uns aber zu
weit führen, hier näher darauf einzugehen. Überall wird die
Bhakti in den Vordergrund, manchmal sogar über das „(wah-

---

1) „A Study of the Indian Philosophy" by Shantaram Anant Desai. Bombay,
Thacker and Co.; London, Luzac and Co. 1906.

re) Wissen" gestellt. So wird an einer Stelle gesagt: Wissen vermag nur die Makel der Seele hinwegzunehmen, wie man Reis von der Hülle befreit dadurch, dass man ihn schält; insofern führt Wissen zur Erlösung, weil es die von ihren Makeln befreite Seele zu Bhakti bringt.

Um eine Idee davon zu geben, welche demütige Untertänigkeit und sklavische Hingabe an Gott in den Erlösungslehren herrscht, die Bhakti lehren, will ich zum Schluss eine Stelle aus dem Werk eines modernen Bhâgavata zitieren. Dieser führt, um die Möglichkeit zu erweisen, dass man die Seele makellos erhalten könne, wenn man nur das Werk tut, das die Pflicht gebietet, noch einen anderen Grund an, als den, welchen ich oben (S. 185) angegeben habe. Es kommt dort nämlich die Frage zur Sprache, wie man sündige Handlungen vermeiden könne. Denn es ist doch, auch wenn man ganz uneigennützig handelt, unmöglich, zu jeder Zeit von Sünden frei zu bleiben; auch der tugendsamste wird doch wohl hier und da in Kleinigkeiten straucheln. Hierauf erfolgt die bezeichnende Antwort: „Was die Frage von uneigennützig und eigennützig anbelangt, so kommt mir folgende Parabel in den Sinn: Gesetzt, jemand habe einen Knecht oder Arbeiter, der gegen Lohn bei ihm arbeitet, und er erleide durch diesen irgendwelchen Schaden, so wird dieser Arbeiter, der ja doch gegen Lohn für ihn arbeitet, den Schaden selbst tragen müssen. Aber wenn der Schaden durch einen in seinem Hause geborenen Sklaven verursacht wird, der also nicht gegen Lohn seine Arbeit verrichtet, so muss der Herr den Verlust tragen und nichts kommt zu Lasten des Sklaven. In unserem Falle ist derjenige, der zu seinem eigenen Nutzen handelt, dem bezahlten Knechte gleich, der für Lohn arbeitet, aber wer uneigennützig handelt, gleicht dem Sohne der Sklavin."

Welch ein Unterschied zwischen dieser Preisgabe aller Selbständigkeit und dem Selbstvertrauen, das die vedischen Opferer und die älteren stolzen Theosophien erfüllt! Ist es nicht, als ob die jahrhundertelange Knechtung durch Fremde den alten Stolz für immer gebrochen habe? Oder hat man in

dieser sklavischen Unterwürfigkeit den Niederschlag frucht-
loser Denkarbeit von mehreren Jahrhunderten zu sehen, die
den müde gequälten Geist in die Arme eines Gottes trieb, der
unbedingte Hingabe verlangt und Ruhe und Frieden nur auf
Kosten der Freiheit und der Selbstbestimmung schenkt?

Hiergegen lässt sich jedoch anführen, dass es doch von
der freien Wahl des Individuums abhängt, ob es diesen Weg
zur Erlösung durch die sklavische Bhakti gehen will oder
nicht. Dieser Einwand enthält Wahres nur für solche, die das
Dogma einer solchen freien Wahl anerkennen. Und es gibt
solche Streber nach der Seligkeit. Andere wieder sprechen
davon, dass hier die Lehre der Prädestination auftrete. Und
hierfür könnten sie sich nicht nur auf das Lied des Herrn berufen; auch in einigen der älteren Upanishads, wenn auch
nicht in den ältesten, lassen sich Äußerungen, die in jenem
Sinne aufgefasst werden können, finden. Vor allem folgende
Strophe:

> Der Âtman lässt durch kein System sich kennen;
> Nicht zeigt Gelehrtheit ihn, nicht Argumente;
> Wen er sich wählt, für den ist er erfasslich,
> Und ihm enthüllt er, was sein Âtman-Wesen ist. [1])

Dies lautet, in die Sprache der Bhakti übersetzt: Gott, d. i.
im besonderen Falle Vishnu, erwählt sich die Seelen, die er
retten und selig machen will. Ohne von dem Herrn dazu aus-
erwählt zu sein, kann niemand zu ihm gelangen.

Beide Richtungen haben auch gegenwärtig ihre Anhänger.
In bezug hierauf schreibt Grierson, ein ausgezeichneter Kenner der heutigen Zustände in Britisch-Indien: „Wir finden in
Indien, bei der *Bhakti*, zwei einander gegenüber stehende
Glaubensüberzeugungen. Die einen werden die „Katz-Anhä-
nger die anderen dagegen die „Affen-Anhänger" genannt. Die
ersteren lehrten, dass Bhagavân, der Heilige Herr, die Seele
rettet wie eine Katze, welche ihre Jungen aufnimmt ohne
freien Willen ihrerseits. Die anderen dagegen lehren, dass die

---

1) Katha-Upanishad I, 2, 22.

Seele, um gerettet zu werden, sich selbst emporarbeiten und den Herrn zu erfassen versuchen muss, wie ein junger Affe zu seiner Mutter hinaufklettert." Er fügt hinzu, dass im Norden von Indien die Anhänger der „Bhaktikirche", wie er sie nennt, fast allgemein dieser zweiten Richtung zugetan sind. [1])

Noch ein Punkt bleibt uns zu besprechen. Wir haben gesehen, dass Krishna erklärte, er, der höchste Gott, sei in Menschengestalt auf Erden erschienen, zum Heil der Welt. Auch diese Vorstellung stimmt nicht zu dem, was die alten Theosophien, Sânkhya und Vedânta , von den Purushas, von dem individuellen und dem höchsten Âtman und von ihrem Verhalten gegeneinander lehren. Ebenso wenig beruht sie auf dem Veda. Aber sie kann darum doch in uralten Ideen wurzeln, aus der Vorzeit einer niedrigen Kulturstufe stammen, als jeder belebte oder unbelebte Gegenstand, wenn es gerade passte, auch gelegentlich eine Gottheit darstellen konnte. Als die monotheistische Weltauffassung sich Bahn brach, brachte man gewisse alte Symbole und Vorstellungen von Göttern in Menschen- und Tiergestalt, die man nicht aufgeben wollte, in Zusammenhang mit Äußerungen göttlicher Allmacht Vishnus, Sivas oder anderer Gestalten des Vishnuitischen oder Sivaitischen Pantheons. Allmählich ist dann dieser Glaube an bestimmte zeitliche Manifestationen des unendlichen höchsten Wesens in Theorien festgelegt worden, die zu dem Dogma von den *avatâras* geführt haben.

Das Hindutum nimmt an, dass besonders Vishnu sich mehr denn einmal als gewöhnliches Geschöpf in dem Sansâra verkörpere und zwar aus irgendeinem bestimmten Grund, aber immer nur zum Heil der Geschöpfe. Man zählt gewöhnlich neun dieser Inkarnationen seit dem Beginn dieser Weltperiode auf, und zwar diejenige: als Fisch, als Schildkröte, als Eber, als Mann-Löwe, als Zwerg, als Râma-mit-dem-Beil, als Râma, den Sohn des Dasaratha (der Held des Râmâyana), als Krishna, als Buddha. Die zehnte Inkarnation steht uns noch

---

1) Journal of the Royal Asiatic Society, 1908, S. 337.

bevor. Wenn von dieser Weltperiode das vierte Zeitalter, das schlimme Kali yuga, in dem wir jetzt leben, im Weltuntergange enden wird, dann wird Vishnu aufs Neue erscheinen, sitzend auf einem weißen Ross, um alles Unrecht und alles Böse zu vertilgen, und eine neue Ära einzuleiten, in der eitel Gerechtigkeit auf Erden herrschen wird.

Diese populäre Form des Avatâraglaubens ist nicht auf Vishnu beschränkt. In den epischen und purânischen Geschichten wimmelt es von Gottheiten, höheren und niederen Ranges, die aus irgendeinem Grunde, oft infolge der von einem heiligen Mann im Zorn ausgesprochenen Verwünschung, auf die Erde herniederkommen, und dort ein Menschen- oder Tierleben führen. Und wenn ein hoher Gott, wie Indra, Śiva, Vishnu in der Menschenwelt das Licht erblicken muss, so wird dies oft dargestellt, als sei nur ein Teil von ihm zum Menschen geworden. Dies stimmt auch besser zu der erhabenen Vorstellung, die man sich vom dem höchsten Wesen und von einer mächtigen Gottheit macht.

Vom theosophischen Standpunkt aus ließe sich diese Theorie leicht erklären, solange es sich um kleinere Götter handelt; jedoch schwieriger, wenn es heißt, dass der mit dem Allgeist, dem höchsten Âtman gleichgestellte Vishnu oder Śiva in einem seiner Teile und womöglich in seiner Ganzheit, inkarniert sei. Wo es sich um andere Götter als das höchste Wesen handelt, lässt sich die Menschwerdung verstehen, wenn man bedenkt, dass die Götter ihren hohen Rang bloß ihrem Karma verdanken, und also ebenso gut wie wir der Möglichkeit ausgesetzt sind, infolge ihres Karma als niedrigere Wesen wiedergeboren zu werden. Diese Erklärungsweise wird besonders und in großem Maßstab von den Buddhisten, angewandt. Aber was soll man sich unter avatâras von dem Herrn selbst denken? In seinem eigentlichen Wesen ist er nicht nur unendlich und allgegenwärtig, sondern auch unteilbar. Die, welche mit Śankara in der Welt nur das Produkt der *mâyâ* des Herrn sehen, können aber auch diese avatâras durch die Wirkung der mâyâ erklären.

Wie dem auch sei, das *Avatâradogma* ist in die moderne indische Theosophie aufgenommen. Es gibt ein bequemes Mittel an die Hand, die Anwesenheit besonderer Geistesgaben und außergewöhnlicher Anlagen bei einzelnen Menschen zu erklären. Indem man in diesen höhere Wesen sieht, die dieses Leben in der Menschenwelt durchmachen müssen, hat man eine befriedigende Erklärung für das Genie gefunden und ist außerdem in den Besitz einer Kategorie von Menschen mit höheren Eigenschaften gekommen, in welche man alle unterbringen kann, die durch Beschaulichkeit und Denkübungen des wahren Wissens teilhaft geworden sind: die großen Meister, die es offenbart haben, die Verkünder maßgebender heiliger Texte, die alten vedischen Sänger, die ihre Lieder „gesehen" haben. Sogar in den Dienst der Politik ist das Dogma von der bewussten Menschwerdung höherer, himmlischer Wesen gestellt worden, sowohl bei den Hindus als bei den Buddhisten. Die theokratische Regierungsform, welche in Tibet herrscht, beruht unter anderen auf diesem Prinzip.

Dritte Abteilung.

Die Anwendung der indischen Theosophie

In der vorhergehenden Abteilung sind die Lehren der indischen Theosophie in ihren Hauptzügen dargestellt worden. Die Anwendung dieser Theorie im praktischen Leben soll das Thema der dritten Abteilung unseres Buches bilden. Wir werden sie unter vier Gesichtspunkten betrachten: Weltentsagung; Tugendübung und Tapas; Yoga; durch Yoga erworbene Wunderkraft. Jeder dieser Rubriken ist ein besonderes Kapitel gewidmet.

Erstes Kapitel

Weltentsagung.

Es ist kein Zweifel, dass ein sehr ansehnlicher Teil der Bevölkerung Indiens zu den Asketen gehört, die der Welt entsagt haben. So war es schon vor Jahrhunderten. Die Griechen, die mit und nach Alexander dem Großen das Land genau kennen lernten, erzählen von zwei Klassen von „Philosophen", die sie dort antrafen: den Brahmanen und denen, die sie Sarmanen oder Samanäer nennen. Unter den letzteren muss man die Mitglieder der Mönchsorden verstehen, die heimatlosen Wanderer, von denen wir oben geredet haben; in engerem Sinne müssen die buddhistischen Mönche damit gemeint sein. Die indischen Urkunden aus jener Zeit bestätigen dies. Die Verbindung von Śramanas und Brahmanen ist in jener Periode feststehend. Die Benennung *śramana* ist ein Sanskritwort, das in der Volkssprache *samanâ* lautete, und in Bedeutung ungefähr mit *yogin* übereinstimmte, wenn man dieses in dem Sinne von „Beter" auffasst.

Jene Zeit war das goldene Zeitalter des Mönchs- und Klausnerlebens. Allerlei Erlösungslehren, unter ihnen vor allem der Buddhismus, verherrlichten ein Leben fern von der Welt, ehelos, in Selbstbeherrschung und Einschränkung aller körperlichen Bedürfnisse bis zur äußersten Grenze. In direktem Gegensatz zu den von alters her überlieferten Satzungen und Sitten der vedischen Zeit, die auf Vermehrung irdischer Güter und Fortpflanzung des Geschlechts gerichtet waren, trieben diese fanatischen Nirvânaerstreber und Sucher der Seligkeit außerhalb des Sansâra manch einen in die asketische Richtung. Dass sie viele Adepten machten, lässt sich aus manchem Zuge in der Buddhalegende erschließen. So ist irgendwo überliefert, dass der König einer Gegend, in der der Buddha noch nie gepredigt hatte, über seine nahe Ankunft in Sorge war, da er fürchtete, dass infolge seiner Predigt die jungen Leute in so großer Zahl in den Mönchsstand eintreten würden, dass das Land aus Mangel an Arbeitskräften nicht bebaut werden könnte. Also ähnliche Bedenken, wie sie viele Jahrhunderte später in China, als der dort aus Indien herübergebrachte Buddhismus gewaltige Dimensionen angenommen hatte, von bedeutenden Staatsmännern gegen das Klosterleben geäußert wurden. In Indien selbst muss in der Blütezeit des Buddhismus die Klosterbevölkerung ziemlich zahlreich gewesen sein. Die chinesischen Reisenden, die zwischen dem fünften und achten Jahrhundert unserer Zeitrechnung, zum Zweck theologischer Studien Indien bereisten, fanden dort zahlreiche buddhistische Klöster, unter denen einige mehrere tausend Bewohner zählten.

Diese Blüteperiode des Buddhismus gehört schon seit langer Zeit der Vergangenheit an. In dem eigentlichen Indien, seinem Stammlande, ist er schon längst ausgestorben. In den anderen buddhistischen Ländern hat das Mönchswesen viel an Boden verloren. Eine Ausnahme macht Tibet, wo der geistliche Stand die politische Macht besitzt und sich immer aus einem ansehnlichen Prozentsatz der männlichen Bevölkerung rekrutiert; Nonnenklöster gibt es dort wenige, und die Nonnen stehen nicht in hohem Ansehen. In anderen Ländern ist das Mönchwerden, wo es allgemein ist (wie in Siam), größtenteils eine bloße Formalität ohne irgendwelchen Inhalt geworden, und die eigentliche Klosterbevölkerung ist viel kleiner an Zahl als früher. Auch auf Ceylon hat die Macht des Sangha abgenommen.

Solange es, um die Seele ihr Höchstes erreichen zu lassen, als unbedingte Notwendigkeit galt, dass der Heilbegierige sich von seiner Familie und seiner Arbeit lossage, dass er auf Geld und Gut verzichte und sich der Gesellschaft entziehe, innerhalb welcher sich niemand von Sünde, und gewiss nicht von Karma freihalten kann, mussten die stolzen Weisheitssucher wohl diesen schweren aber einzigen Weg gehen. Seitdem die Lehre Eingang fand, dass die höchste Seligkeit für den, der Karmayoga und Bhakti übt, auch innerhalb, der Welt erreichbar sei, war diesem Streben ein Damm entgegengesetzt. In dem Buddhismus zeigt sich eine ähnliche Gegenströmung, und zwar der Mahâyânismus. Wie wir früher gesehen haben, will dieser den Heilszustand durch Selbstaufopferungstaten erlangen lassen. Nicht genug, dass man das Ideal, einmal ein Buddha zu werden, einem jeden möglich machte, der das Gelübde des Bodhisattva ablegte, es wurden auch im Laufe der Zeit die Lebensanforderungen, die man einem solchen Bodhisattva stellte, weniger streng. Da wo die Lehre des Mahâyâna herrscht, ist schon längst die Auffassung durchgedrungen, dass der Heilsweg, der zum Buddhatum führt, sich mit dem Ehestand und dem Leben und Arbeiten in der menschlichen Gesellschaft Vereinigen lässt. Schon in einem Katechismus des siebenten Jahrhunderts kommt ein Text vor, der von den Pflichten eines Bodhisattva gegenüber seiner Frau spricht. Der bekannte Nepalforscher B. H. Hodgson schreibt im Jahre 1836: „Nepal ist noch voll von Klöstern, aber in diesen geräumigen und lieblichen Wohnungen hört man die Töne von allerlei Handwerken und von Frauen- und Kinderstimmen". [1]) Auch in Japan gibt es eine nicht unbedeutende Sekte verheirateter Mönche. Übrigens ist es vollkommen logisch, dass dem Bodhisattva die Ehe und das Leben in der Welt erlaubt ist. Ist doch der Prototyp dieses Heiligkeitsgrades der Buddha selbst in seinen früheren Existenzen und in seinem letzten Leben, bevor er Mönch wurde. Das Dogma, dass man mit dem Bodhisattvagelübde den Weg beginnt, der zu dem erhabenen Buddhatum führt, schließt von selbst in sich, dass man sich den Eintritt in den geistlichen Stand für ein späteres Leben verspart.

Soviel vom Buddhismus. Wie steht es nun mit dem Asketentum, mit dem wir es im Besonderen zu tun haben, näm-

---

1) B. H. Hodgson, Essays. London 1874. S. 63.

lich dem der Brahmanen und der vielen Sekten des Hinduismus?

Es ist nicht möglich, eine sichere Angabe von dem Zahlenverhältnis dieser Weltentsager zu der Gesamtbevölkerung Indiens zu machen. Die Volkszählung, die alle zehn Jahre von der Britisch-Indischen Regierung veranstaltet wird, scheint keine besondere Rubrik für die Asketen zu enthalten. An sich würde dies auf eine verhältnismäßig geringe Zahl hinweisen, müssten hierbei nicht andere Faktoren in Rechnung gezogen werden. Erstens die praktischen Schwierigkeiten, die mit einer solchen Zählung verbunden sein würden. Man denke nur an die große Menge der unter sich weit auseinander gehenden Sekten, deren jede für sich nicht allzu viele Adepten zählt, wodurch eine Übersicht des Ganzen erschwert wird. Dazu kommt das wandernde Leben der weitaus größten Zahl. Es gibt wohl eigentliche Klöster, aber diese Klosterbewohner, zu denen unter anderen die Geistlichen der Jains. gehören, sind die kleinere Hälfte.

Von dem Leben und der Lebensführung dieser Asketen haben wir eine vortreffliche Beschreibung in dem Buch von J. *Campbell Oman*, „The mystics, ascetics and saints of India". [1] Im Gegensatz zu den Fakiren, mit welchem Namen man in Europa gewöhnlich alle beschaulichen Asketen bezeichnet, der aber eigentlich nur den mohammedanischen Weltentsagern zukommt, fasst er die des Hinduismus unter dem gemeinschaftlichen Namen Sâdhus zusammen, was wörtlich bedeutet: „die Frommen". In der Schätzung des Volkes ist wenig Unterschied zwischen einem Fakir und einem Sâdhu. Der große Colebrooke erzählt aus eigener Erfahrung, dass es überall, besonders aber im Dekkan, etwas ganz Gewöhnliches ist, dass mohammedanische Fakire von Hindus Almosen oder Geschenke bekommen, ebenso wie Yogin solche von Mohammedanern. Übrigens ist es allgemein bekannt, dass diese mohammedanischen asketischen Sekten seit der Herrschaft des

---

1) London 1903.

Islam nach dem Muster der indischen entstanden sind.

Die beste Gelegenheit für den Besucher Britisch-Indiens, diese heiligen Wanderer aus der Nähe zu betrachten, ist ein großes religiöses Fest, womöglich an einem im Ruf der Heiligkeit stehenden Orte. Solche Feste werden sehr oft gefeiert. Besonders in der schönen Jahreszeit, vom November bis März. Dann sind die breiten Wege voll von reisenden und wandernden Menschen, die zu Tausenden, manche aus fernen Gegenden, zu diesen Festen kommen. Pilgerzüge nach Tempeln und anderen heiligen Orten gehören mit zu den vielen Mitteln, die dem Hindu von seiner Religion geboten werden, um den Schatz seiner guten Werke, der ihm im nächsten Leben förderlich sein wird, zu vermehren. Manche erhöhen das Verdienst eines solchen weiten Zuges dadurch, dass sie dabei irgendein beschwerliches Gelübde vollbringen, ähnlich wie dies bei den Pilgerzügen der Katholiken geschieht; man denke zum Beispiel an die Springprozession von Echternach.

Zu den Besuchern dieser Feste (echten Volkszusammenkünften, die natürlich einen starken Verwandtschaftszug mit unseren Jahrmärkten und Kirmessen aufweisen) liefern die bettelnden, heiligen Männer einen ansehnlichen Prozentsatz. Der Bauer oder Arbeitsmann, der seine täglichen Geschäfte einstellen und Geldopfer bringen muss, um für das Heil seiner Seele entweder allein oder mit Frau und Kindern nach diesem oder jenem Heiligtum zu pilgern, ist durch die Umstände in Bezug auf solche Wallfahrten eingeschränkt. Der Sâdhu hat nichts zu versäumen, denn er verrichtet keine Arbeit, von der er leben muss. Für seinen Unterhalt ist er auf den barmherzigen Sinn der Leute, bei denen er sich gerade befindet, angewiesen, und diese Barmherzigkeit lässt den heiligen Mann nicht im Stiche. Ein religiöses Fest bringt ihm außer dem geistigen Verdienst materiell nur Nutzen: Aufnahme in Klöster oder Tempel, milde Gaben frommer Anwesenden. Daher findet man bei großen religiösen Festlichkeiten an Wallfahrtsorten ganze Truppen von Asketen beisammen. Keine Entfernung ist ihnen zu groß. Sie durchqueren auf ihren

Wanderungen das riesige Gebiet der vorderindischen Halbinsel in allen Richtungen.

Was bei einem solchen Zusammensein so vieler Selbstquäler sofort auffällt, ist die große äußere Verschiedenheit. Manche sind ziemlich ordentlich gekleidet. Meistens tragen sie Gewänder, deren Farbe eine Nuance zwischen Gelb und Rot ist; „salmon-coloured garments" nennt unser Gewährsmann sie. Dies ist eine uralte Tradition. Schon in den Tagen des Buddha, ja noch früher, war es die Farbe des Mönchgewandes (siehe Kern-Jacobi II, 36). Andere haben fast gar keine Kleider auf dem Leibe, bei manchem sieht man nur ein Lendentuch. Diese letzteren haben ihre Haut mit Asche eingerieben, der eine bestimmte Art von weißem Ton sorgfältig beigemischt ist, was einen genügenden Schutz gegen Sonnenglut und Insekten zu verschaffen scheint. Einen starken Kontrast dazu bilden wieder andere Sâdhus, die in Pracht und Prunk, wie adlige Herren auf einem Elefanten sitzend, erscheinen. Auch unterscheiden sie sich nach der Weise, wie sie Haar und Bart tragen. Neben den glattgeschorenen Köpfen und Gesichtern vieler findet man andere mit ungehindertem Haarwuchs, und unter den Asketen letzterer Kategorie ist wieder die Art, wie dies Haar getragen wird, nicht dieselbe. Manche pflegen es gar nicht, andere tragen es in Zöpfen, und unter diesen fallen wiederum die „Zopfträger" auf, die den Zopf zu einer Art von turmförmigem Knoten oben auf dem Kopfe aufgebunden haben.

Außer dem Unterschied in der Kleidung bemerkt man ferner bei näherem Zusehen, dass die merkwürdigen Figuren, womit die Stirn, manchmal auch die Nase der meisten gezeichnet ist, ziemlich verschieden sind. Dies sind die Sektenzeichen, die sowohl in der Form als in dem Stoff, aus dem sie gemacht sind, sehr voneinander abweichen. Gewöhnlich bestehen sie aus drei Strichen, die entweder waagrecht oder senkrecht, mit Zinnober, Corcuma, Kohle, präparierter Asche u. a. angebracht sind. Im Groben kann man unterscheiden: I. Vishnuverehrer, 2. solche, die sich ausschließlich dem Dienste Sivas widmen (ihnen speziell ist es eigen, sich den Leib mit Asche einzureiben) und 3. *Sâktas*, welche irgendeiner *Sâkti* (Energie eines Gottes, dargestellt als seine Frau) als Schutzherrin und Gegenstand höchster Verehrung huldigen. Jede dieser Gruppen wird aber wiederum auf allerlei Weise in Unterabteilungen gesondert.

Ich will jetzt neben diese Beschreibung Omans von dein Äußeren der Sâdhus das Zeugnis eines chinesischen buddhistischen Mönchs stellen, der im siebenten Jahrhundert lange Zeit in Indien verbracht hat. In Stanislaus Juliens Übersetzung von Hiuen-Thsangs Beschreibung der westlichen Länder, lesen wir folgendes: „Les habits des hérétiques sont fort variés et different chaeun par la façon. Quelquesuns portent une plume de queue de paon, d'autres se parent avec des chapelets d'os de crânes (*kapâladhârinas*); ceux-ci n'ont point de vêtements et restent entiérement nus, ceux-lá se couvrent le Corps avec des plaques d'herbes tressés. Il y en a qui arrachent leur cheveux et coupent leur moustaches, ou bien qui conservent des favoris touffus et nouent leurs cheveux sur le sommet de la tête. Le costume n'a rien de détermine, et la couleur rouge et blanche ne sont pas invariables".

Schon vor mehr als zwölf Jahrhunderten machten also die indischen Asketen ihrem Äußeren nach im Großen und Ganzen denselben Eindruck auf den Fremden, der sie beobachtete, wie heutzutage. Und man darf annehmen, dass es etwa tausend Jahre vor Hiuen-Thsang kaum anders war. Schon zu der Zeit, als die Orden der Jainas und der Söhne Buddhas gestiftet wurden, gab es viele Sekten, die in der Kleidung und in den Attributen ihrer Sekte stark voneinander unterschieden waren.

Auch die Pflichten und Gebräuche unserer heiligen Asketen weichen voneinander ab. Bei der großen Mehrzahl besteht die Verpflichtung, sich tierischer Nahrung, berauschender Getränke und des Tabaks zu enthalten; jedoch dies gilt nicht für alle. Es gibt auch solche, denen es erlaubt ist, Fleisch zu essen. Andere Asketen betrinken sich, ohne gegen ihre Or-

densregeln zu sündigen. Sogar gefährliche und verbrecheri-
sche Formen sind von den Ordenspflichten nicht ausgeschlos-
sen. Die *Aghorpanthis* halten es für etwas Verdienstliches,
Leichenfleisch zu essen. Aber die schlimmsten dieser wider-
lichen Asketentypen sind jetzt so gut wie verschwunden. Die
Śivaitischen Schädelträger zum Beispiel, von denen Hiuen-
Thsang in der oben zitierten Stelle spricht und die in der
Märchen- und Romanliteratur des Sanskrit der klassischen
Periode des öfteren vorkommen, findet man, wie Oman uns
versichert, heutzutage in Indien nicht mehr.

Wir müssen bekennen, der größte Teil dieser Heiligen —
und ihre Zahl ist Legion — macht auf den unparteiischen Betrachter nicht gerade einen sehr erbaulichen Eindruck. Nicht
nur auf den Europäer. Die höher gebildeten Hindus, namentlich die angesehenen Brahmanen blicken mit Verachtung auf
diese Gesellschaft herab. Das ist seit Jahrhunderten so gewesen, gerade solange als es in Indien zweierlei Geistlichkeit
gibt, solange als neben dem Geburtsadel des Brahmanenstandes die, sich aus allen Ständen, ohne Unterschied des
Rangs oder der Kaste zusammensetzenden geistlichen Orden
bestehen. Und nun mag es sein, dass, wo *beide* von dem Gefühl und dem Geldbeutel der großen Menge leben müssen,
außer Standesvorurteilen auch Eigennutz und Selbsterhal-
tungstrieb die höher stehenden Brahmanen einigermaßen un-
gerecht gegen ihre Gegner gemacht haben; soviel ist gewiss,
dass das Ideal und die Wirklichkeit dieser wandernden „Heiligen" recht oft einen traurigen Eindruck machen mussten neben den Ansprüchen und der Lebensweise des in der Welt lebenden Brahmanen, soviel Großes und Erhabenes Lehre und
Ideal manches Mönchsordens auch enthalten mögen. Die Motive, welche zu dem ehelosen geistlichen Stande treiben, sind
auch dann, wenn man sie vernünftigerweise rechtfertigen
könnte — und das ist nicht immer der Fall — häufig recht
niedriger Art. Es kommt oft vor, dass devote Eltern eines ihrer Kinder dem Orden, zu dem sie gehören, abtreten.

Die größte und wahrste Gottesfurcht scheint Oman bei

den Jains gefunden zu haben. Diese in den Augen der übrigen Hindus ketzerische Sekte — denn sie erkennt den Veda nicht außerhalb der Vernunft und über den Verstand hinaus als maßgebend an — hat ihre Anhänger im Westen Indiens. Ihre Mönche und Nonnen haben strenge Ordensregeln zu beobachten, darunter besonders das Verbot, irgendwelchem lebenden Wesen zu schaden. Sie sind die einzigen Vertreter jener alten Orden, wie sie in der Sturm- und Drangperiode des alten Indiens ungefähr 500 v. Chr. in so großer Anzahl entstanden. Aber auch ihre Lehre hat viele Veränderungen durchgemacht, und der Hass, der früher zwischen Jains und Hindus bestand, hat sich dadurch sehr gemildert, dass allmählich allerlei aus dem Hinduismus in die Gebräuche der Jains aufgenommen worden ist. Ursprünglich waren die Mönche verpflichtet, ganz nackt umherzugehen; aber die weniger strenge Auffassung einer jüngeren Abteilung der Kirche, die das Tragen weißer Gewänder vorschrieb, hat schon längst allgemein Eingang gefunden. Man kann bei den Jains von einer Kirche reden, weil dort, wie im Buddhismus, neben der Geistlichkeit, die ein asketisches und keusches Leben führt und unverheiratet ist, eine viel zahlreichere Laiengemeinde besteht. Bei der Volkszählung des Jahres 1901 wurden 1 334 148 Personen, also ungefähr ½ Prozent der ganzen Bevölkerung Britisch-Indiens (294 361 056 Seelen) als Jains registriert. [1])

Bei den Jains war es auch, dass Oman das auffälligste Beispiel der Weltentsagung aus wahrer Überzeugung antraf. Es war eine junge kürzlich verheiratete Frau von erst sechzehn Jahren, aus gutem Stande. Aus rein religiösem Bedürfnis hatte sie ihren Mann gebeten, ob er fortan für sie nicht mehr sein wolle als ein Bruder. Ihr Mann willigte ein, und mit ihrer Zustimmung suchte er sich eine zweite Frau. Als diese ins Haus kam, entsagte die erste feierlich dem eitlen Weltleben,

---

1) Zum Vergleich gebe ich die Zahl der Christen in Indien, welche damals gebucht wurde. Diese Zahl beträgt 2 932 241.

verkaufte ihre Juwelen, die einen Wert von 2000 Rupien darstellten, verwendete den Erlös dazu, um bei einem Abschiedsfest Brahmanen zu bewirten und zu beschenken, und wurde Nonne. Sie ließ sich, wie es die Ordensregel fordert, ihr prächtiges schwarzes Haar und die Augenbrauen auszupfen, vertauschte ihre kostbaren Kleider mit den groben, einfachen weißen Gewändern des Ordens und zog fort, um, wie ihre Schwestern, mit den gewöhnlichen Attributen der Jaina-Asketen ausgerüstet, nämlich ein Tuch vor dem Mund und in der Hand einen Besen aus Baumwollfäden, mit welchem sie die kleinen Insekten, die sie auf ihrem Weg finden, sanft zur Seite schieben, das Leben einer heiligen Bettlerin zu beginnen.

Solche Fälle werden gewiss nicht so selten sein. Aber es ist sehr fraglich, ob für eine solche Erwählung des Standes eines wandernden besitzlosen Erlösungssuchers immer reine Motive maßgebend sind. Vielfach sind sie mit Gefühlen anderer Art gemischt, unter denen es an sich untadelhafte geben kann wie z. B.: erfahrenes Leid, Reue über sündige Taten, Trübsal im Leben. Für arme Leute ist Asketsein ein sichererer Broterwerb als mancher andere. Auf den indischen Bettelmönch trifft zu, was der Parasit bei Terenz von sich selbst sagt: *nil quom est, nil defit tamen.* Sie haben zwar nichts — außer ihrer Kleidung und einigen unentbehrlichen Dingen, die sie immer bei sich führen, wie einen Rosenkranz, kleine Götterbilder, eine Feuerzange, eine Schlafmatte können sie nichts ihr eigen nennen — und dennoch bekommen sie alles, was sie brauchen. Für ihren Lebensunterhalt betteln sie sich genug zusammen; und hier und da werden sie von irgendeinem Frommen, der damit ein seinem Seelenheil dienliches Werk verrichtet, in besonderer Weise bewirtet. In der Regenzeit finden sie in einem Kloster ihrer Sekte ein Obdach; auf ihren Wanderungen kommt ihnen die nimmer fehlende Dienstfertigkeit ihrer Landsleute, die durch die Tradition geheiligte und als religiöse Pflicht vorgeschriebene Tugend der Gastfreundschaft zu statten. Alle, zu welcher Sekte sie auch gehören, beschäftigen sich mit Yoga in irgendeiner Form, welche mit allerlei rituellen Handlungen begonnen und begleitet wird. Damit haben sie genug zu tun, um die Zeit zu verbringen. Ein starker Genuss narkotischer Mittel, besonders das Rauchen oder Trinken eines Aufgusses von indischem Hanf, scheint bei diesen Heiligen die richtige Erfüllung ihres Tagewerks zu fördern; die meisten von ihnen sind diesen Reizmitteln ergeben. Ein christlicher Missionar am Ende des achtzehnten Jahrhunderts bemerkte scharf: „Ein großer Teil der jetzigen Hindu-Heiligen lebt in einem Zustand dauernder Betäubung. Den durch das Rauchen betäubender Kräuter eintretenden Rausch nennen sie in ihrer Sprache den Geist auf Gott richten."

Doch darf man nicht in allen Fällen, wo nicht allein oder nicht in erster Linie der religiöse Drang zur Weltentsagung getrieben hat, in Faulheit oder Bequemlichkeit den Beweggrund finden wollen. Bei den sehr komplizierten gesellschaftlichen Zuständen der Hindus, mit ihrer weitreichenden Unterordnung des Individuums unter zwingende Regeln und Vorurteile der Geburt, des Standes und lokaler Gebräuche, kann der Asketenstand oft solchen, die in ihrer Gesellschaft zu den unterdrückten und verachteten gehören würden, einen Ausweg bieten. Den Nachteilen, die daraus entstehen, dass sie aus dem Kreise, in dem sie geboren sind und zu dem sie gehören, ausgestoßen sind, stehen nicht geringe Vorteile gegenüber. Von Stund an gehören sie einer Klasse von Menschen an, der zwar viele, besonders die Gebildeten der Nation, Verachtung, wo nicht Abscheu entgegenbringen, die aber doch bei der großen Menge im Geruch der Heiligkeit steht, und von Seiten des engen Kreises der Gläubigen der eigenen Sekte, zu welcher der heilige Mann gehört, Achtung und Ansehen genießt. Wer den Ursprung und die Blüte des Mönchswesens in Indien verstehen will, muss auch mit diesem sozialen Faktor rechnen, der zweifelsohne, wenn auch oft nur im Hintergrund, zum Eintritt in den geistlichen Stand mitgewirkt hat. Für die Richtigkeit dieser Bemerkung kann ich mich auf keinen geringeren als den Buddha selbst berufen, der in einer der vielen Predigten, die unter seinem Namen gehen, unter den vielen Herrlichkeiten, die der Mönchsstand darbietet, auch die materiellen Vorteile mit Wohlgefallen rühmt.

Vergleicht man das indische Asketentum mit dem der katholischen Kirche, so wird man neben vielem Verwandten den großen Unterschied finden, dass in Indien von einer höheren Einheit, welche die zahlreichen Orden und Sekten umfasst und zusammenhält, keine Rede sein kann. Die vielen Mönchsorden im Christentum gründen sich, ungeachtet ihrer Unterschiede im Einzelnen, alle gleicherweise auf dieselbe Offenbarung und die Auslegung dieser Offenbarung. Die der Hindus haben verschiedene Offenbarungen. Der Einheitlichkeit, dem Zusammenhang und der Organisation dort steht hier Vielförmigkeit, Schlaffheit und Haltlosigkeit gegenüber. Zu sagen, dass es ebenso viele kanonische Bücher als Sekten gibt, wäre übertrieben; aber doch steht gegenüber der einen Bibel des Christentums eine Mannigfaltigkeit von Bibeln in Indien. Und was die Zucht anbelangt, so streng die Ordensregeln auch sein mögen, es scheint verhältnismäßig leicht zu sein, aus dem Orden wieder auszutreten, wenn jemand fühlt, dass die Regeln zu schwer auf ihm lasten. Im Buddhismus steht es dem Mönch, der wieder in die Welt zurück will, frei, dies zu tun und sich eine Frau zu nehmen. Die Sekte der *Gosain*, die auf den großen Śankara zurückgeht, kannte ursprünglich das Zölibat, ist jedoch später dem Verlangen solcher Mitglieder des Ordens, die diesem Gelübde nicht treu bleiben wollten oder konnten, entgegengekommen und hat auch verheiratete Leute aufgenommen und damit zwei Gruppen, nämlich Unverheiratete und Verheiratete anerkannt.

Doch würde man fehlgehen, wenn man hieraus schließen würde, dass in Fragen des Ritus, der vorgeschriebenen Verrichtungen und des Studiums viel der individuellen Auffassung überlassen sei. Die Ehrfurcht vor den Dingen, die dem Adepten als „die Wahrheit" von seinem Guru mitgeteilt worden sind, ist zu groß, die Achtung des Schülers vor seinem

Lehrer zu tief, der Glauben an die Wunderkraft aller dieser Dinge zu fest, um der persönlichen Einsicht einen bedeutenden Spielraum lassen zu können. Dies gilt auch für die Erklärung der heiligen Texte. Leute von großer Bedeutung, die ihre eigenen von der Tradition und von ihrem Guru abweichenden Ideen nicht aufgeben, werden womöglich Stifter neuer Sekten.

Was die Gelehrsamkeit betrifft, wird es wohl mit den Asketen nicht anders sein als mit den in der Welt lebenden Brahmanen. Nur der kleinste Teil versteht Sanskrit und hat es in der Wissenschaft der heiligen Überlieferungen genügend weit gebracht. Deussen fand in einem Kloster von Sâdhu, das er besuchte, niemand, der ordentlich Sanskrit verstand.

Wie tief auch die Wirklichkeit unter dem Ideal stehen mag, was ich in dieser sehr flüchtigen Skizze zu zeigen versuchte, das Ideal selbst lebt noch. Nicht im Glanz und Prunk königlicher Macht sieht der Hindu, auch jetzt noch, die erhabenste Höhe, sondern in der geheimnisvollen Gestalt des von der Welt losgelösten Asketen, der schon während seines Lebens erlöst und im Besitz höherer Eigenschaften ist. Er ist der wahre König. „Die Erde ist seine breite Lagerstätte, sein schlanker Arm dient ihm als Kopfkissen, der Himmel ist sein Baldachin, der ihm zuwehende Wind sorgt für ihn an Stelle eines Fächers. Seine Lampe ist der herbstliche Mond; seine Geliebte, die ihn in ihren Armen erfreut, die Gemütsruhe. Ruhig, friedlich schläft der *Muni*, wie ein Fürst, dessen Reichtum nicht gering ist." Diese idealisierende Schilderung, die einer der klassischen Dichter Indiens gibt, ist bei den Hindus noch immer in Kraft.

Diese hohe Meinung von dem Eremitenleben, einem Leben in Einsamkeit, fern von der lauten, sündigen, nimmer ruhenden menschlichen Gesellschaft, im stillen Wald, wo nichts die Beschaulichkeit stört, ist auf ergreifende Weise in einer Geschichte ausgedrückt, die besser als eine allgemeine Betrachtung meinerseits, den Charakter dieser Hochschätzung fühlen lässt. Diese Geschichte ist uns in einer buddhistischen

Überlieferung von einer der vielen früheren Existenzen des Buddha bewahrt geblieben, aber sie trägt einen allgemeinen Charakter, und kommt in einer anderen Form auch im Mahâbhârata vor. Sie lautet folgendermaßen:

Einmal wurde der Bodhisattva in einem angesehenen Geschlecht von Brahmanen geboren, die wegen ihrer Tugend und Frömmigkeit weit berühmt waren. Er war der älteste von sieben Brüdern und hatte auch eine Schwester. Er hatte die Veden studiert und auch in anderen Wissenschaften große Kenntnisse erworben, so dass man ihn für einen namhaften Gelehrten hielt. Der Tod seines Vaters und seiner Mutter erschütterte ihn derart, dass ihm ein weiteres Verweilen in der Welt unerträglich erschien. So beschloss er, Asket zu werden, rief seine Brüder und seine Schwester zusammen und teilte ihnen seinen Entschluss mit, nebst den Anordnungen, die er für sie getroffen hatte; auch gab er ihnen manch frommen Rat auf ihren weiteren Lebensweg. Sie erklärten einstimmig, dass sie nicht Hausleute bleiben wollten, wenn ihr Bruder, den sie so hoch verehrten, in die Wildnis zöge. Wenn er ginge, wollten sie alle mit ihm ziehen. Und also geschah es auch. Alle erwählten das besitzlose Leben des Yogin. Nachdem sie all ihrer Habe entsagt und von ihren Freunden und Verwandten Abschied genommen hatten, gingen sie in den Wald, wo sie in der Nähe eines großen, klaren, blauen Sees, jeder für sich, in Laubhütten, sich dem Studium und der Beschaulichkeit widmeten. Mit ihnen nahmen Abschied von der Welt: ein Freund von ihnen, und auch ein Knecht und eine Dienstmagd. Diese letztere fuhr auch jetzt fort, ihren früheren Herren zu dienen. Jeden Tag pflegte sie Lotosstängel aus dem See zu holen und diese an einer reinen Stelle am Ufer auf großen Lotosblättern auszubreiten, nachdem sie sie in gleiche Portionen für jeden auf einem Blatte verteilt hatte; darauf schlug sie mit zwei Hölzern gegeneinander zum Zeichen, dass das Mahl bereitet sei. Dann gingen die Klausner, dem Alter nach, einer nach dem anderen, aus ihrer Hütte, holten sich ihr schlichtes Mahl, das sie nur einmal am Tage zu sich nehmen durften, genossen es in der eigenen Hütte und gaben sich jeder für sich wieder ihren Betrachtungen hin.

Ihr über alle Beschreibung frommer und erhabener Wandel hatte ihnen bald allgemeine Berühmtheit verschafft. Sakra, der Herr (Indra) der Himmelsgötter, hörte von ihnen und wollte sie auf die Probe stellen. Zu diesem Zweck ließ er eines Tages, als das Zeichen zum Abholen des Mahles zur gewohnten Zeit gegeben war, durch seine göttliche Macht den Anteil des ältesten Bruders verschwinden. Als dieser das Lotosblatt leer fand, dachte er: „gewiss hat jemand mein Mahl weggenommen", und ohne irgendein Gefühl des Ärgers oder des Zornes kehrte er in seine Hütte zurück und gab sich, wie sonst nach der Mahlzeit, seinen Betrachtungen hin. So hatte der Bodhisattva an jenem Tage nicht gegessen. Dasselbe tat Gott Śakra den nächsten Tag, und ebenso fünf Tage hintereinander. All diese Zeit musste der große Mann fasten, aber sein Gemüt blieb so ruhig und wolkenlos wie zuvor.

Nun war es die Gewohnheit der Klausner, alle fünf Tage in der Laubhütte des ältesten Bruders am Nachmittag zusammenzukommen, wo dieser ihnen eine erbauliche Predigt hielt. Als sie nun wieder zusammenkamen, fiel es ihnen auf, dass er so blass und mager sei; auch hatte seine Stimme ihren vollen Klang verloren. Auf ihre Frage, woher ihm dies gekommen sei, erzählte er ihnen, dass fünf Tage nacheinander die für ihn bestimmten Lotosstängel auf seinem Lotosblatte gefehlt hätten, und dass er daher seit fünf Tagen ohne Nahrung geblieben sei. Da sahen die Asketen einander an, und jeder fürchtete, dass die anderen denken könnten, er sei der Dieb gewesen. Um sich von diesem Verdacht zu reinigen, beteuerte nun jeder der Reihe nach seine Unschuld in den folgenden merkwürdigen Verwünschungen, die zugleich ihrem Abscheu vor der Weltlichkeit Ausdruck gaben.

Die sechs jüngeren Brüder sprachen:

Der erste: „Möge der, welcher deine Lotosstängel genommen hat, Reichtum an Pferden, Kühen, Silber und Gold erwerben, und ein Weib nach seiner Wahl und eine blühende

Familie"; worauf die anderen ihn unterbrachen: „Sprich nicht also, mein Lieber! der Fluch ist zu schwer!"

Der zweite: „Wer deine Lotosstängel genommen hat, der möge gern Kränze tragen, sich mit Sandel bestreuen, kostbare Gewänder tragen, und inmitten seiner zahlreichen Familie lebend mit Liebe an allen irdischen Dingen hängen."

Der dritte wünscht, der Betreffende möge ein Landwirt werden, dem es wohl ergeht in seiner Arbeit, und der sich so ganz den Vergnügungen des häuslichen Lebens widmet, dass er nicht einmal daran denken würde, sich in seinem Alter von der Welt zu trennen.

Ähnlicher Art sind die Verwünschungen des vierten, fünften und sechsten. „Dass er ein König werden möge und sieghaft seine Herrschaft überallhin ausbreiten, und großen Ruhm genießen möge!" „Dass er ein in der Welt lebender Brahmane werde, der seine Leidenschaften nicht bezwungen hat, und sich nährt vom Horoskopstellen und ähnlichen Dingen, und dass er großen Ruhm erwerbe bei Volk und König!" „Möge er ein großer Vedalehrer werden und von der Menge als ein großer Asket betrachtet werden!"

Der Freund sprach: „Möge der König ihm ein Dorf schenken, das ihm reichen Ertrag einbringt, und alles verschafft, wessen er bedarf, und möge er sterben, ehe er seine Leidenschaften unterdrückt hat!"

Der Knecht: „Möge er ein Dorfoberhaupt werden, der ein fröhliches, von Frauentänzen und Gesängen verschöntes Leben führt, und möge er nie bei dem König in Ungnade fallen — er, der deine Lotosstängel weggenommen hat!"

Die Schwester sprach: „Möge er, der deine Lotosstängel genommen hat, eine Frau von strahlender Schönheit werden, möge ein weltbeherrschender König sie in sein Frauengemach aufnehmen und möge sie unter tausend Frauen die erste sein!"

Jetzt nahm die Dienstmagd das Wort und sprach: „Sie, die wegen der Lotosstängel ihre Pflicht verließ, sie möge eine sein, die es wagt, heimlich von dem leckeren Essen zu naschen, möge sie nicht erwischt werden und sich damit brüsten, dass sie es getan hat!"

Nun waren noch drei andere Waldbewohner mit dabei, ein Yaksha, [1]) ein Elefant und ein Affe, die zu der Laubhütte gekommen waren, um die Predigt des Bodhisattva anzuhören. Sie hatten gehört, was da gesprochen war und fühlten auch den Drang, sich von jeglicher Schuld loszusprechen. Und von ihnen sprach der Yaksha:

„Möge der Räuber der Lotosstängel in dem großen Kloster zu Kacangalâ ständig die Ausbesserungen vornehmen und jeden Tag ein Fenster fertig machen müssen!"

Der Elefant sagte, er hoffe, dass der Täter aus dem herrlichen Wald in die Gefangenschaft geführt werden möge, an den vier Pfoten, den Seiten und dem Hals gebunden, und dass er, aufgenommen in die Ställe des Königs, Schmerz erleiden möge von den Stacheln seiner Kornaken.

Schließlich sagte der Affe: „Möge der Täter mit Blumen geziert, eine zinnerne Kette um den Hals und mit einem Stocke geschlagen, auf offener Straße seine Künste zeigen neben einer Schlange!"

Als der Bodhisattva diese Unschuldsbezeugungen gehört hatte, wollte auch er seinerseits nicht zurückbleiben, und sprach: „Möge derjenige, der fälschlich gesagt hat, ‚die Lotos-stängel sind fort', obwohl sie da waren, möge der alle irdischen Freuden genießen und in seinem Hause sterben! Desgleichen der, der einen unter euch verdächtigte!"

Gott Śakra, der die wunderbaren Äußerungen der Abneigung gegen die Welt unsichtbar mit angehört hatte, empfand tiefe Ehrfurcht vor diesen Klausnern und zugleich schämte er sich über das, was er getan hatte. Er zeigte sich den Heiligen und nachdem er vernommen, weshalb sie allen irdischen Vergnügungen abgeneigt seien, bekannte er, dass er die Lotosstängel genommen, um sie zu prüfen. Zugleich

---

1) *Yaksha* heißt eine Klasse phantastischer Wesen, die in indischen Geschichten oft vorkommen. Sie gehören zur Umgebung des Kubera, des indischen Gottes des Reichtums. Als Tor- und Tempelwächter stehen Yakshafiguren oft am Eingang monumentaler Gebäude. Die Yaksha sind auch bekannt als geschickte Baumeister.

übergab er dem Bodhisattva das Geraubte.

Dieser jedoch, anstatt erfreut zu sein, dass der mächtige Himmelsfürst seine Zufriedenheit bezeugt habe über seine beispiellose Frömmigkeit und Selbstbezwingung, ließ auf unzweideutige Weise durchblicken, dass der Gott ihm und den Seinen recht wenig Achtung erwiesen habe. „Wir sind keine Verwandten von dir", sprach er, „und wir sind nicht deine Kameraden. Auch sind wir keine Schauspieler, die vor dir spielen, und keine Hofnarren. Wozu also, Herr der Devas, kommst du hierher, um mit Rishis deinen Spott zu treiben?"

Und der Herr der Devas fühlte so sehr die Richtigkeit des Vorwurfs, dass er Entschuldigungen vorbrachte. Er sprach: „Der du alles Gefühl für das ‚Ich' von dir geschüttelt hast, vergib mir die leichtfertige Handlungsweise, die ich aus Gründen tat, die dir bekannt sind, wie ein Vater seinem Sohne, wie ein Lehrer seinem Schüler vergibt."

Wie großartig ist die Verherrlichung des Idealasketen in diesem alten Jâtaka! Kann es jemand dann noch wundern, dass die indische Mythologie reich an Geschichten von heiligen Rishis ist, die sich in Absonderung und Einsamkeit der Zügelung ihrer Sinne, strenger Körperabtötung und den schwersten Betrachtungen hingeben, und dadurch zu so mächtigen Wesen werden, dass die Himmelsgötter sich vor ihnen nicht mehr sicher fühlen und ihre Askese zu stören suchen?

Ich möchte, als Gegenstück zu dieser idealisierten Schilderung aus der Literatur, einen Fall aus dem wirklichen Leben erzählen, von jemand, der aus den edelsten Motiven Vermögen und Ansehen hingab, um zu seinem Seelenheile ein wandernder Bettler zu werden. Es ist dies Bhâskarânanda; er wurde im Jahre 1833 geboren und starb 1899. Er war ein Brahmane, der in seinem achten Lebensjahre begann, Sanskrit zu lernen, und bis zu seinem siebzehnten fleißig die heiligen Texte, auch den Vedânta, studierte. Als er achtzehn Jahre alt war (er war, nach dem heimischen Brauch, schon mit zwölf Jahren verheiratet), bekam er einen Sohn. Da er auf diese

Weise für Aufrechterhaltung seines Geschlechts gesorgt hatte, meinte er, nichts stände ihm mehr im Wege, die sündige Welt zu verlassen. Von der Unwirklichkeit und also auch von der Wertlosigkeit aller materiellen Genüsse überzeugt, verließ er Kaste und Arbeitskreis und wurde, sehr gegen den Willen seiner Eltern, ein wandernder Asket.

Zuerst hielt er sich längere Zeit zu Ujjain in einem Tempel des Śiva auf, wo er seine Vedântastudien fortsetzte. Von dort zog er umher, hierhin und dorthin. Siebenundzwanzig Jahre alt trat er in den Mönchsorden der Sannyâsi ein, der von dem großen Śankara gestiftet ist, und sehr hohe Anforderungen an seine Mitglieder stellt. Wie auch andere namhafte Asketen, von denen Ähnliches überliefert ist, hat er als heimatloser Wanderer noch einmal seinen Geburtsort wiedergesehen, dort als Fremder mit denen verkehrt, die einst seine Eltern, seine Frau und sein Sohn waren, und denen, die ihn hören wollten, die Leerheit der Erscheinungswelt gepredigt. Danach verbrachte er dreizehn Jahre damit, alle heiligen Orte zu besuchen, was auch eine heilverschaffende Tat ist, die der wahre Asket vollbringen muss. Zu Fuß zog er von einem Ende Indiens zum anderen, einmal war er in Madras, dann in Bengalen, ein andermal wieder am Himâlaya, er litt Entbehrungen aller Art und setzte sich allen Launen des Wetters aus. In jener Zeit wurde ihm der Tod seines einzigen Sohnes berichtet, ohne dass es ihn berührt hätte.

Nachdem dieser alles umfassende Pilgerzug vollendet war, hatte er die Überzeugung gewonnen, dass er das „wahre Wissen", welches der Vedântin durch ununterbrochenes Studium und durch Yoga erwerben muss, besitze, dass also diese Existenz seine letzte sein werde. Er begab sich nach dem heiligen Benares, um dort das Ende dieses letzten Lebens zu erwarten.

Viele Jahre hat er dort noch gelebt, hoch geehrt und als ein Heiliger angebetet. Ein Râja hatte einen schönen Garten zu seiner Verfügung gestellt, wo er sein Quartier nahm und regelmäßig viele Besuche von Frommen und Angesehenen empfing, die ihm ihre Huldigung darbrachten, und ihn in schwierigen Fällen um Rat fragten. Auch viele Europäer besuchten ihn dort, unter anderen auch Oman, dem ich die oben mitgeteilten Einzelheiten entlehne, und der seine Fotografie in sein Werk aufnahm. Merkwürdigerweise schenkte dieser besitzlose Asket ihm diese selbst „für Ihr Buch", wie er sagte. Man müsste hieraus leider schließen, dass noch ein kleiner Überrest von Eitelkeit bei unserem Heiligen zurückgeblieben war, der dann seiner Vereinigung mit dem höchsten Brahma im Wege gestanden haben mag. Erst wenn das „Ich" völlig ausgerottet ist, bringt man es soweit. Die Photographie zeigt ihn, wie er in Wirklichkeit vor seinen Besuchern, wenigstens vor den männlichen, erschien, ganz nackt. Sein Gelübde verbot ihm, Kleider zu tragen. Es gibt auch Bilder von ihm in Stein und Metall, sogar ein lebensgroßes Marmordenkmal, das einer seiner Verehrer anfertigen ließ.

Im Juli 1899 starb er an der Cholera. Man hat ihn nicht verbrannt, sondern wie dies bei Asketen der Brauch ist, in sitzender Haltung begraben. Als wundertätiger Heiliger lebt er weiter in der Erinnerung des Volkes, das ihm auch allerlei wunderbare Heilungen zuschreibt, und ihn sogar in Heiligtümern anbetet, die ihm geweiht sind.

Zweites Kapitel.

Tugendbetrachtung und Tapas.

Die Betrachtung der Tugend wird, wie wir schon mehrmals zu bemerken genötigt waren, für eine unentbehrliche Vorbereitung zur Erlangung des „wahren Wissens", das zur Erlösung führt, gehalten. Sie ist dem Weltentsager eine Schule, um sich von dem, was seine Ichheit ausmacht, befreien zu können. Besteht doch das Aufgehen in Brahma = Nirvâna = Unsterblichkeit = Erlöstsein darin, dass der Âtman oder Purusha den Standpunkt, auf welchem er ein „Ich" zu sein wähnt, überwunden hat, so dass bei ihm Subjekt und Objekt zusammenfließen. Lehrt doch die Upanishad: „wenn einem aber alles zum Âtman geworden ist, womit und wen sollte er dann sehen? womit und wen sollte er dann riechen? womit und wen sollte er dann schmecken? womit und zu wem sollte er dann reden? womit und wen sollte er dann hören? womit und wen sollte er dann denken? womit und wen sollte er dann fassen? womit und wen sollte er dann erkennen? womit sollte er den erkennen, durch den er dies alles erkennt?" [1])

Sich loslösen von dem „Ich", vor allem sich frei machen von alledem, was in uns den Begriff des „Ich" wach erhält und nährt, das ist es, worauf der Weltentsager seinen Geist gerichtet haben muss. Was er erstreben muss, ist Gleichgültigkeit. Diese Gleichgültigkeit schließt in sich eine Gefühllosigkeit für alles, was ihn von außen her trifft; Unterdrückung der Leidenschaft, der Begierde und des Abscheus, des Zorns und des Wohlgefallens. Was er in sich entwickeln muss, ist jene negative Form der Tugend, die in der Ausrot-

---

1) Brihadâranyaka Upanishad 4,5,15, in Böhtlingks Übersetzung 4, 5, 25.

tung aller sündigen Triebe besteht. Die sündigen Triebe, die *kleśa*, wie sie sowohl in Patanjalis Yogasûtra, wie von Śankara als auch von der Heiligen Schrift der Buddhisten genannt werden, sind jedem Geschöpf angeboren. Das erstgenannte Lehrbuch nennt ihrer fünf: zuerst die *avidyâ*, das falsche Wissen, das der Keim der vier anderen ist; dann das Bewusstsein des „Ich"; dann leidenschaftliche Begierde; dann Hass; schließlich den Hang zum Leben. Von diesen fünf gehören der dritte und vierte in das Gebiet der Moral. Die kleśa-Listen der Buddhisten enthalten noch mehr hiervon. Begehrlichkeit, Einbildung, Stolz, Faulheit, Eitelkeit, Unverschämtheit, Härte kommen dort unter anderen vor. Die Bekämpfung dieser kleśa kommt schließlich auf die Übung der ihnen entgegengesetzten Tugenden hinaus. Und da die gänzliche Vernichtung der sündigen Triebe, welche die Seele beflecken, zu dem Arhattum führt, liegt darin schon eingeschlossen, dass in dem Heilssystem des Buddha der fromme Lebenswandel eine bedeutendere Rolle spielt, als ihm in der Theorie, die darin nur eine Vorbereitung zu den Beschaulichkeitsübungen sieht, zuerkannt wird.

In der Bhagavadgîtâ ist noch ein Schritt weiter getan. Hier wird [1]) eine Definition von dem „wahren Wissen" gegeben, die darauf hinausläuft, dass es zum großen Teil aus der Betrachtung gewisser, mit Namen angeführter Tugenden bestehe. Voran und in einer Linie mit der Gleichgültigkeit, der Abwendung von der Welt, dem Âtmanwissen und den übrigen bekannten Eigenschaften des Erlösungsuchenden, und selbstverständlich mit und neben der Bhakti gegenüber Vishnu, werden hier Tugenden genannt, wie: Bescheidenheit, Aufrichtigkeit, die Sorge, niemand ein Leid zu tun, Versöhnlichkeit, Rechtschaffenheit, Reinheit, Standhaftigkeit; und all diese nicht als Vorbereitung sondern als Teil des „wahren Wissens".

Aber auch an und für sich ist Betrachtung der Tugend

---

1) XIII, 7—11.

Gewinn. Auch wenn der Yogin mit der Unterdrückung seines „Ich" nicht fertig wird. Ebenso für den, der nicht Yogin ist, und nicht danach trachtet, sein „Ich" zu vernichten. Denn Betrachtung der Tugend vermehrt den Schatz der guten Werke, der im Jenseits eine himmlische Wohnstätte oder auf Erden eine höhere Geburt in einem nächsten Leben sichert. Für den größten Teil der Menschen ist dies natürlich das höchste Ideal, dem sie nachstreben.

In beiderlei Hinsicht ist die Tugendlehre der nicht brahmanischen Erlösungssysteme eine Nachahmung des alten Idealtypus eines Brahmanen. Es gab in Indien zweierlei Adel: den der Krieger und den der Brahmanen. Der Krieger musste sich in ritterlichen Tugenden auszeichnen; der Kampf im offenen Felde ohne List und Trug war seine Pflicht; wie der Römer war sein Spruch: vernichte deinen stolzen Widersacher, aber schone den, der sich vor dir beugt; Stolz, Unbeugsamkeit, sogar Härte und Grausamkeit stehen dem Edelmann gut. In König Porus, dem Gegner Alexanders des Großen, haben die Jahrbücher der europäischen Geschichte die Gestalt eines indischen Ritters bewahrt. Im Gegensatz zu jenem stolzen streitbaren Ritter steht der sanfte, friedliche und versöhnliche Brahmane. Als Tugenden, die ihn zieren, werden immer wieder solche genannt, die die Unterdrückung der Leidenschaften und die Geistesruhe fördern. Wenn von einem Brahmanen die Rede ist, der seiner Leidenschaften nicht Herr war, so wird dies an ihm getadelt. Gerade weil ihr Hoheitsgefühl sie so leicht dazu verführt, ihre geistige Kraft gegen andere anzuwenden, und weil, wer einen Brahmanen kränkt, dessen Zorn, wenn er einmal erregt ist, schwer fühlen muss, deshalb wird dem höchsten Stande eingeschärft, den brahmanischen Tugenden der Langmut, der Selbstbeherrschung, freundlicher Gesinnung gegen alle Geschöpfe, treu zu bleiben.

Den höheren Ständen gemeinsam muss die Tugend der Wahrheitsliebe sein. Diese steht in der indischen Moral obenan.

Die Buddhisten haben ihren Sittenkodex, wie so vieles,

nach brahmanischem Muster gestaltet. Doch mehr als bei ihrem Vorbild, tritt bei ihnen der altruistische Zug hervor, der zweifellos den Hauptfaktor bei der Sympathie bildet, die der Buddhismus in Europa und Amerika erweckt hat. Dieser Altruismus ist die positive Seite der Gleichgültigkeit für eigenes Wohl und Weh, die in allen Theosophien als Mittel, um den Âtman aus dem „Ich"sein zu befreien, vor Augen gehalten wird. In seiner schwächsten Form ist er die freundliche Gesinnung gegenüber allen Geschöpfen, die sogenannte maitri, in welcher Buddhisten und Brahmanen übereinstimmen. Kräftiger kommt er zur Geltung in dem Streben, anderen behilflich zu sein, in dem aktiv auftretenden Mitleiden, in der Tugend der Wohltätigkeit. In der Skala buddhistischer Tugenden hat letztere eigentlich die Stelle eingenommen, die in der älteren Wertschätzung der Wahrheitsliebe zukam. Keine andere wird in Predigten und Geschichten häufiger verherrlicht. Unter den Tugendvollkommenheiten (*pâramitâs*), in welchen der Boddhisattva seine Heldennatur zeigen muss, steht die Wohltätigkeit obenan. Ohne nun gerade die Behauptung aufstellen zu wollen, dass die Mönchsorden aus Eigennutz dieser Tugend den ersten Platz eingeräumt hätten, so dürfen wir doch wohl annehmen, dass er nicht ganz bei der Einschätzung geschwiegen hat.

Wohltätigkeit, Mitteilsamkeit, Gastfreiheit braucht man aber dem indischen Volke nicht einzuschärfen. In dieser Beziehung haben sie sich von jeher ausgezeichnet. Dass man Brahmanen und Asketen bewirtet, wenn sich dazu irgendeine Gelegenheit bietet, ist etwas Selbstverständliches; dass man sie mit Geld und Gut beschenkt, ist etwas sehr Gewöhnliches. „Der Brahmane seinerseits", sagt Dubois, „findet nichts Erniedrigendes darin, zu betteln. Er bittet um ein Almosen, als um etwas, das ihm zukommt, und nicht wie um eine Gunst oder eine Wohltat. Der bettelnde Brahmane tritt ungeniert in ein Haus ein und sagt, was er nötig hat. Bekommt er etwas, so nimmt er es, ohne zu danken, und geht, ohne irgendein Zeichen der Erkenntlichkeit. Wird es ihm verweigert, so entfernt er sich ohne einen Vorwurf oder einen Ausdruck der Unzufriedenheit." In derselben Weise schreibt der Buddha seinen Mönchen vor, sich ihr tägliches Mahl zusammenzuholen; nur mit dem Unterschied, dass es ihnen verboten ist, darum zu bitten; an jedem Haus, ohne Unterschied, musste er sich schweigend zeigen; war sein Napf voll, so musste er mit Betteln aufhören. Unter den jüngeren Asketensekten kommt es aber auch vor, dass diese Zurückhaltung fehlt und auf den Aberglauben des Publikums spekuliert wird, um dieses oder jenes zu erpressen.

Die Asketen zeigen gegenüber anderen gern dieselbe Freigebigkeit, wie sie ihnen erwiesen wird. Der französische Reisende Tavernier, der im siebzehnten Jahrhundert das Land des Großmoguls bereiste, erzählt, dass er dabei war, wie ein Brahmane, der sich 2000 Rupien und 27 Ellen Stoff durch Androhungen von armen Stammesgenossen erpresst hatte, als diese Summe endlich beisammen war, sie stehenden Fußes unter die Armen verteilte, bis auf 5 bis 6 Rupien und so viel Stoff, als er zu seiner eigenen Kleidung bedurfte. Einen ähnlichen Fall lesen wir in Omans Buch, der erzählt, wie er gesehen habe, dass ein wandernder Asket den Gastwirt spielte. Zweimal am Tage verschaffte dieser heilige Mann, bei einem religiösem Feste, seinen Genossen und jedem anderen, der gern ein Mahl umsonst haben wollte, eine Mahlzeit; seine Kenntnisse in der Kochkunst und sein Küchengerät, worunter riesige Kessel waren, stellte er ihnen von ganzem Herzen gern zur Verfügung. „Ich fragte nun", sagt Oman, „auf wessen Kosten dies alles geschehe, und erfuhr, dass ein jeder dazu seinen Beitrag gäbe." Der Asket konnte ruhig und ohne Furcht, sich dem Misserfolg auszusetzen, verkündigen, dass er allen Asketen und Hungrigen, die sich meldeten, umsonst ein gekochtes Mahl vorsetzen werde; er wusste, dass die fromme Freigebigkeit des Publikums ihn nicht im Stich lassen werde.

Eine andere Tugend, die in der Wertschätzung auch der in der Welt lebenden Hindus einen hohen Rang einnimmt, ist die sogenannte *ahinsâ*: keinem Mitgeschöpf etwas zu Leide tun.

Sie besteht darin, dass man alles, was einen Mitmenschen oder ein Tier kränken könnte, vermeidet und unterlässt. Streng durchgeführt, hat sie zur Enthaltung von jeder tierischen Nahrung geführt. Schon in ältester Zeit wird es an Klausnern gepriesen, wenn sie eine so strenge Diät halten, dass sie nur von Wurzeln und Baumblättern leben. Doch hat es lange gedauert, ehe von einem Verbot, Fleisch zu essen, die Rede sein konnte. Wer sich dessen enthielt, tat etwas Verdienstliches, das ihm auf der Kreditseite seines Karma nützen konnte; wer aber Fleischspeisen genoss, innerhalb der schicklichen Grenzen der religiösen Speisegebote, welche die Aufzählung von dem, was man essen und was man nicht essen darf, enthalten, der tat nichts Sündiges. In keinem der buddhistischen Zehn Gebote wird davon etwas gesagt; dies ist wohl ein Beweis, dass eine solche ethische Forderung in der Zeit, als der buddhistische Sittenkodex formuliert wurde, nicht bestand. Der Buddha selbst soll kurz vor seinem Tode Schweinefleisch gegessen haben. Fleisch und Fisch zu essen, wird in der heiligen Schrift der Buddhisten sogar ausdrücklich erlaubt, wenn man nur nicht gesehen hat, dass das Tier getötet wurde, oder dies von einem anderen gehört hat, oder es vermutet (!).

Im Lauf der Zeit machte sich der Abscheu vor dem Blutvergießen, der sich in völliger Enthaltung aller tierischen Nahrung offenbarte, immer stärker geltend. In dem Gesetz des Manu kommt schon das Wort vor, dass alles Fleischessen sündig sei, und dass derjenige, der ein lebendes Wesen isst, im Jenseits selbst mit seinem Körper zur Speise dienen wird; auf Sanskrit wird dies mit einem Wortspiel gesagt, das ein amerikanischer Gelehrter sehr glücklich ins Englische übertragen hat: „*Me eat* in the other world will he, whose *meat* in this world eat do I." Aber diese strenge Auffassung, soweit sie auch heutzutage, besonders unter den Brahmanen verbreitet ist, hat eine weniger strenge neben sich. [1]) Die Unverletz-

---

1) In dem Gesetz des Manu werden in dieser Hinsicht miteinander unvereinbare Vorschriften ohne weiteres nebeneinander verkündet.

lichkeit des Rindes ist allgemein. Im Übrigen muss man, was das Essen von Fleisch anbelangt, sagen, dass auch heute noch eine große Verschiedenheit in den Auffassungen hierüber herrscht und zwar je nach Ortsgebräuchen, den Unterschieden der Kasten und Stände und den besonderen Vorschriften der Sekten. Auch hier, wie in so vielen anderen Beziehungen findet man die heterogensten Gebräuche nebeneinander. In demselben Land, das wegen der Sanftmut seiner Bevölkerung und ihres Abscheus vor Blutvergießen bekannt ist, werden bei bestimmten Heiligtümern noch blutige Opfer verrichtet, wo mitleidslose Grausamkeit und Rohheit ebenso naiv wie bei religiösen Feierlichkeiten wilder Völker an den Tag gelegt werden. Und derartiges geschieht sogar in großen Städten, wenn sie das Glück haben, einen der blutgierigen Göttin Kali oder Durgâ gewidmeten Tempel zu besitzen! Welch ein Gegensatz zwischen diesen Überbleibseln echt altheidnischen Götterdienstes und der krankhaften Furcht des Jaina-Asketen, der aus Angst, ein lebendes Wesen zu kränken, seinen Körper dem Ungeziefer als Brutort überlässt.

Unter den übrigen Tugenden will ich auf die Versöhnlichkeit und die Langmut hinweisen, in denen sich sowohl der Brahmane als der Asket auszeichnen muss. Vergilt nicht Böses mit Bösem, das ist eine Regel, auf die die Gesetzbücher, die erbaulichen Belehrungsreden und die Nutzanwendungen der Fabeln und Erzählungen alle hinweisen. Bezwinge deinen Zorn, den Feind in deinem Innern; ertrage geduldig Beleidigung und Verhöhnung; strafe den Sünder nicht, sondern trachte, ihn zu bessern. In diesem Sinne äußert sich die Anpreisung dieser Tugend, deren Ausübung mehr als die aller anderen dazu dienen muss, bei dem Heilsbegierigen die Stimmung der Ruhe, der ungetrübten Leidenschaftslosigkeit, der Gleichgültigkeit zu fördern und zur zweiten Natur zu machen, der einzige Boden, auf dem der Yoga gedeihen kann.

„Weißt du wohl", sprach Buddha der Herr zu dem Asketen Pûrna, „dass du dir ein Land zur Wohnstätte erwählst, wo wilde, jähzornige und gottlose Menschen wohnen? Was wirst du tun, Pûrna, wenn sie zornig gegen dich sein werden, dich beschimpfen und verhöhnen werden?" — „Wenn sie zornig sein werden wider mich, und mich beschimpfen und höhnen, so werde ich bei mir denken: Gut sind diese Menschen, so werde ich denken, Ehrwürdiger, freundlich sind diese Menschen, dass sie nur zornig sind wider mich, mich beschimpfen und verhöhnen, und mich nicht mit Kot und Steinen werfen." — „Und wenn diese wilden, jähzornigen, schlechten und gottlosen Menschen dich wirklich mit Schmutz und Steinen werfen, wie, Pûrna, wird dir dann zumute sein?" — „Dann werde ich bei mir denken, Ehrwürdiger: Gut sind diese Menschen, freundlich sind diese Menschen, dass sie mich nur mit Kot werfen und nicht mit Stöcken schlagen, oder mit dem Schwert verwunden." — „Aber wenn sie dich nun wirklich mit Stöcken schlagen, oder mit dem Schwert verwunden, wie wird dir dann zumute sein, Puma?" — „Dann werde ich denken, Ehrwürdiger: Gut sind diese Menschen, freundlich sind diese Menschen, dass sie mich nur schlagen und verwunden, und mir nicht das Leben nehmen." — „Wie aber, Pûrna, wenn sie dir wirklich — du weißt, es sind rohe Gesellen — das Leben nähmen?" — „Dann, Ehrwürdiger, werde ich so denken: Es gibt heilige Männer, die, von ihrem wertlosen und schmutzigen Körper geplagt, auf allerlei Weise versuchen, sich dessen zu entledigen, durch eine Waffe oder durch Gift oder durch den Strick; gut sind diese Menschenfreundlich sind diese Menschen, die mich ohne irgendwelche Anstrengung meinerseits von meinem wertlosen und schmutzigen Körper befreien." Worauf der Buddha ihn lobt und ihn für würdig erklärt, auf jenen gefährlichen Posten zu ziehen.

Der Geist heiterer Duldsamkeit, den die hier zitierte Stelle atmet, lebt in dem ganzen indischen Asketentum. Er bildet einen Teil eines höheren Idealstrebens, der gänzlichen Unterdrückung aller äußeren Eindrücke. Die Askese des Christentums bezweckt Tötung des Fleisches, wie die Formel sagt; die indische, in deren Wortschatz ein derartiger Ausdruck nicht vorkommt, stellt sich als Ziel, jeden Zusammenhang mit der

Außenwelt aufzuheben. Die Tugend der Duldsamkeit muss den indischen Asketen zur absoluten Gleichgültigkeit erheben, und diese Gleichgültigkeit muss zu der Unterdrückung des Einflusses führen, den die sinnlichen Wahrnehmungen auf seinen inneren Sinn, sein Fühlen und Denken haben könnten. Wenn man dies im Auge behält, so wird es klar, weshalb in den Vorschriften für indische Asketen immer so viel Nachdruck auf die Zügelung der Sinne gelegt wird. Das ist gleichsam das Ziel des tugendsamen Lebenswandels; es macht den Menschen geeignet für Yoga. Will man einen Klausner, einen Mönch, einen Asketen, preisen, der diesen Titel würdig führte, so sagt man von ihm, er habe alle seine Leidenschaften gebändigt, und den Sieg über seine Sinne davongetragen. Im Bilde werden die Sinnesorgane häufig vorgestellt als Pferde, die von dem Wagenlenker, dem Besitzer der Sinne, im Zügel gehalten werden. Denjenigen, sagt Manu, muss man als einen, der seiner Sinnesorgane Herr ist, betrachten, der hörend, fühlend, sehend, Speise oder Trank genießend, riechend, kein Gefühl der Freude noch des Schmerzes bei sich empfindet.

In diesem Zusammenhang wird auch am besten verständlich, was der Begriff *Tapas*, vom theosophischen Standpunkt aus betrachtet, in sich fasst. Unter Tapas versteht man im weitesten Sinne die Verpflichtungen der Enthaltsamkeit und der Kasteiung des Körpers, die man sich selbst auferlegt hat, und die Erfüllung dieser Verpflichtungen; im engeren Sinne wird das Wort gebraucht, wenn von außergewöhnlicher Virtuosität im Ertragen ausgesuchter Qualen die Rede ist. Es ist bekannt, dass mancher indische Asket es in dieser Beziehung sehr weit gebracht hat, an einer anderen Stelle dieses Buches sind einige Beispiele davon mitgeteilt worden. In den theosophischen Systemen ist Tapas natürlich ein wirksames Mittel zur Befreiung der in uns wohnenden individuellen Seele aus ihren sichtbaren und unsichtbaren stofflichen Hüllen, oder anders ausgedrückt, zur Beseitigung der Avidyâ, die sie hindert, die Wahrheit zu sehen. Manche Theosophien halten jedes Tapas für nützlich, die gemäßigten Heilslehren warnen hier vor Übertreibung, sowohl die der Buddhisten, wie die der Bhagavadgîtâ; die ersteren vermeiden sogar, sich des Wortes zu bedienen.

Das *Tapas* ist in Indien uralt, eigentlich sogar älter als das älteste theosophische System. Schon in der Rigveda-Sammlung ist davon die Rede. Sein Ursprung ist in jener Sphäre animistischer und magischer Ideen zu suchen, die in primitiven Kulturzuständen bei den Menschen herrschen, und sich auch in dem vedischen Gottesdienst so deutlich zeigen. Es' gehört nicht zur Aufgabe dieses Buches, näher darauf einzugehen. Für den indischen Theosophen ist Erlösung durch Tapas eine der Methoden oder Wege, die dem Weltentsager freistehen.

Schließlich muss ich noch eine Tugend erwähnen, die bisher nicht genannt ist. Meine Beschreibung wäre unvollständig, wenn ich sie vergäße. Sie ist so unentbehrlich, dass, wenn sie fehlte, alles, was man an Askese und Yoga verrichtet, unnütz wäre. Diese Tugend ist der *Glaube*, das ihm entgegengesetzte Laster ist der *Zweifel*. Der Glaube kann Berge versetzen; das ist ein Axiom, das in allen indischen Heilslehren angenommen, ja vorausgesetzt wird.

Drittes Kapitel.

Yoga.

Das klassische Lehrbuch des Yoga ist älter als der Beginn unserer Zeitrechnung. Es wird einem gewissen Patanjali zugeschrieben. Wir kennen einen berühmten Sprachgelehrten dieses Namens, der im zweiten Jahrhundert v. Chr. lebte. Ob aber dieser Mann identisch ist mit dem Autor des Yogalehrbuches, ist völlig unsicher.

Über die Weltbetrachtung, die sich darin ausspricht, ist schon früher gehandelt worden. Hier haben wir es mit dem eigentlichen Inhalt des Buches zu tun, das die Art, die Hilfsmittel, die Methoden und Resultate des Yoga lehrt.

Das Buch besteht aus vier Kapiteln. Das erste ist dem Wesen und Zweck der Geisteskonzentration, das zweite den Hilfsmitteln gewidmet; das dritte beschreibt, wie man sie erreicht, ihre verschiedenen Grade und die Machtentfaltung, die durch Yoga erworben wird; das vierte schließlich bespricht den Zustand der Befreiung von der Materie, den der Geist als Frucht des Yoga erreicht hat.

Die Teile oder Glieder (*anga*), aus denen die ganze Yogaübung besteht, sind acht an der Zahl. Man kann die Namen dieser acht folgendermaßen wiedergeben: 1. *yama*, äußere Selbstbezwingung, d. h. Bezwingung in Hinsicht auf die Außenwelt, 2. *niyama*, innere Bezwingung, d. h. Bezwingung in Bezug auf sich selbst, 3. *âsana*, Sitzart, d. h. Haltung des Körpers beim Sitzen, 4. *prânâyâma*, Bezwingung des Atems, 5. *pratyâhâra*, Zurückziehung der Sinne von den Sinnesobjekten, 6. *dhâranâ*, Festlegung des Denkorgans, 7. *dhyâna*, Kontemplation, 8. *samâdhi*, Versenkung, das ist das höchste Stadium der Andacht, in dem schließlich das eigene Subjekt mit seinem Objekt zusammenschmilzt.

Im Grunde genommen sind die ersten zwei nicht Teile der Geisteskonzentration selbst, sondern betreffen die unentbehrlichen Vorbedingungen, die nötig sind, bevor von Yogaverrichtung die Rede sein kann. Denn das 1. enthält die sogenannten Yamas, deren es fünf gibt, nämlich keinem lebenden Geschöpf etwas zu Leide tun; nie lügen; dir nicht zueignen, was dir nicht gehört; ein keusches Leben; keine Geschenke annehmen; das 2. enthält eine andere Reihe von fünf, die Niyamas, nämlich: Reinheit, sowohl im rituellen als im moralischen Sinne; Zufriedenheit mit dem, was dir beschieden wird; Askese, das heißt: Gleichgültigkeit in Bezug auf Wärme und Kälte, Hunger und Durst, nebst der Bereitwilligkeit und der Kraft, dazu, wenn es nötig ist zur eigenen Abhärtung, Tapas in allerlei Formen zu erdulden; Studium, das in der Beschäftigung mit Texten und Lehrbüchern über die Erlösung, oder im ununterbrochenen Hersagen von Gebeten besteht; Hingebung an das höchste Wesen. Innerhalb dieses Kreises ist einer strengeren oder weniger strengen Auffassung Spielraum gelassen. So wird ausdrücklich erklärt, dass man die Yama auf zwei Weisen üben kann, nämlich entweder bis in alle Konsequenzen, was natürlich das größte Verdienst ist, und „das große Gelübde" genannt wird, oder innerhalb gewisser Grenzen durchgeführt. Als Beispiel der letzteren Auffassung, die zweifellos als die gewöhnliche Form angenommen wird, folge hier, was über die Begrenzungen des ersten Yama gelehrt wird. „Was die Forderung anbelangt, keinem lebenden Wesen ein Leid anzutun: diese kann man begrenzen nach der Gattung, z. B. kann ein Fischer sich daran halten, dass er nur Fischen Leid antut, aber keinem anderen Tier; oder nach dem Ort, z. B. dass man nicht an einer heiligen Stelle Tieren schadet; oder nach der Zeit, z. B. dass man dies nicht tut am Vollmondstage oder an anderen heiligen Tagen; oder nach der Art der Handlung, z. B. wenn man nur Tiere tötet zum Nutzen eines Brahmanen und um sie den Göttern zu opfern, oder wenn ein Mann aus der Kriegerkaste gelobt, in keinem anderen Falle als im Kriege Blut zu vergießen."

Die drei letzten der Niyama, nämlich Tapas (Askese), Studium und Hingabe an das höchste Wesen (den Herrn Îśvara) werden in dem Namen *kriyâyoga*, d. h. yoga, der in Handlungen besteht, zusammengefasst. Im Grunde genommen ist dies dasselbe wie der karmayoga, der in dem Liede des Herrn gelehrt wird. Der einzige Unterschied ist, dass es dort heißt, dieser genüge zur Erlösung — dass aber im Lehrbuch des Yoga dadurch nur die ersten Stufen erklommen werden und ausschließlich die eigentlichen Denkübungen, die noch folgen müssen, zur Erlösung führen.

Bei dem dritten *Anga* beginnt die eigentliche Denkübung. Man muss sich mit übereinandergeschlagenen Beinen auf den Boden setzen; dies wird als die beste Stellung für die Kontemplation anempfohlen. Liegen, Stehen oder Gehen wäre hier falsch. Je nach der verschiedenen Haltung der Beine und der weiteren Körperteile beim Sitzen, unterscheidet man allerlei Stellungen. Der Kommentar zu unserem Lehrbuch nennt ihrer fünf, welche alle schöne Namen tragen, wie: die Lotosfigur, die Heldenfigur, die heilsreiche Form des Sitzens, der *Svastika* usw. Auch hier ist dem persönlichen Geschmack Spielraum gelassen. Denn man muss nur dafür sorgen, dass man sich eine Stellung wählt, die zugleich auch angenehm ist, und die man lange Zeit unverändert beibehalten kann.

Hat man sich in die gewünschte Lage gebracht, so muss zuerst das Atmen reguliert werden. Man bringe sein Atmen unter Disziplin, mit anderen Worten: man achte darauf, dass das Ein- und Ausatmen in bestimmtem Zeitverhältnis geschieht, und auch dass der Zeitraum zwischen einem Ausatmen und dem nächsten Einatmen eine bestimmte Dauer erhält. Ein solches absichtliches Einhalten und Verlangsamen des Atmens ist natürlich ein vortreffliches Mittel, um die Gedanken des Beters von der Außenwelt abzuwenden. So lässt es sich leicht erklären, dass das nächste Anga in dem gänzlichen „Sichzurückziehen" der Sinnesorgane besteht. Dieser Name kommt aus der Vorstellung, dass unsere fünf Sinne nebst dem inneren Sinn, dem Manas, im normalen Zustande als ebenso viele Produkte der durch das Ichprinzip (*Ahankâra*) gesonderten Buddhi, frei nach außen hin wirken. Der Beter, der den Kontakt zwischen ihnen und der Außenwelt abschließen will, muss sie daran gewöhnen, sich in der entgegengesetzten Richtung zu bewegen, d. h. nach innen zu gehen, zu der Buddhi, die ihr Ursprung ist, zurückzukehren. In der Weise, wie eine Schildkröte die Beine einzieht. Gesicht, Gehör, Geschmack, Geruch, Gefühl, jedes bewusste Wollen kommt so zum Stillstand. Auf dieser Stufe hat der Beter alles, was seiner Verbindung mit dem höchsten Geist im Wege stände, beseitigt.

Nun kommt es auf „das Festlegen" der Buddhi an. Dazu richte der, jetzt von der Außenwelt abgeschlossene Beter, seinen Geist auf einen bestimmten Punkt, entweder an sich selbst, z. B. auf „seinen Nabel, seinen Herzenslotos, seinen Kopf, seine Nasenspitze, seine Zungenspitze", oder außerhalb seiner selbst auf eine Gottheit, Prajâpati, Indra, Brahma, die Sonne, den Mond. So erreicht, man die siebente Stufe des Anga, das *Dhyâna* „Denkübung, Andacht" heißt, und uns beschrieben wird, als „ein steter Strom des sich in einer Richtung bewegenden Denkens", und schließlich kommt man zu jenem höchsten Punkt, der in dem Lehrbuche *Samâdhi* genannt wird, jenem Punkt, wo Subjekt und Objekt eins werden, dadurch dass die Ausstrahlung des höchsten Geistes, des Gegenstandes des Denkens, in den individuellen Geist, der das Subjekt des Denkens ist, eindringt.

Diese Verschmelzung, die immer als ein Moment hoher Seligkeit dargestellt wird, währt natürlich nur eine Zeitlang. Der Beter kehrt daraus in die gewöhnliche Welt zurück.

Der Ausdruck Samâdhi heißt so viel wie das deutsche „Andacht"; er bedeutet nicht nur Aufmerksamkeit, sondern auch die ehrfurchtsvolle Stimmung der Verehrung, mit welcher man sich im Geiste dem Höheren nähert. Das religiöse Element findet man in den Verrichtungen dieser „Beter" ebenso gut als das sogenannte philosophische. Die Gebete,

welche zu dem „Studium" genannten Niyama gehören, be-
zwecken, dies sagt das Lehrbuch ausdrücklich, sich den Bei-
stand seines Schutzgottes zu sichern; und ehe die eigentliche
Verschmelzung mit dem höchsten Wesen stattfindet, ist der
Geist von jenem höchsten Wesen in einer seiner konkreten
Formen als Gottheit erfüllt gewesen.

Die Samâdhi selbst können verschiedener Art sein. Man
unterscheidet einen höheren und einen niederen Typus. Der
niedere ist derart, dass das Ichbewusstsein zwar fort ist, aber
nicht endgültig; die Keime, aus denen es später wieder zum
Vorschein kommen wird, sind geblieben. Erst wenn auch diese ausgerottet sind, ist der Betende an dem allerhöchsten erreichbaren Punkte angelangt.

Außer diesen Typen unterscheidet man Grade der
Samâdhi. Man kommt nicht auf einmal zur höchsten Stufe,
weder des höheren noch des niederen Typus. Diese Stufen der
Andacht sind der Zahl nach vier. In dem niederen Typus, dem
sogenannten Samâdhi mit Bewusstsein, besitzt man im Anfang vier Dinge, deren jeweils eins auf jeder nächsten Stufe
verschwindet, so dass bei der höchsten Stufe nur noch das
letzte übrig ist. Auf der tiefsten Stufe, wenn alle groben, sinnlichen Begierden und sündigen Neigungen fort sind, ist dem
Betenden noch die logische Beweisführung, die Überlegung,
die Empfindung der Freude und das Bewusstsein, oder wie
der technische Ausdruck lautet, das Gefühl der eigenen Persönlichkeit, geblieben. Auf der höchsten Stufe ist nur das
letzte dieser vier noch übrig; die anderen sind durch die
Übung weggedacht. In den vier Stufen des höheren Typus
verschwindet allmählich auch das Ichgefühl. Hat man es so
weit gebracht, dann ist die Erlösung erreicht.

Es versteht sich von selbst, dass es langer Zeit bedarf, bis
man zu dieser Höhe gestiegen ist. Die Yogaübungen, wenn
sie je gelingen sollen, bedürfen eines systematischen praktischen Lehrganges. Der Yogin muss trainiert werden. Um es
so weit zu bringen, müssen regelmäßige Vorübungen vorher-
gehen. Das innere Organ, d. h. dasjenige, mit dem wir fühlen,

wollen und denken, muss vor allem unveränderlich, unberührt, glatt und ruhig sein. Zu diesem Zwecke dienen die sogenannten *Bhâvanâ*, die als folgende vier angegeben werden: 1. freundliche Gesinnung, 2. Mitleiden, 3. Fröhlichkeit und 4. Gleichgültigkeit, und zwar in dem Sinne, dass man die freundliche Stimmung gegen alle Wesen, denen es gut geht, das Mitleiden gegenüber der weit überwiegenden Zahl der Unglücklichen, Fröhlichkeit gegen solche, die fromm und tugend-sam sind, Gleichgültigkeit oder Duldsamkeit gegenüber Sündern hege und pflege. Das Gefühl des Neides gegen die ersten und des Zornes gegen die letzteren darf überhaupt nicht aufkommen. Der Buddhismus hat diese Bhâvanâ aus der Theorie des Yoga herübergenommen und eine fünfte hinzugefügt, die Vorstellung des Unreinen und Ekelhaften, das mit dem Körper verbunden sei, eine beliebte Beschäftigung der Söhne Buddhas.

Auch das Regulieren des Atmens ist ein Gegenstand gewissenhaften Studiums. Man muss lernen, den Atem solange wie möglich einzubehalten. Ein Hindu, der in diesen Künsten sehr bewandert ist, schreibt: „Als Regel kann man annehmen: je länger er es aushält, den Atem einzuhalten, desto besser fördert sich der Yogin. Die gebräuchliche Methode ist folgende. Wenn man sich zunächst in die vorgeschriebene Stellung gebracht hat, legt man den Ringfinger der rechten Hand auf das linke Nasenloch und drückt dieses zu, dann bläst man durch das rechte. Nasenloch den Atem aus, darauf drückt man dieses mit dem Daumen zu, atmet durch das linke ein, und schließt auch dieses wieder mit dem Ringfinger. Dann sind beide Nasenlöcher abgeschlossen und man halte den Atem solange wie möglich an." Diese Manipulationen müssen das zweite Mal in umgekehrter Ordnung (links ausatmen, rechts einatmen) und zum dritten wieder in gleicher Weise wie das erste Mal angestellt werden. „Diese Übung muss man nach einem kurzen Zwischenraum wiederholen und sie kann je nach eigener Wahl stundenlang fortgesetzt werden. Der Zweck ist, den Geist des Yogin abzuhärten." Als Hilfsmittel und vielleicht auch als unentbehrliches Element bei diesen Atemübungen gilt, dass man unterdessen Gebetsformeln hersagt. Sie dienen zugleich als Zeitmesser für die Dauer des Ausatmens, des Einatmens und des Einhaltens des Atems.

Bewunderer dieser Methode der Atemregulierung findet man heutzutage in Amerika und Europa. Sie behaupten, diese habe hygienischen Wert. Ob daran etwas ist, mögen die Herren Mediziner entscheiden. Soviel ist gewiss: der Yogin muss einen gesunden und gegen schädliche Einflüsse abgehärteten Körper haben. Unter den hindernden Umständen, die jemand ungeeignet dazu machen, Yoga zu betreiben, und die bei Patanjali mitgeteilt werden, wird als erste Krankheit genannt. Die übrigen acht sind in der richtigen Reihenfolge: 1. ein stumpfer Geist, 2. Zweifel, 3. Zerstreutheit, 4. Trägheit, 5. Weltlichkeit, 6. falsche Einsicht, 7. und 8. nicht disponiert sein; bei diesem letzten Hindernis werden nämlich zwei Arten angenommen.

Außer dem Standardwerk des Patanjali gibt es noch viele andere Leitfäden und Beschreibungen des Yoga aus späteren Zeiten. Diese gehen mehr auf Einzelheiten ein. Auch unterscheiden sie zwei Methoden, den *Râjayoga* und den *Hathayoga*, von welchem Unterschied man bei Patanjali noch keine Spur findet. Der Râjayoga ist die altmodische langsame Methode; der Hathayoga empfiehlt sich selbst als eine Prozedur, um in kürzerer Zeit das Endziel zu erreichen. Diese letzte Methode beruht auf den physiologischen Ideen der Upanishads von der Rolle, die das Adersystem im menschlichen Körper spielt, Ideen, deren greifbare Unrichtigkeit nur noch von den falschen Beweisführungen und Anwendungen, die der Hathayoga darauf gründet, übertroffen werden. Dass jene alten Weisen, deren Gedanken in den Upanishad niedergelegt sind, vor mehr als 25 Jahrhunderten, so wenig von diesen Dingen wussten, dass sie meinten, Adern und Arterien seien Kanäle, durch die sich die fünf „Lebensgeister" (*prânas*) in unserem Körper bewegen und ihre Funktionen ausrichten, und eine von diesen, die vom Herzen zum Schädel reicht, bilde den Weg, auf dem die Seele ein- und ausgehen kann, lässt sich verstehen. Dass aber moderne Bücher von diesem Standpunkt aus eine Yogaprozedur lehren und Erklärungen dazu abgeben von gleichem Gehalt wie jene alte Upanishad-physiologie, das ist sehr rückständig und sehr töricht. Das Wunderlichste ist, dass der kindische Unsinn, der in solcher Propagandaliteratur dargeboten wird, in gewissen Kreisen für die höchste Weisheit gilt.

Obgleich das alte Lehrbuch des Patanjali ganz auf dem Standpunkt der Sânkhyaanhänger steht, und *darum* der darin enthaltene beschreibende Teil, der erklärt, was in jedem Stadium der Übung geschehe, unmöglich für alle indischen Theosophen insgesamt gelten kann, so wird es doch von allen als maßgebend anerkannt. Einer einzelnen Sekte gehörte es gewiss nicht an. Gott, der Herr, der einzige Purusha, der von den Kleśa (siehe S. 218), von dem Karma und dessen Folgen frei ist, er, der Keim der Allwissenheit, nicht an Zeit gebunden, er, der Lehrer auch schon früherer Geschlechter, er wird hier noch nicht, wie es in der späteren Yogaliteratur Regel geworden ist, mit Vishnu oder Śiva identifiziert. Er ist ein Abstraktbegriff. Die heilige Silbe ôm stellt ihn dar. Deshalb, sagt das Lehrbuch, muss man diese Silbe immer wieder vor sich hinsagen und sich in sie vertiefen. Dieser Theismus und diese Ehrfurcht vor dem mystischen ôm ist allen indischen Theosophen gemeinsam geblieben.

Wenn wir Abendländer versuchen wollen, auf unsere Weise den Zweck des Yoga zu bestimmen, so können wir nichts anderes erklären als dies: *der Yoga strebt danach, den Geist abzustumpfen.* Dahin strebt die durchgeführte Anwendung einer Lehre, die die höchste Weisheit in einem Zustande des Geistes sucht, wo er sich von allen Eindrücken, die von außen auf ihn eindringen, freigemacht hat. Ein gewöhnlicher Mensch sollte meinen, dass ein auf diese Weise leergepumpter Geist nichts weiß und nichts kann. Die Yogin behaupten, im Gegenteil: er weiß alles und kann alles, denn er hat jene Eigenschaften wiederbekommen, die jeder Purusha (nach dem Sânkhya) oder der Âtman (nach dem Vedânta) im reinen Zustand besitzt. Man meine nicht, dass es eine Kleinigkeit sei, wovon der Yogin sich durch seine Denkübungen zu befreien hat. Patanjali lehrt, es gebe fünf Wirkungsäußerungen unseres inneren Organes, mit dem wir denken, fühlen und wollen, nämlich 1. richtige Gedanken, 2. falsche Gedanken, 3. Phantasie, 4. Schlafzustand, 5. Erinnerung. Alle fünf müssen durch den Yoga ausgerottet werden. Nichts mehr und nichts weniger! Ist es ein Wunder, dass so oft und so bestimmt erklärt wird, die Yogin, welche das Ziel erreichen, seien im Verhältnis zu der Gesamtzahl aller, die *yoga* betreiben, nur wenige? „Ein seltenes Wesen ist", sagt Krishna-Vishnu in dem Lied des Herrn, „der am Ende vieler Existenzen mich erreicht." Wenn darauf Arjuna, nachdem er vernommen, was alles verlangt wird, um in dem Yoga zum Ziel zu gelangen, meint, die vollkommene Unterdrückung unseres inneren Organs erscheine ihm ebenso schwer als die Zügelung des Windes, so gibt Krishna-Vishnu ihm dies zwar zu, aber tröstet ihn mit dem Worte, wer es in diesem Leben trotz anhaltender Anstrengung nicht soweit bringe, sei doch auf dem guten Wege, in einer nächsten Existenz das Ziel zu erreichen!

Vielleicht wird hier jemand fragen: Wenn es das Streben ist, einen Zustand zu erreichen, in welchem unsere Sinne ruhen, unser Denken stillsteht, das Bewusstsein, wenn auch nicht völlig, so doch zum allergrößten Teil aufgehoben und das Atmen auf ein Minimum beschränkt ist — ist dann nicht der feste Schlaf ein solcher Zustand, und verrichtet man nicht jedes Mal, wenn man die süße nächtliche Ruhe genießt, Yoga? Ein gewöhnlicher Mensch sollte dies in der Tat meinen. Der Hindu so gut als wir. „Im gewöhnlichen Leben", sagt Śankara, „pflegt man von einem, der in sehr festem Schlafe liegt, zu sagen: er ist Brahma geworden, er ist zu dem Zustand des Brahma gekommen." Er könnte sich auch auf Upanishadstellen berufen, die über Träumen und Schlafen handeln. „Wenn ein Mensch schläft, mein Lieber, so ist er mit dem Seienden vereinigt, deshalb sagt man auch von solch einem *svapiti* (= er schläft), denn er ist *svam apîtah* (= in sich eingegangen". [1]) Und ein andermal heißt es, dass in dem Schlaf der Purusha von dem weisen Âtman umschlungen wird, wie jemand eine geliebte Frau umschlingt, und dass er in diesem seligen Zustande nichts als Wonne, fern von allem Leide empfindet. Doch sagen uns die Fachleute: der kataleptische Zustand, in den der Yogin geraten muss, sei etwas anderes als Schlaf. Als Grund wird angegeben, dass im Schlafzustand eines gewöhnlichen Menschen die Kleśas und andere Hindernisse vorhanden seien und dadurch jene völlige Ruhe des inneren Organes fehle, welche zum Samâdhi notwendig ist. In der Tat wird neben den drei Zuständen: Wachsein, träumen und fest schlafen von den Sachverständigen noch ein „vierter" angesetzt und auch mit dem Worte „vierter" benannt. In der Upanishad, in welcher dieser vierte Zustand geheimnisvoll umschrieben wird, lautet der Unterschied zwischen ihm und dem festen Schlaf folgendermaßen: in dem festen Schlaf findet Vereinigung mit dem persönlich gedachten Brahma, dem Herrn, statt, in dem vierten Zustand geht man in das unpersönliche und höchste Brahma ein. Daher ist in dem dritten Zustande noch ein Gefühl des Genusses geblieben; wenn auch alles andere zur Ruhe gekommen ist, beim Erwachen ist man sich bewusst, gut geschlafen zu haben; in dem vierten ist man über Freude und Leid hinweg und fühlt nichts mehr. Ein gewöhnlicher Mensch sollte meinen: dieser vierte Zustand deckt sich vollkommen mit dem Totsein. Doch ein sachverständiger indischer Theosoph würde das nicht zugeben, und den höchsten Grad des durch Yoga erworbenen Samâdhi als jenen vierten Zustand betrachten.

Dass aber dieser Zustand mit dem Scheintode übereinstimmt, wird auch er gern anerkennen. Einzelne, die es außerordentlich weit in dem Yoga gebracht haben, lassen sich manchmal in bewusstlosem Zustande lebendig begraben und

---

1) Chândogya-Up. 6, 8, 1. Diese ebenso törichte als komische Etymologie führe ich wiederholt an als ein köstliches Beispiel, was alles in den Upanishads auf diesem Gebiete geleistet wird.

verbleiben so etliche Tage, ja bis zu fünf, sechs Wochen, ehe sie wieder zum Leben aufgeweckt werden. Solche Fälle sind aber äußerst selten. Prof. E. Kuhn in München gibt hierüber näheren Aufschluss. [1]) Ich halte es für nützlich, das Wesentliche davon hier wiederzugeben. „Das Gebaren der modernen Mystiker und Theosophen könnte leicht zu dem Glauben verleiten, als ob es sich dabei um ziemlich alltägliche, jederzeit vorkommende Ereignisse handle. Dem ist aber keineswegs so. Was an wirklich sicher gestellten Fällen vorliegt, ist von dem englischen Physiologen Braid nach sorgfältigster Erkundigung übersichtlich zusammengestellt worden; und wer die eingehenden Berichte unbefangen durchliest, wird unzweifelhaft zu dem Schluss kommen, dass diese zwischen den Jahren 1828 und 1837 beobachteten vier Fälle sich aller Wahrscheinlichkeit nach sämtlich auf den einen aus der Gegend von Karnâl gebürtigen Yogin Haridâs beschränken, welcher in ganz Râjpûtâna und Lahôr umherzog und sich für gutes Geld begraben ließ. Frühere Berichte reden nach Hörensagen von einem Vergraben, bei welchem mäßiger Luftzutritt keineswegs ausgeschlossen ist. Spätere Fälle sind — wenn man von dem frechen Plagiat Ceyps und etwaigen Berichten des notorischen Schwindlers Jacolliot absieht — bisher von niemand beigebracht worden. Da aber Haridâs jedes Mal unter erschwerenden Umständen begraben wurde, haben wir es sichtlich mit einer besonders gearteten Persönlichkeit zu tun, welche nach Art unserer Hungerkünstler infolge individueller Disposition, sorgfältiger Trainierung und wohl auch der Anwendung spezifischer Mittel die geläufige Katalepsie der Yogins auf die Spitze zu treiben . . . vermochte." Sein Kunststück bestand darin, dass er die Herzkontraktion willkürlich verlangsamen konnte, eine Fähigkeit, dessen Möglichkeit Donders bewiesen hat. Kuhn sagt weiter: „der Gebrauch gewisser Narkotika dürfte dabei wohl eine Hauptrolle gespielt

---

1) Aufgenommen in Prof. R. Garbes Sânkhya und Yoga (Grundriss der indoarischen Philologie III, 4) S. 47.

haben", und er weist darauf hin, „dass sich die Yogins zu ihren asketischen Bravourstücken der Präparate aus indischem Hanf bedienen möchten".

Der Genuss betäubender Mittel, welche teils geraucht, teils getrunken werden, ist bei den Yogins nachgewiesen. Neben der Hypnose ist der Rausch das übliche Mittel, sich Gott zu nähern!

Alle die mit Sachkenntnis über die Yogins, wie sie sich wirklich zeigen, geschrieben haben, sind darin einig, dass es unter ihnen Leute von tadellosem Lebenswandel, die von der idealen Auffassung ihres Standes und ihrer Lebensweise durchdrungen sind, gibt. Aber sehr groß ist auch die Zahl derer, die in dem bettelnden Herumziehen einen bequemen Brotgewinn sehen. Auch ist allerlei Tapas, welches sie verrichten, oft ein Mittel, die Aufmerksamkeit auf sich zu ziehen; häufig ist Eitelkeit im Spiel. Kurz, in der Praxis sieht der erhabene Yoga ganz anders aus, als die Theorie ihn haben möchte, und es lässt sich leicht erklären, dass und warum viele unter den gebildeten Hindus mit Verachtung auf den Yogin herabsehen. Besonders solche, die den geheimnisvollen Kräften nachjagen, um sie, wenn sie sie erreicht haben, zu eigenem materiellen Vorteil anzuwenden, sind verächtliche Geschöpfe. Sie sind ebenso gemein als gefährlich, böse Zauberer, die man meiden und vor denen man sich hüten muss. Etwas günstiger ist die Meinung über diejenigen, die sich bei ihrer Askese und Andacht nicht das höchste Heil, nämlich aus dem Sansâra zu kommen, zum Ziel nehmen, sondern denen es darum zu tun ist, nach dem Tode in einem Zustand höherer Macht und Herrlichkeit auf die Erde zurückzukehren. Jedoch viele halten auch dies für einen Missbrauch. Oman hat es erlebt, dass ein Selbstquäler, der Jahre hintereinander unveränderlich die Arme hochgestreckt über den Kopf hielt, die Empörung eines Zuschauers erregte, welcher sich kein anderes Motiv zu solchem Tapas denken konnte als das Verlangen, in einem nächsten Leben König zu werden, und der seine Geringschätzung eines solchen Bestrebens unverhohlen aussprach.

Viertes Kapitel

Durch Yoga erworbene Wunderkräfte.

Die Herrlichkeiten, zu denen die Ausübung des Yoga führt, sind nicht nur Gefühle der Seligkeit verschiedenen Grades und verschiedener Art. Der Yogin, der danach strebt, in Berührung mit dem höchsten Wesen zu kommen und dafür sein armseliges eigenes Ich gern preisgibt, erwirbt, wenn es ihm gelingt, auch Eigenschaften, die an sich nur dem höchsten Wesen zukommen. Mit anderen Worten, er kommt in den Besitz höherer Kräfte, er wird zaubern und Wunder verrichten können. Als Belohnung für seine außerordentliche Anstrengung und seine Weltverachtung fällt ihm, ohne dass er es verlangt oder nur daran denkt, Wunderkraft in den Schoß. Die „großen Vollkommenheiten", in deren Besitz er infolge des Wohlgelingens seines Yoga gerät, sind der Zahl nach acht. Wir zählen sie in der gebräuchlichen Reihenfolge auf:

1. Die Kraft, sich selbst unendlich klein, also auch unsichtbar zu machen.

2.—4. Desgleichen, sich so groß wie möglich zu machen, so dass man z. B. mit dem Finger den Mond berühren kann; sich so leicht wie möglich zu machen, so dass man nicht mehr wiegt als eine Baumwollflocke; und sich so schwer wie möglich zu machen.

5. Das Vermögen, alle seine Wünsche in Erfüllung zu bringen.

6. Die Herrschaft über alle Organe seines Körpers.

7. Die Herrschaft über die Elemente.

8. Die Macht, sich durch den bloßen Willen überall hin zu versetzen.

Diese achte große Vollkommenheit wird gerne in der

Form angewandt, dass der Heilige sich in die Luft erhebt, oder durch die Luft fliegt.

Zu diesen traditionellen acht, dieselben, die von Natur dem Gott Śiva eigen sind, kommen noch viele andere höhere Kräfte wie: Kenntnis der Vergangenheit und der Zukunft; das Verstehen der Tiersprache; die Erinnerung an frühere Existenzen; die Kenntnis von allem, was in dem Geiste eines anderen vor sich geht; überhaupt Intuition, so dass man alles wissen kann, was man zu wissen verlangt.

Diese Eigenschaften sind bei dem Yogin, der es so weit gebracht hat, im wachen Zustande vorhanden, aber sie sind nicht da, solange der ekstatische Zustand des Samâdhi währt; denn dann hat ja der Yogin sein Bewusstsein von sich fortgelenkt. Wenn er aber aus seiner Verzückung zu dem gewöhnlichen Leben zurückkehrt, behält er, so lehrt die Theorie, Eindrücke oder Wirkungen seines Samâdhi als bleibenden Gewinn. Dadurch, dass er den Yoga zu dem höchsten Grade der Vollkommenheit gebracht hat, ist er zu einem höheren Wesen geworden, das zaubern kann.

Das große Publikum in Indien sieht in der Tat in jedem Yogin mehr oder weniger einen Zauberer. Niemand kann wissen, wieweit es gerade der Yogin, mit dem man in Berührung gekommen ist, in der erhabenen Kunst gebracht hat. Deshalb nimmt man sich vor allen in Acht. Die Zahl der Freigeister, die über die anerkannten Zauberkünste lachen, ist klein; fast jeder hat das Gefühl, dass in dem Yogin geheimnisvolle Kräfte ruhen, welche ihn gefährlich machen könnten, wenn man seinen Zorn erregt. In diesem unbestimmten Gefühl, das mit Zweifel gemischt sein kann, aber nie ganz fehlt, liegt die wahre Macht des „Beters", des Yogin, des *Śramana*, die es ihm ermöglicht, sich bei den Leuten in Geltung zu setzen. In der öffentlichen Meinung wird er als ein erhabenes Wesen betrachtet, und man sieht in ihm ebenso gut einen mit höherer Macht Begabten wie in einem der Brahmanen, von denen es bei Manu heißt, der König „dürfe sogar in der äußersten Not nichts tun, was ihren Zorn erregen könnte; wären sie erzürnt, so könnten sie ihn töten, mit Kriegsknechten und Wagen".

Dieselbe ehrerbietige Furcht, die sich hier in so starken Worten gegenüber dem Brahmanen äußert, empfindet man auch gegenüber dem Yogin; und bei diesem wird das Element der Furcht noch mehr in den Vordergrund treten, denn der Yogin ist der Zauberer. Wenn der Glaube an die Wunderkraft irgendeines Heiligen bei der Menge Wurzel gefasst hat, so ist er tatsächlich in seiner Umgebung allmächtig. Sein Segen bringt Glück, sein Fluch Unheil. Wie eine Gottheit muss man ihn in guter Stimmung erhalten. Man fürchtet sich, ihn zu erzürnen. Als vor einigen Jahren in der Umgegend von Amritsar die Pest ausgebrochen war, die Stadt selbst aber verschont blieb, schrieb das Volk dies der Anwesenheit eines Yoga verrichtenden Asketen zu, der das Gebiet der Stadt durch seinen Besuch geheiligt hätte und die ihm dargebrachte Verehrung dadurch vergälte, dass er seinen Yoga zur Hinderung der Epidemie anwende. Und in demselben Amritsar weiß man von einem großen Brande zu erzählen, der vor Jahren im Bazar entstand, unmittelbar nachdem ein heiliger Mann, dem die Kaufleute ein Almosen verweigert hatten, zornentflammt weggegangen war.

In diesem Zusammenhang will ich, ehe ich fortfahre, meine Beschreibung einen Augenblick unterbrechen, und zwei Tatsachen mitteilen, die ein Seitenlicht auf den Wunderglauben werfen, mit dem wir uns eben beschäftigen. Die erste ist das Resultat der letzten Volkszählung in Indien im Jahre 1901, in Bezug auf die Zahl der Analphabeten. Diese erweist, dass 90% der männlichen und 99 ½ % der weiblichen Bevölkerung weder lesen noch schreiben können. [1]) Die zweite erzählt Deussen in seinen „Erinnerungen an Indien", indem er von der Schwierigkeit spricht, in indischen Städten eine Wasserleitung anzulegen. Die Hindus müssen nach ihrer

---

1) Die offiziellen Zahlen sind diese: von 149 442 106 Männern sind 137752026 Analphabeten, und von 143 972 800 Frauen 142 976 459. Welche Bedenken man auch gegen diese Statistik haben könnte, im großen Ganzen sind unsere Zahlen zuverlässig.

Religion fließendes Wasser benutzen, so wie die Natur es gibt, und in ihren Augen ist das Wasser von Flüssen und Teichen rein, auch wenn es durch Küchenabfall, Exkremente oder faulende Körper verunreinigt ist. Daher ist es auch unmöglich, der Cholera vorzubeugen.

Bei solchen echt mittelalterlichen Zuständen und Ideen kann man sich nicht wundern, dass dort ein so weit verbreiteter Glaube an Wunder und an die Wunderkraft von *Tapas* und *Yoga* herrscht. Die Sanskritliteratur ist voll von Geschichten, in denen sich dieser Volksglaube ausspricht. König Visvâmitra hat sich durch Tapas und Yoga den Brahmanenrang erworben, der Dämon Bali Unverletzlichkeit. Die buddhistischen Arhats fliegen nach Willkür durch die Luft und lassen vor den Augen ihrer Umgebung allerlei Gestalten erscheinen, die in Wirklichkeit nicht da sind. Andere Zauberer, die z. B. Śiva als höchstes Wesen verehren, können das gleiche. Kurz, wer es im Yoga zu einer gehörigen Höhe gebracht hat, ist imstande, die natürliche Ordnung der Dinge zu durchbrechen. Im Sanskrit wird das Wort Yoga auch in der Bedeutung „Zauberei" gebraucht.

Eine der unheimlichsten Künste, die der Volksglauben den Yogins andichtet, ist die Macht, ihre Persönlichkeit aus ihrem eigenen Körper hinausgehen und in den Körper eines anderen eindringen zu lassen. Diese Äußerung der Zauberallmacht besteht nicht nur in der Phantasie der großen Menge, sie wird auch in der Theorie, und schon in dem ältesten Lehrbuch des Yoga ausdrücklich verkündet. Infolge der Lösung des Karmabandes, das sein inneres Organ, in dem die Persönlichkeit verborgen ist, an den Körper kettete, und da der Yogin ferner den Weg weiß, auf dem dieses Organ in den Körper gekommen ist, kann er es aus seinem Körper herausholen und in einen anderen hineingehen lassen. In die Sprache des Sânkhya und Vedânta übersetzt, muss die Formel lauten: man kann durch Yoga den feinen Körper aus dem groben Körper, in den er eingeschlossen war, herauslösen, und kann ihn in einen anderen groben Körper hinüberbringen. Die Lebensgeister und die fünf Sinne gehen von selbst mit, wie es heißt, gleichwie der Bienenschwarm mit seiner Königin dahin geht, wohin diese zieht.

Es fehlt nicht an Geschichten, in denen diese Gestalten-verwechslung wirklich vorkommt. Einen steinreichen König Nanda (im 4. Jahrhundert v. Chr.) wollten drei Brahmanen besuchen, um ihm eine große Summe Geldes abzubetteln. Als sie in den Palast kamen, war er gerade gestorben. Da sprach einer der drei, der die Vollkommenheiten eines Yogin besaß: „Ich werde in den Leichnam des Königs fahren, so dass seine Umgebung ihn wieder lebend wähnt. Einer von euch zweien muss mich dann um das Geld bitten, und ich werde es ihm schenken, und sobald es ausbezahlt ist, verlasse ich wieder den Leichnam des Königs und kehre in meinen eigenen Kör-per zurück. Meinen seelenlosen Leib muss während der Zeit der dritte von uns bewachen." Wie gesagt, so getan. Der Plan gelingt, der Pseudokönig macht die gewünschte Schenkung; aber die Sache nahm ein anderes Ende als sie beabsichtigt hatten. Des Königs erster Minister, ein weiser Mann, durch-schaute ihre List, und erwägend, dass der Thronfolger noch ein Kind und das Reich von mächtigen Feinden bedroht sei, beschloss er, den Yogin in dem Körper des verstorbenen Kö-nigs festzuhalten. Er befahl, alle Leichen in der Stadt sofort zu verbrennen, und ließ diesen Befehl durch seine Beamten streng durchführen. So wurde auch der seelenlose Leib des Yogins seinem Hüter mit Gewalt fortgenommen und ging in Flammen auf. Mit Tränen in den Augen kam der Brahmane und erzählte dem Yogin-König, was vorgefallen, und dieser musste jetzt, sehr gegen seinen Willen, den Königsleib mits-amt dem königlichen Rang und Glanz, und die königlichen Pflichten und Tätigkeiten auf sich nehmen; dies war ihm um-so mehr zuwider, da der verstorbene König ein Śûdra war. Aber der Wunsch des weisen Ministers war erfüllt; er hatte das Reich gerettet.

Eine andere ähnliche Geschichte betrifft einen großen Wundertäter, einen Yogin, der einer bestimmten Śivaitischen

Sekte angehörte. Dieser wohnte seit Jahren allein in einer armseligen Klause an einem Leichenverbrennungsplatz, einer Wohnstätte, die gewissen strengen Formen des Tapas eigen ist. Er war sehr alt geworden: ein abgezehrter Leib, nichts als eine runzlige Haut über den Knochen, von blauen Adern wie von Bändern zusammengehalten, damit sie nicht auseinander falle. Da wird der entseelte Körper eines eben gestorbenen Jünglings unter großem Wehklagen zu der Brandstätte getragen. Wie unser Klausner diesen jungen Leib sieht, fasst er schnell seinen Entschluss. Er verlässt seinen eigenen Körper, dringt in den des Jünglings in dem Augenblick ein, wo man ihn auf den Scheiterhaufen legt und schlägt die Augen auf. Allgemeine Verwunderung und Freude unter den Freunden und Verwandten, vor allem bei dem Vater des tot Gewähnten. Diese Freude aber wurde einigermaßen herabgedrückt, als der zum Leben erwachte ihnen folgende Geschichte erzählte: „Ich war wirklich tot", sprach er, „und war schon in die andere Welt zu Śiva gekommen; da sprach Śiva zu mir: Wenn du das große Gelübde der Askese in meinem Dienste auf dich nimmst, wirst zu zum Leben zurückkehren. Dieses tat ich; auf diese Bedingung hin ist mir das Leben wiedergegeben. Geht also alle nach Hause; ich bleibe hier auf der Leichenstätte, denn wenn ich meinem Gelübde ungetreu bin, so werde ich gleich wieder sterben." Auf diese Weise hatte der alte Klausner, wie eine Schlange, welche die Haut wechselt, einen neuen, jungen Körper bekommen, ohne dass er fortan seine Yogaübungen aufzugeben brauchte. Und sobald sie ihn allein gelassen, war seine erste Arbeit, seinen alten ursprünglichen Leib zu verbrennen.

Glücklicherweise ist der unbegrenzten" Ausübung solcher geheimnisvollen Kräfte und „höheren Fähigkeiten" ein Riegel vorgeschoben. Es geht mit dieser durch Yoga erworbenen Kraft wie mit der Elektrizität. Man besitzt sie nur ganz, solange sie nicht funktioniert. Lässt man sie arbeiten, so gibt man von ihr fort. Entladung der Yogakraft ist also ein Verlust für den Yogin. Wer es mit seinem Yogin und Tapas aufrichtig

meint, d. h. wer Askese verrichtet und sich in den Andachts-
zustand bringt einzig und allein mit dem Ziele, die höchste
Wahrheit zu erlangen und zur Erlösung zu kommen, wird sich
auch nicht den Gefahren aussetzen, in die ihn der Gebrauch
dieser Wunderkräfte bringt. Er wird sie besitzen, aber sich
nicht erniedrigen, Nutzen daraus ziehen zu wollen. Er spart
sich seinen Schatz zusammen, um vor allem ein „im Leben
Erlöster" zu sein, und bei seinem Tode in das Nirvâna einzugehen. Wenn er davon etwas ausgäbe, würde er sich wieder
weiter von seinem Ziel entfernen.

Hiermit ist auch zugleich erklärt, weshalb man äußerlich
von dem Besitz der höheren Fähigkeiten des Yogin so wenig
bemerkt. Was man in den Städten Indiens und bei religiösen
Feiern an heiligen Orten oder auch sonst zu sehen bekommt,
sind die bekannten meisterhaften Gauklerkunststückchen,
welche die Reisebeschreibungen zu erwähnen pflegen, und
welche jeder als „Fakirkünste" kennt. Für den unbefangenen
Betrachter haben diese Dinge mit dem alten und echten Yoga
nichts zu schaffen. Diese Pseudoasketen und falschen Yogins,
welche ihr Tapas und die höheren Fähigkeiten, die sie zu besitzen behaupten, zur Schau tragen, gehören zu derselben
Zunft wie unsere reisenden Jahrmarktskünstler. Der wahre
Yogin lässt sich nicht sehen, er sucht die Einsamkeit. Ob er
sich wirklich im Besitz jener außergewöhnlichen Kräfte
wähnt, welche die Theorie dem vollkommenen „Beter" zu-
spricht, oder ob er die theoretischen hierauf sich beziehenden
Lehrstücke symbolisch erklärt, wer kann es sagen? Hypnose
und Autosuggestion können den Menschen sich allerlei einbilden lassen. Und die praktische Ausübung des Yoga, wie sie
oben geschildert wurde, führt zu Geisteszuständen, in denen
Halluzinationen auftreten. Überdies, die leichte Beweglich-
keit, das Leben im Geiste eines anderen, die Befriedigung aller Wünsche bloß durch den Willen, dies alles ist ja wirklich
da . . . aber in der Einbildung. Der Yoga ist in hohem Maße
dazu geneigt, die Phantasie zu überspannen und zu überhit-
zen, und den Sinn für die Wirklichkeit abzustumpfen. Darin

liegt die Gefahr solcher Methoden.

Sind dies nun, wird man fragen, die Früchte von dem Baume des wahren Wissens, das die Upanishads lehren? Musste man denn auf Grund derselben zu einem so kindischen Zauberglauben kommen, der in Geschichtchen gelegentlich einen hübschen Effekt hervorruft, den aber kein gesundes Menschenhirn ernst nehmen kann?

Dies ist in der Tat die Kehrseite der Medaille. Die Wunderkraft des Yogin ist eine Missgeburt der indischen Theosophie. Sie ist kein logisches und also auch kein notwendiges Ergebnis aus der idealistischen Weltbetrachtung der Upanishads. Der Glaube an diese Zaubermacht aber ist uralt. Er soll auf der Darlegung in dem Lehrbuche des Patanjali beruhen, wo es aus den Prinzipien des Sânkhya-Dualismus abgeleitet wird. In Wirklichkeit hat er einen ganz anderen Ursprung. Er ist die spezifische Äußerung einer Tatsache, die man bei allen auf einer niedrigen Kulturstufe stehenden Gemeinschaften immer wieder beobachten kann, sie besteht in dem Glauben an die übernatürliche Macht solcher Menschen, die in besonders naher Beziehung zu den Göttern stehen. In Formeln festgelegt und an bestimmte Formen und Vortragsweisen gebunden, wurden die Gebete, die sie an dieselben richteten, zu Zaubersprüchen; die rituellen Handlungen, die sie verrichten, zu Zaubereien; und sie selbst, in ihrer eigenen Schätzung und in der anderer, zu höheren über der Menge erhabenen Wesen. Gestalten wie Kalchas, der homerische *mantis*, der das Vergangene, das Gegenwärtige und die Zukunft kennt, wie die Sibylle von Cumae, wie die germanischen Priesterinnen, die man wegen ihrer Prophetengabe vor Beginn des Kampfes nach dessen Ausgang fragte — sie entsprechen recht eigentlich im Abendland den Yogins in Indien.

Der Glaube an den Besitz und an die Besitzer solcher Wunderkraft überlebt das Stadium, worin er entstanden ist, um Jahrtausende. Der Unterschied zwischen uns Abendländern und den Indern ist hierin rein quantitativ. Dasselbe, was sie jetzt glauben, glaubte man am Ende des Mittelalters [1]) und noch lange Zeit danach bei uns. Man denke nur an das Teufelbannen und an die Hexenprozesse. Der Glaube an übernatürliche Dinge ist bei uns nur etwas mehr verblasst; ganz verschwunden ist er auch bei uns nicht. Überbleibsel dieses uralten sogenannten „Aberglaubens" sind auch jetzt noch vorhanden. Nach Beweisen braucht man nicht zu suchen.

Solche Erwägungen mögen dazu beitragen, dass wir die Ideen, die in Indien über den Yoga herrschen, mit einiger Milde beurteilen. Wir brauchen sie ja nicht zu übernehmen. Vergessen wir auch nicht, dass der richtige Begriff von der Natur um uns und von dem Bau unseres Körpers und den Funktionen unseres Lebens, soweit die wissenschaftlichen Ergebnisse uns diesen verschafft haben, verhältnismäßig jungen Datums ist. Die indischen Religionen so gut wie die unsere erkennen die Autorität von Bibeln an, welche in einer Zeit offenbart wurden, da man von der Natur um uns und von dem menschlichen Körper viel weniger wusste und auch, wie sich jetzt zeigt, allerlei unrichtige Ideen hatte; Ideen, die dem Glauben an Wunder und Zauberei keineswegs hindernd entgegentraten, wie die auf der modernen Wissenschaft beruhenden Weltanschauungen.

Um einige Beispiele zu geben. Die indischen Astronomen, die ihre Weisheit ausschließlich aus indischen Büchern geschöpft haben, mögen in ihrem Fach die größtmögliche Höhe erreicht haben, dennoch beharren sie fest und sicher in dem Glauben, dass die Sonne und alle Sterne sich um die Erde drehen, wie Deussen es auf seiner indischen Reise und — wunderlich genug — zu seinem Erstaunen bemerkte. Dass sie, nach der Tradition ihrer Wissenschaft, an Astrologie glauben, lässt sich denken. So glaubt ein indischer Theosoph

---

1) Anatole France, „Jeanne d'Arc" (I, S. 184) entnehme ich: „Guillemette de la Rochelle führte das beschauliche Leben einer Klausnerin. Sie hatte es darin, nach der Sage, so weit gebracht, dass sie sich, im Zustande der Entzückung, bis zu mehr als zwei Fuß über die Erde erhob."

auch, dass sein Âtman, wie es die Upanishads und der Vedân-ta lehren, seinen eigentlichen Sitz in dem Herzen habe. Dahin verlegt er das Heiligtum des Wirkens und Webens der menschlichen Seele. Von dort aus wird die Verbindung mit der Außenwelt durch eine Ader, die nach dem Scheitel geht, hergestellt. Denn von der Rolle, die das Gehirn im menschlichen Körper spielt, wissen seine heiligen Bücher ja nichts. An sich ist das nicht zu verwundern. Es hat lange gedauert, bis die Menschen zur Kenntnis von der Funktion des Gehirns kamen. Bei Homer sind Zwerchfell, Herz und Brust die Organe unseres Fühlens, Wollens, Denkens. In dem Herzen, *cor*, suchte man den Sitz dessen, was in Wirklichkeit die Tätigkeit unseres Gehirns ist; wie ja im klassischen Latein *cordatus* „verständig, weise" bedeutet. Wenn nun eine Bibel solche physiologische Begriffe enthält, und der Gläubige alles, was mit diesen dadurch geheiligten Begriffen nicht übereinstimmt, verwirft, dann ist der wahre Nährboden für Behauptungen, wie sie in dem Lehrbuche des Yoga verkündet werden, bereitet. Weiß man dies, so wird man sich nicht mehr wundern, dass solcher Unsinn wie der von den höheren Fähigkeiten des Yogin sogar bei Menschen Glauben findet, von denen man es sonst nicht erwarten sollte.

Zum Glück nicht bei allen Gebildeten. Der europäische Einfluss arbeitet schon stark in einer Richtung, die eine Strömung gegen den von alters her herrschenden Wunderglauben bewirkt. Überdies hat man es hier nicht mit einem festen, formulierten Dogma zu tun, das den Mitgliedern einer kirchlichen Gemeinde als Glaubensbekenntnis vorgeschrieben ist. Indien ist von alters her das Land der Gewissensfreiheit und der Freiheit der religiösen Überzeugung. Sowohl der Glaube als der Unglaube ist in allerlei Formen vertreten. Was man Hinduismus nennt, ist eine verwirrend bunte Menge einer Unzahl teils lokaler, teils allgemeiner religiöser Handlungen und Überzeugungen, mit mannigfachen Riten, einer großen Bilderverehrung und einer Fülle starker Vorurteile. Sekten gibt es massenhaft und unter den Gebildeten sind immer große Meinungsunterschiede über Punkte der Dogmatik. Der Glaube an die Macht des Karma und an die Seelenwanderung ist ungefähr das einzige, was allen gemeinsam ist. Wie in dem alten Heidentum der Griechen und Römer, so ist auch die Götterwelt des Hinduismus dehnbar. Noch heutzutage hat ein jeder seinen bestimmten Schutzgott, der in vielen Fällen eins ist mit der Familiengottheit. Der gewöhnliche Mann hat eine Menge von Gottheiten, an die er sich wenden kann. Damit hängt eine große Verschiedenheit und Vielförmigkeit des Gottesdienstes zusammen. In der heutigen Hinduwelt findet man Typen der Gottesverehrung und der Gottesbetrachtung aus allen verschiedenen Zeitaltern ihres Bestehens bewahrt. Das alte vedische Opfer hat seine Adepten und Fortsetzer seiner Tradition; die Upanishads haben ihre Anhänger, die Fortsetzer des alten Brahmanismus; über die Jains ist schon früher gesprochen; schließlich ist noch die zahlreichste Gruppe zu erwähnen, die der Anhänger jüngerer Religionsformen: der Religionen, in welchen man Vishnu, entweder unter dem eigenen Namen oder unter dem eines seiner Avatâras, anbetet, oder Śiva oder einen der höheren oder niederen Götter aus seinem Kreise.

Was in dem Hinduismus besonders auffällt, ist das Intensive des religiösen Lebens. Es durchdringt die ganze Gesellschaft. Dem Hindu ist es so gut wie unmöglich, die religiöse Seite des menschlichen Handelns von der profanen loszulösen. So sehr sind sie ineinander verwoben. Bei der Einteilung in Kasten, die das Fundament und den wesentlichsten Bestandteil der Hindugesellschaft bildet, tritt dies deutlich hervor. Eine jede der vielen gegeneinander hermetisch abgeschlossenen Abteilungen und Unterabteilungen, in welche die Welt der Hindus zerfällt, hat ihre eigenen religiösen Gebräuche, die voneinander verschieden sind und sich nur gleichen in ihrer Heiligkeit, ihrem für die Mitglieder der Kaste bindenden Charakter, und ihrer, wenigstens theoretischen, Unveränderlichkeit. In dieser Hinsicht wird man einigermaßen an die sacra gentilicia und familiaria, die sacra privata der alten Römer erinnert.

Schließlich will ich noch auf eine Eigentümlichkeit des indischen Volkes aufmerksam machen, durch die es sich so stark von den alten Hellenen unterscheidet. Ich meine ihre Maßlosigkeit. Der Sinn für Ordnung und Proportion hat sich bei ihnen nur schwach entwickelt. Wie ihre Götterbilder, so sind ihre religiösen Vorstellungen. Ihnen fehlt harmonische Begrenztheit. Lassen sie ihrer Phantasie freien Lauf, so ist kein Ende mehr, sie geht ihnen durch in der Richtung, in der sie losgelassen ist. Daher finden wir in ihren Betrachtungen neben vielem, das uns großartig erscheint, auch vieles, das wir eher grotesk nennen möchten. Sie räsonieren gar oft zügellos ins Blaue hinein. Ihre Phantasie, die besonders reich ist, findet kein genügendes Gegengewicht in dem Gefühl für die Wirklichkeit der Dinge. Wörtliche, allegorische und symbolische Auffassung sind, nicht scharf geschieden. Daher die Unklarheit und geringe Schärfe ihrer kontemplativen Dogmen.

Wer die indischen philosophischen Systeme und ihren Yoga studiert, muss wohl das Urteil unterschreiben, das schon vor mehr als einem Jahrhundert von dem Mann, der mit Recht als der Gründer unserer indologischen Wissenschaft betrachtet wird, ausgesprochen wurde. Henry Thomas Colebrooke schrieb in einem Briefe aus Indien an seinen Vater, am 6. Dezember 1793, in einer Zeit, als er seine Sanskritstudien schon recht weit gefördert hatte. „Je mehr wir unsere literarischen Untersuchungen hier fortsetzen, desto ausgedehnter und überraschender wird unser Gesichtskreis, Dabei ist das Wahre und das Unwahre, das Erhabene und das Kindische, das Gescheite und das Törichte so durcheinander gemischt, dass wir bei jedem Schritt über dummes Zeug lächeln und zugleich bewundernd die philosophische Wahrheit anerkennen müssen, wenn diese auch in dunkle Allegorien oder in irgendein Kindergeschichtchen eingekleidet ist."

Die Yogin und die Ausübenden asketischer Ausschweifungen haben zu allen Zeiten die Verwunderung derer, die sie in Indien gesehen haben, erregt. Man kann Respekt haben vor ihrer Ausdauer und Willenskraft, sogar diese völlige Hingebung an ein großes Ideal bewundern, wenn man auch für sich überzeugt ist, dass dies Ideal nicht mehr als ein bloßes Hirngespinst ist. Diejenigen aber, welche in Europa und Amerika am meisten Aufhebens von dem geheimnisvollen Wissen und der wundertätigen Andacht der Yogin machen, und welche in einem fort mit Worten wie Râjayoga und Hathayoga wirtschaften und oft recht merkwürdig damit umgehen — diese Damen und Herren sind nicht imstande, das in Sanskrit geschriebene Lehrbuch des Yoga zu lesen, viel weniger es zu erklären und in den Rahmen seiner Zeit und seiner Umwelt zu stellen. Sie scheinen keine Ahnung davon zu haben, dass die physiologische und psychologische Kenntnis, welche der Ausgangspunkt der Yogapraktiken ist, noch auf derselben tiefen Stufe steht, wie die jener alten Zeit, da die Âtmanlehre zum ersten Mal in den Upanishads verkündet wurde.

Dieses sei denjenigen zur Erwägung gegeben, die den indischen Yoga, sowohl den langsameren Weg des Râjayoga als den kürzeren des Hathayoga näher kennen lernen möchten: beide, wir haben es gezeigt, sind hypnotische Methoden, welche auf die Dauer zu geistiger Abstumpfung führen müssen, wie sie es denn bei so manchem auch schon getan haben.

Fünftes Kapitel

Erreichung des Nirvâna durch Selbstmord?

Nachdem wir nun den Yoga betrachtet haben, bleibt uns noch die Frage übrig: kann man sich durch Selbstmord aus dem Sansâra erlösen oder wenigstens die Erlösung beschleunigen? Und unter welchen Bedingungen?

Wir haben Grund zu dieser Frage. Das Leben in jeder Form ist nach allgemein indischen Begriffen die Folge früheren Karmas. Wo Karma verrichtet wird, entstehen Keime für weiteres Leben, das heißt, nach indischer Auffassung, für weiteres Verbleiben in dem Wirbelstrom der phänomenalen Welt, dem Quell unentrinnbaren Schmerzes. Erlösung aus diesem Zustand des unaufhörlichen Geborenwerdens, Leidens und Sterbens, um wiederum geboren zu werden, ist nur möglich, wenn es gelingt, das Karma bis in seine äußersten und unzugänglichsten Schlupfwinkel zu verfolgen und endgültig zu vernichten. Wer sein Leben diesem hohen Ziel widmen kann, gerät zur *Moksha*, zur Erlösung. Durch die Erlangung des „wahren Wissens" kann er sogar schon vor seinem körperlichen Tode den Zustand eines Erlösten erreichen. Ein solcher heißt: ein beim Leben Erlöster. In diesen Zustand kommt der Yogin, nach den hierin übereinstimmenden Lehren des Sânkhya und Vedânta, wenn er es durch Vertiefung und Kontemplation so weit gebracht hat, dass er sich dieses Zustandes bewusst geworden ist und zu der Sicherheit gekommen ist, dieses ist meine letzte Existenz; nach diesem Tode werde ich keinen neuen Körper erhalten. Diesen Zustand glaubte der heilige Bhâskarânanda, den wir oben (S. 214) erwähnten, erreicht zu haben, als er sich in dem letzten Stadium seines Lebens als splitternackter Heiliger zu Benares aufhielt. Im Buddhismus steht diesem Stande der hohe Rang des Arhat gegenüber.

Hat man es so weit gebracht, dann ist alles alte Karma vernichtet und das Entstehen neuen Karmas unmöglich geworden. Dass der Tod nicht unmittelbar beim Erreichen des erlösten Zustandes eintritt, will man folgendem Umstand zuschreiben: das alte Karma ist tatsächlich vernichtet, nämlich das dynamische Karma, d. h. soweit es eine unsichtbare, im Keim vorhandene Größe ist, welche in Zukunft sichtbare und greifbare Erscheinungen entstehen lassen wird; die sichtbaren und greifbaren Erscheinungen früheren Karmas, oder wie die Inder sagen, dessen Frucht (*phala*), bleiben solange bestehen, bis sie je nach ihrer Natur ausgewirkt haben. So wird die natürliche Todesstunde und Sterbensweise des Yogin dadurch nicht verändert, dass er die höchste Stufe erklommen hat. Durch seine Wunderkraft *weiß* er seine Todesstunde im Voraus; dies wird in Patanjalis Lehrbuch als eine der herrlichsten Fähigkeiten des vollkommenen Yogin angegeben; aber die schon vorhandenen Folgen früheren Karmas liegen außer dem Bereich seiner Macht. Wie das Rad des Töpfers sich weiterdreht, auch wenn das Tongefäß die gewünschte Form bekommen hat und von der Scheibe entfernt ist, ebenso läuft der Körper des Yogin weiter in dem Wirbel des Sansâra, bis die Kraft, welche ihm den Stoß gab, aufgebraucht ist.

In diesem Gedankengang ist die Idee des Selbstmordes als Mittel zur Erlösung ausgeschlossen. Jedoch, es gibt noch ein anderes Räsonnement, das ihn nicht ausschließt.

Es ist leicht gesagt: der bei dem Leben Erlöste kann kein neues Karma mehr verrichten, aber ist dies auch wahr? Gesetzt, jemand habe alle Begierden, alle Bedürfnisse in sich getötet und sei nach dem Geiste tot geworden wie ein Zahn, aus dem man den Nerv entfernt hat, so muss er doch, wenn er nicht vor Hunger sterben will, die ihm vorgesetzten oder gar in den Mund gesteckten Speisen selbst kauen, selbst verdauen. Ist dies nicht ein Handeln? Der Dichter von dem Liede des Herrn sagt auch mit Recht, dass gänzliche Karmalosigkeit undenkbar ist, solange das körperliche Leben andauere. Die Theorie stellt sich dieser Schwierigkeit mit folgendem Sophismus entgegen. Da alle Keime des Karma in den Flammen des wahren Wissens totgebrannt worden sind, kommt es überhaupt nicht mehr darauf an, was der beim Leben Erlöste Yogin weiterhin verrichtet. Er ist über das Karma hinaus; er kann nicht mehr Gutes noch Böses tun. Was er auch tut, seine Handlungen haben für ihn keine Folgen mehr.

Eine gefährliche Lehre, fürwahr, welche, wenigstens in der Theorie, jedem scheinheiligen Schurken die Freiheit zu jederart Misstaten geben könnte. Der wahre Yogin wird natürlich keinen Missbrauch mit dieser Lehre treiben. Er könnte ihr jedoch einen Grund entnehmen, seinem Leben freiwillig ein Ende zu machen. Denn wenn man an seine Taten den Maßstab des Guten oder Bösen nicht mehr anlegen kann, so schließt dies logisch in sich, dass der Selbstmord, der nach allgemein indischen Begriffen etwas sehr Schlechtes ist, für ihn ohne jede üble Folge nach dem Tode sein wird. Erlöst ist er, daran lässt sich nichts mehr ändern; was kann es ihm schaden, wenn er sich etwas früher seines Körpers entledigt?

Wenngleich ich nicht beweisen kann, dass auf solcherlei Weise der Selbstmord von „bei dem Leben Erlösten" gerechtfertigt worden ist, gewiss kommt er als Tatsache des öfteren vor. So ist es in der Umgebung Alexanders, des Königs von Mazedonien geschehen, und zwar mit dem Gymnosophisten Kalanos, der sich hatte bereden lassen, mit dem mazedonischen Herrscher zu ziehen und sein Vaterland zu verlassen, „gegen die Gewohnheit der indischen Philosophen" sagt Strabo. Als dieser Kalanos, in seinem zweiundsiebzigsten Lebensjahre, in der persischen Stadt Pasargadae krank wurde, ließ er sich, öffentlich, sogar angesichts einer großen Menge auf einem mit großer Pracht aufgebauten Scheiterhaufen, lebendig verbrennen. Dass hier, wie wir schon öfters bei den Yogin bemerkten, ein Teil Eitelkeit im Spiele ist, liegt auf der Hand. Megasthenes, dem wir die zuverlässigsten Berichte über Indien aus jener Zeit verdanken, sagt, dass solche Selbstmorde gar nicht vorgeschrieben sind, ja dass sie von den Philosophen missbilligt werden, und dass man diejenigen, die ihrem Leben selbst ein Ende machen, für Frevler hält. Als Formen des Selbstmordes, die vorkommen, nennt er unter anderen: sich von einem Felsen stürzen; in einen Abgrund springen; sich aufhängen; sich verbrennen in der Weise des Kalanos.

Kalanos tat dieses, als er in hohem Alter erkrankte. Das stimmt zu den Lehren des Manu und seiner Kommentatoren in Bezug auf den Brahmanen in seinem dritten Lebensstadium, dem des Waldbewohners. Wenn ein solcher, so lesen wir dort, von einer unheilbaren Krankheit befallen wird, so soll er weggehen von seinem Wohnort, in nordöstlicher Richtung, so lange, bis ihn das Leben verlässt, sich nur von Wind und Wasser nährend. Wer sich auf diese oder auf eine andere erlaubte Weise seines Körpers entledigt, der wird von Furcht und Gefahr frei in Brahmas Welt Seligkeit genießen. Dies Wort kann auf zweierlei Weisen erklärt werden. Es kann bedeuten: wiedergeboren werden in einem jener hohen Himmel, wo nur gestaltlose Geisterexistenz besteht, oder auch: erlöst werden, den *Moksha*, das *Nirvâna* erreichen.

Einen solchen Fall eines Selbstmordes zur Erlangung der Seligkeit von verhältnismäßig jungem Datum teilt der Abbé Dubois mit. „Von Zeit zu Zeit", so schreibt er, „begegnet man solchen Wahnsinnigen, die über Land laufen und überall erzählen, dass sie sich töten wollen, um das Geld zu sammeln, mit dem sie die Kosten der feierlichen Erfüllung ihres sündigen Vorhabens bestreiten können. Ich habe einen dieser Unglückseligen gesehen, der reichliche Almosen sammelte; überall empfing man ihn mit Zeichen großer Erregung und Ehrfurcht. Im täglichen Gespräch nannte man ihn *Sava* „die Leiche"; er lief immer herum mit erhobenem Dolche, mit welchem er sich den Todesstreich geben wollte, und an dessen Spitze er eine kleine Zitrone gesteckt hatte. Alles war schon für die grässliche Feier vorbereitet; das Opfer selbst hatte den Tag bestimmt, an welchem sie stattfinden sollte; eine zahllose Menge Neugieriger freute sich in der Voraussicht, so etwas mit ansehen zu können. Aber der Distriktvorsteher, der ein verständiger und humaner Mensch war, ließ den Helden der Tragödie vor sich kommen, nahm ihm seinen Dolch und befahl, ihn aus dem Distrikt zu treiben mit dem ausdrücklichen Verbot, sich dort jemals wieder sehen zu lassen. Einige Monate später erfuhr ich, dass der Wahnwitzige sein abscheuliches Gelübde an einem anderen Ort (Dubois nennt den Namen des Flusses, an dessen Ufern es geschah), zur großen Befriedigung unzähliger Liebhaber solcher Schauspiele, vollführt habe." Wenn Dubois jetzt lebte, könnte er hinzufügen, dass dieser Schwärmer heiligen Beispielen folgte. In der buddhistischen Schrift ist den späteren Geschlechtern überliefert, wie und weshalb der Mönch Godhika noch bei Lebzeiten des Buddha dadurch das Nirvâna erreichte, dass er sich mit einem Messer den Hals abschnitt. [1])

Der hier mitgeteilte Fall soll vor mehr als einem Jahrhundert stattgefunden haben. Heutzutage sind Selbstmordversuche in Britisch-Indien gesetzlich strafbar, wenigstens soweit der englische Einfluss reicht. Dieser hat überhaupt den schlimmsten Exzessen uralter Begriffe so viel wie möglich ein Ende gemacht, so der Witwenverbrennung, der Tötung neugeborener Kinder weiblichen Geschlechts, dem öffentlichen Erscheinen von Nacktgängern.

Außer als Mittel, um die völlige Erlösung zu beschleunigen, kommt" der Selbstmord auch zu einem anderen Zweck vor, der gleichfalls einen theosophischen Hintergrund hat.

Weitaus die meisten Menschen stellen ihr Ideal nicht so hoch, dass sie gleich nach diesem Leben Befreiung aus dem Sansâra erhoffen. Sie sind schon ganz zufrieden, wenn ihnen mit einiger Sicherheit ein glückseliges Los bei der Wiedergeburt auf Erden oder Himmelsfreude in einem der vielen und vielerlei Stockwerke ihres aus einer Anzahl Wohnungen oder

---

1) Siehe Warren, „Buddhism in Translations" S. 380.

„Welten" bestehenden Himmels bevorsteht. Hierzu dienen ihnen die guten Werke. In dem Meer von Schriften, in welchen man zum Sammeln dieses Schatzes angemahnt wird, nehmen rein religiöse Handlungen einen verhältnismäßig großen Platz ein. Neben Tugenden wie Freigebigkeit gegen heilige Bettler, Ehrung der Brahmanen und ihre Beschenkung, stehen Devotion und Verehrung der Götter und Götterbilder, tägliches Beten und Waschungen im Vordergrund.

Unter die herrschenden Ideen dieser Art, die ziemlich allgemein verbreitet sind und geglaubt werden, gehört auch, dass man infolge eines frommen und tugendhaften Lebens selbst darauf Einfluss üben kann, in welcher Daseinsform man nach dem Tode wiedergeboren wird. Denn der feine Körper wird dahin ziehen, wohin der Geist des Menschen in der Todesstunde gerichtet ist. Ist dies nicht in dem Liede des Herrn von Krishna-Vishnu selbst offenbart? „Wer in der Todesstunde mit dem Gedanken an mich und an nichts anderes von dem Körper sich löst und dahinscheidet, der geht in mein Wesen ein; darüber besteht kein Zweifel. Welches auch die Daseinsform sein mag, in die man sich mit dem Geiste vertieft, wenn man bei dem Tod den Körper verlässt, dieses Zustands wird man immer teilhaftig, weil man durch jene geistige Vereinigung darin aufgeht."

Überträgt man dies aus der Sprache der Theosophie in die der Gottergebenheit, so haben wir hier eine Äußerung von der Macht des Gebetes. Was der Fromme in der Todesstunde von seinem Schutzgott hinsichtlich der Art des Lohnes, der ihm nach dem Tode zufallen möge, erbittet, das wird gewiss in Erfüllung gehen. Darauf kommt diese „Weisheit" hinaus. Nur ein Schritt weiter, und wir sind bei einer neuen Möglichkeit des religiösen Selbstmordes. Denn wenn man die Sicherheit hat, seinen Zweck zu erreichen, wenn man in der Todesstunde brünstig zu seinem Gotte betet und dabei an das Schicksal denkt, das man sich in seiner nächsten Existenz wünscht — so wird der Fromme und Ergebene, der von der Sehnsucht nach irgendwelcher Herrlichkeit im Jenseits beherrscht wird, dazu kommen können, sich des Lebens zu berauben, wenn er meint, dass die Umstände ihm die Erlangung seines Herzenswunsches am besten gewähren.

Die Erzählungsliteratur der Inder enthält in der Tat zahllose Beispiele solcher Selbstmorde, erdichtete Schilderungen eines wirklichen Typus. Es ist ein verführerisches und dankbares Motiv: ein Mädchen, das den jungen Mann, den sie liebt, nicht bekommen kann, und sich tötet mit dem Gebet auf den Lippen, dass sie ihm in einem nächsten Leben angehören möge, ein Gebet, das in der Erzählung natürlich erfüllt wird. Auch in den erhabenen, von dem Bodhisattva verrichteten Heldentaten der Aufopferung kommt es vor, dass er sein Leben preisgibt in der festen, auch nicht getäuschten Erwartung, in einer bestimmten, ihm im Moment des Todes vor Augen stehenden Weise wiedergeboren zu werden. So einmal als er der König Padmaka war. Eine Pestepidemie suchte sein Volk heim, und er konnte nichts tun, um ihm zu helfen. Da sagten die Ärzte: es gibt nur ein Heilmittel, das Fleisch eines bestimmten roten Riesenfisches. Aber wie man auch suchte, man konnte den Fisch nicht finden. Da nahm der fromme Fürst sich vor, das letzte Mittel zur Rettung anzuwenden. Mit dem starken Wunsch im Herzen, unmittelbar wiedergeboren zu werden in der Form jenes Genesung bringenden Fisches, stürzte er sich von einem Felsen herunter. Und wirklich, nach einiger Zeit erschien er als solcher in dem Strome, der an der Hauptstadt vorbeifloß, und mit seinem Fleisch und Blut brachte er seinem kranken Volke die Genesung.

An einer anderen Stelle spricht sich dieser festeingewurzelte Glaube in der Geschichte eines Jünglings aus, der zur Zeit, als der Buddha predigend durchs Land zog, Mönch werden wollte, aber von seinen Eltern daran gehindert wurde. Denn der Buddha, als Ordnung liebendes Kirchenhaupt, nahm nie jemand in den Orden auf, der nicht die Zustimmung von Vater und Mutter bekommen hatte. Was tut der in seinem Verlangen nach Erlösung gehemmte Jüngling? Er versucht auf alle Weise sich umzubringen, in dem Gedanken: möge ich eine solche Wiedergeburt empfangen, dass ich in dem neuen Leben in den Orden des Gautama Buddha eintreten kann! Von der Wirkung einer solchen aus vollem Herzen im Sterben gesprochenen Heilsbitte sind sowohl der Verfasser als der fromme Leser der erbaulichen Geschichte überzeugt.

Vor hundert Jahren waren solche gerechtfertigten Selbstmorde, „legal suicides" nennt sie Colebrooke, nicht so ganz selten. Selbstverbrennung, sagt er, ist jetzt veraltet. Andere Arten des Selbstmords aus religiösen Motiven kommen aber häufig vor, wie sich ertränken, sich lebend begraben lassen, sich von einem Felsen stürzen, sich während einer Prozession unter die Räder eines Wagens werfen, der ein Götterbild trägt usw. Im Lauf der Zeit hat die englische Regierung gemeint, diesen eigentümlichen Glaubensbezeugungen ein Ende machen zu müssen.

Es braucht aber kaum gesagt zu werden, dass auch die öffentliche Meinung unter den Hindus solche Fälle des Selbstmordes im Prinzip missbilligt. Man rechnet sie zu dem schwarzen Karma, das böse Frucht trägt, nicht zu dem weißen, auch nicht zu dem gemischten.

Vierte Abteilung.

Die indischen Heilslehren und das Abendland

Inwiefern ist man berechtigt, asiatische Völker unter die maßgebenden Faktoren unserer modernen Kultur, sozusagen mit unter unsere geistigen Vorfahren zu rechnen? [1]) Dass wir den uralten, längst untergegangenen Kulturen, die zu einer Zeit, da Europa noch von Barbaren bewohnt wurde, an den Ufern des Nils und des Euphrat blühten, wichtige Fundamente unserer Kultur verdanken, weiß jedermann; aber man muss bedenken, dass diese Einflüsse nicht unmittelbar zu uns gelangt sind, sondern durch Vermittlung des griechischen Geistes und in der Form wie dieser sie für sich umgestaltet hatte, also keineswegs durch unmittelbaren Austausch oder gar durch Einimpfung. Von keinem anderen orientalischen Volk kann man so sprechen, wie wir es von Israel tun, wenn wir sagen, dass es unser Wegweiser auf dem Gebiet der Religion geworden sei, und wie wir von Hellas und Rom sagen können, dass sie unsere Führer und Lehrer geworden sind, Hellas auf dem Gebiet der Kunst und der wissenschaftlichen Untersuchung, und Rom auf dem des Rechtes und des Staates.

Auch von Indien nicht. Die indische Kultur ist jünger als die von Babel und war gar nicht oder doch wenig an den mannigfachen Berührungen beteiligt, die vor Alexander dem Großen zwischen dem Volke der Hellenen und Westasien

---

1) Der Ausdruck unsere „geistigen Vorfahren" ist den Holländern geläufig geworden, seitdem einer ihrer besten Schriftsteller, Prof. Allard Pierson, unter diesem Titel ein in großem Stile angelegtes, leider unvollendet gebliebenes Werk geschaffen hat. Er wollte das Wesen und die Eigenart der drei Kulturvölker des Altertums, durch deren hervorragenden Einfluss unsere ganze moderne Kultur bedingt ist, in kunstvoller Form darstellen, und hatte geplant, hiermit dem Genius Israels, Hellas und Roms ein literarisches Denkmal zu errichten. Doch der Tod hat ihn mitten in seiner Arbeit dahingerafft (1896). Der Band: „Israel" erschien 1887, vom Bande: „Hellas" wurde die Zeit vor Alexander ganz, die alexandrinische teilweise vollendet (1891—1893). Weiter ist das Werk nicht gediehen.

jahrhundertelang bestanden. Auch in späterer Zeit, als regelmäßige Beziehungen, besonders Handelsbeziehungen, zwischen den Völkern des Mittelländischen Meeres und Indien einsetzten, blieb der geistige Verkehr gering und unbedeutend. Von indischem Einfluss auf das Denken und Streben im Abendlande konnte auch damals kaum die Rede sein. Man kannte sich ein wenig, gerade genug, um sich des großen Unterschiedes zwischen der indischen und der abendländischen Welt bewusst zu werden, mehr nicht. So ist es geblieben, bis Indien unter englische Herrschaft kam. Die beiden Kulturen, die abendländische der fremden Eroberer und die nationalindische, sind von so verschiedenem Charakter, dass einem gegenseitigen Einfluss der Vermischung oder gar der Verschmelzung große, man sollte meinen unüberwindliche Schwierigkeiten im Wege stehen müssten. Dennoch konnte auf die Dauer eine gegenseitige Einwirkung nicht ausbleiben. Besonders unter den höheren Ständen der Hindus, denen eine europäische Erziehung durch das Englische als der Hauptsprache offen steht, hat sich die abendländische moderne Kultur in all ihren Ausdrucksformen, wissenschaftlich, ökonomisch und religiös, stark geltend gemacht. Andererseits ist der reiche Schatz religiösen und philosophischen Denkens, die mehrere Jahrtausende hindurch bewahrte und weiterentwickelte Frucht des nationalen indischen Geistes uns erschlossen worden. Der indische Einfluss auf uns hat erst in unseren Tagen begonnen. Und wer weiß, ob man nicht nach einigen Jahrhunderten auch Indien einigermaßen mit zu den geistigen Vorfahren der Weltkultur wird rechnen dürfen. In Bezug auf die Kultur des Fernen Ostens hat es schon längst diesen Platz.

Auf einem Gebiet muss man schon heute gestehen, dass Indien eine mächtige, in ihren Folgen tief eingreifende Umgestaltung in den europäischen Ideen und Theorien verursacht hat, nämlich auf dem der Sprache. Die allgemeine Sprachwissenschaft, die eingewurzelten Irrtümern ein Ende gemacht und uns die richtige Einsicht in das Wesen und die Wirksamkeit der Sprache verschafft hat, verdankt ihren Ursprung unserer Bekanntschaft mit dem Sanskrit. Die Entdeckung der Verwandtschaft zwischen dieser Sprache und dem Griechischen, Lateinischen und Germanischen hat zu der Erkenntnis von einer indogermanischen Sprachfamilie geführt; die Bekanntschaft mit den einheimischen, in ihrer Art ausgezeichneten sprachlichen Werken der Inder sind der Methode sprachlicher Untersuchung im Allgemeinen von Nutzen gewesen. Hier ist Indien für uns der Wegbereiter geworden, wie es Israel einst auf dem Gebiet der Religion, Rom auf dem des Rechtes gewesen ist.

Die Beziehungen zwischen der indischen Theosophie und der abendländischen Religion und Philosophie lassen sich am besten darlegen, indem man sie trennt und für sich behandelt, die indische Theosophie unter abendländischem, die abendländische unter indischem Einfluss. Einem jeden dieser beiden Themen wollen wir ein Kapitel widmen.

Erstes Kapitel

Abendländischer Einfluss auf die indische Theosophie.

Die Bekanntschaft der Inder mit der Kultur des Westens ist hauptsächlich dadurch zustande gekommen, dass Abendländer ihr Land beherrscht haben.

Schon vor den Engländern hat das jetzige Britisch-Indien fremde Herrscher gehabt. Die nordwestlichen Grenzländer waren schon früh die Beute wechselnder Eroberer aus Iran. Die Perser haben unter der Herrschaft der Achaemeniden indische Grenzprovinzen besessen. Der Kriegszug Alexanders des Großen reichte noch weiter. Zwar waren die allerersten Folgen nicht in Übereinstimmung mit dem rühmlichen Anfang — denn bei Alexanders Tod gewann dieser Teil Indiens seine Unabhängigkeit wieder zurück und behielt sie, solange Indien unter der kräftigen einheimischen Dynastie der Mauryas eine politische Einheit war — aber in dem jetzigen Afghanistan blieb eine griechische Dynastie und drang, im zweiten Jahrhundert vor unserer Zeitrechnung, erobernd in Indien vor, noch weiter als Alexander gekommen war. Dieser griechischen Herrschaft folgte eine der Parther. In den folgenden Jahrhunderten haben türkische Stämme, auch Hunnen, zeitweise Teile von Indien unterworfen. Des öfteren gelang es den Hindus, die fremde Gewalt zurückzudrängen und nationale Reiche zu gründen, von denen einige es zu großer Machtentwicklung gebracht haben.

Man kann nicht sagen, dass diese Fremden einen bedeutenden Einfluss auf die Lehre und das Leben der ihnen untertänigen Hindubevölkerung ausgeübt haben. Nur von den Griechen wissen wir, dass sie auf dem Gebiet der Architektur, der bildenden Künste und der Astrologie auch Lehrer der Inder gewesen sind.

Mit den mohammedanischen Eroberungen wird dies anders Diese begannen zunächst ohne weiteren Anlass mit Raubzügen. Die Gläubigen wurden hierzu getrieben, erstens durch ihre Religion, die forderte, so viele Götzentempel und Götzenbilder wie möglich zu zerstören, und zweitens durch ihren eigenen Vorteil, indem sie das Gold und die Juwelen, die in diesen heidnischen Heiligtümern massenweise aufgehäuft waren, zu ihrem eigenen Nutzen und zum Besten des wahren Glaubens konfiszierten. In beiden Beziehungen hat sich der weitbekannte Mahmud von Ghazna (999—1025) durch seine großen Expeditionen hervorgetan. Dass die mohammedanischen Eroberer das indische Land in Besitz nahmen und sich dort niederließen, erfolgte erst allmählich. Etwa seit dem Jahre 1200 haben die Anhänger des Islam endgültig in Indien festen Fuß gefasst, und so auch ihre Religion. Beide breiteten sich im Laufe der Zeit aus. Die Götzenverehrer ganz und gar zu verdrängen, wie sie dies anderswo getan, ist aber den Muselmännern nicht gelungen. Dem schwindenden Buddhismus haben sie den Todesstreich versetzt, aber das Hindutum mussten sie schließlich ertragen lernen. Doch haben sie viele Proselyten gemacht. Der gegenwärtige mohammedanische Teil der Bevölkerung Britisch-Indiens, der 62 ½ Millionen Seelen zählt gegenüber reichlich 207 Millionen Anhängern des Hinduismus in irgendeiner Form, [1]) wird natürlich nicht ausschließlich von den Nachkommen der fremden Eindringlinge gebildet, sondern zum guten Teil von Eingeborenen, deren Väter den Glauben an Allah und seinen Propheten annahmen. In einigen sehr weit von der Stelle des Einbruchs entfernten Gegenden, z. B. in Bengalen und Heyderabad (im Dekkan) gibt es Provinzen mit überwiegend muslimischer Bevölkerung.

Schon längst, sage ich, haben sich die beiden entgegen-

---

1) Siehe *Hunter*, „Imperial Oazetteer of India" 1907. S. 471 und 473.

gesetzten Religionen daran gewöhnt, einander zu dulden. Sie haben auch aufeinander gewirkt, was denn auch schwerlich ausbleiben konnte. Und wie es in Ländern mit gemischten Religionen zu gehen pflegt, so hat sich auch hier unter den Höherstehenden, die sich immer leichter von Vorurteilen freimachen können als die Menge, wohl einmal die Frage erhoben, ob nicht in den einander entgegengesetzten Religionen manches nur dem Namen, der Form nach verschieden, im Wesen aber gleich sei. Durch symbolische Erklärung von Dogmen und durch neue theologische und theosophische Konstruktionen wird dann gern das beiden Seiten Gemeinsame in einer höheren Einheit zusammengefasst und aneinandergereiht. So ist es gegangen, als die Griechen, und später die Römer, mit den Religionen Westasiens und Ägyptens in nähere Berührung kamen. So ging es auch hier. Die Geschichte berichtet denn auch von Versuchen, den Islâm und das Hindutum miteinander zu versöhnen. Solche Versuche haben aber einen ganz anderen Erfolg gehabt, als das schöne Ideal, das sie erstrebten. Statt beide Gegner zu vereinen, war die Bildung neuer Sekten die einzige Folge.

Ein lehrreiches Beispiel dafür ist die Reformation des Kabir.

Kabir, der um das Jahr 1400 lebte, war aus niederer Kaste, nämlich ein Weber. Er predigte die Gleichheit aller Menschen. Unterschiede nach Kaste, Reichtum, Rang, Religion, auch die verschiedenen Schicksale der Menschen, sind ihm ein Produkt der Mâyâ. Wenn die Muslimen Ali und die Hindus Râma verehren, so liegt der Unterschied nur im Klang; sie meinen denselben Gott. Nicht die Opferhandlung erlöst noch die geheime Formel (mantra), sondern Bhakti und die auf den Allerhöchsten gerichtete Meditation. Wiewohl er Monotheist und Verehrer des Râma als der Verpersönlichung Gottes war, erkannte er als echter Hindu die Existenz der anderen Götter an, nur missbilligt er es, in Übereinstimmung mit muslimischen Ideen, ihre Bilder zu verehren. Er verbot fleischliche Nahrung. Seine Predigt und seine Lehre von der

Tugend erwarben ihm einen großen Anhang, und noch jetzt besteht die Sekte, die seinen Vorschriften folgt und in ihm natürlich einen *Avatâra* Gottes sieht. Hindus und Muslime betrachteten ihn gleichermaßen als einen Heiligen; und als er gestorben war, forderten ihn beide Parteien für sich, um ihm, jede auf ihre Weise, die letzte Ehre erweisen zu können. Als sie sich so stritten, erschien ihnen, so berichtet die Geschichte, Kabir selbst und befahl ihnen, das Kleid, welches über seine Leiche gebreitet war, aufzuheben. Als dies geschehen war, fand man nichts darunter als einen Haufen duftender Blumen. Die Hindus nahmen die eine Hälfte und verbrannten sie zu Benares; die Mohammedaner die andere, und begruben sie zu Gorakhpur. Das einzige Resultat seiner Predigt ist aber, dass eine neue Sekte entstanden ist, die sich nach ihm nennt, ihn verehrt und deren Ordensregeln auf ihn zurückgeführt werden.

Eine andere Sekte, die der *Sikhs*, ist etwa ein Jahrhundert später gegründet worden. Diese wurde sogar zu einer neuen Religion und zählt heutzutage 2 ½ Millionen Anhänger. Sie verdankt ihre Entstehung einer ähnlichen Strömung. Auch die Sikhs verurteilen den Götzendienst, Wallfahrten und den Beistand der Brahmanen bei dem Opfer. Eine Zeitlang besaßen sie große politische Macht im Pendschab, wo sie auch jetzt noch leben, und hätten sich, kriegerisch und gut organisiert wie sie waren, vielleicht ganz Nordindien unterworfen, wären die Engländer nicht gewesen, die sie daran hinderten, weiter vorzudringen und schließlich ihrem ganzen Reich ein Ende machten. Man könnte sie mit einigem Recht als die Protestanten unter den Hindus bezeichnen.

Ein anderer äußerst merkwürdiger Versuch, die Kluft zwischen Mohammeds starrem Monotheismus und den indischen Systemen, seinen pantheistischen Gegenstücken, zu überbrücken, ging von mohammedanischer Seite aus. Ich meine die Pläne, die am Ende des sechzehnten Jahrhunderts Indiens größter Kaiser, Akbar, auszuführen versuchte. Dieser aufgeklärte Despot hatte sich immer für theosophische und theologische Probleme interessiert, auch wenn sie außerhalb der Religion lagen, in der er geboren war. Er liebte es, die besten Geistlichen und geschicktesten Disputatoren von allerlei Religionen in seiner Gegenwart ihre Lehrsätze gegeneinander verteidigen zu lassen, sowohl Mohammedaner als Hindus, Brahmanen und Buddhisten, Parsen und Christen. In seinen Augen war in jeder Religion etwas von der Wahrheit, aber keine besaß den Schlüssel zur Unendlichkeit. Schließlich kam er dazu, selbst einen neuen Glauben zu ersinnen, dessen Papst und Priester er war, einen pantheistisch gefärbten Monotheismus mit einem Sonnenkult und allerlei dem Ritual seiner Hindu- und Parsiuntertanen entlehnten Symbolik. Es braucht kaum gesagt zu werden, dass dieser „neue Glaube" seinen Schöpfer nicht überlebt hat.

Mit dem Christentum war Akbar durch portugiesische Missionare bekannt geworden. Im sechzehnten Jahrhundert hatte deren Propaganda eingesetzt. Sie beschränkte sich anfangs auf die Südspitze Indiens, die Küsten von Malabar und Coromandel. Dort ist das Christentum aber schon viel älteren Datums als diese älteste katholische Mission; es wurde vielleicht schon tausend Jahre vorher von Nestorianern dorthin gebracht. Von einer Wirkung christlicher Vorstellungen auf die Hindureligion kann jedoch kaum die Rede sein. Man hat damit wohl einmal die schnelle Verbreitung der Erlösungstheorie durch Bhakti erklären wollen, aber diese Hypothese ist durchaus unnötig und schon an sich unwahrscheinlich. Christlicher Einfluss ist nur anzunehmen in Bezug auf die legendarische Geschichte der ersten Kinderjahre des Gottes Krihsna, welche jünger zu sein scheint als alles übrige, das von diesem *Avatâra* Vishnus überliefert ist, und welche in allerlei Einzelheiten eine auffallende Ähnlichkeit mit den Geschichten von der Kindheit Jesu zeigt.

Erst nachdem die englische Herrschaft sich festgesetzt hatte, und zwar dauernd, wurde der stete und immerfort stärker werdende europäische Einfluss auf die nationale Kultur ins Leben gerufen. Auch auf dem Gebiet der Religion. Seitdem ein geistiger Verkehr zwischen gebildeten Hindus und Engländern besteht, musste wohl bei religiös veranlagten Personen der Drang entstehen, sich davon Rechenschaft zu geben, was dem christlichen Glauben und ihrer eigenen Theosophie, speziell dem Vedânta, gemeinsam ist und worin sie sich unterscheiden. Religiöse Naturen, die einer festen Überzeugung bedürfen, stehen dann vor der Wahl, entweder den fremden Glauben abzulehnen, oder ihn unter Hintansetzung des nationalen anzunehmen, oder schließlich beide miteinander zu verbinden.

Die Erfahrung hat gelehrt, dass der gebildete Hindu keine Neigung hat, seinen erhabenen Vedântaglauben für den christlichen aufzugeben. Wenn ein solcher einmal die christliche Flagge hisst, so ist es nur, um seine Ladung sozialer Reformen in einen sicheren Hafen zu bringen, wie z. B.: die Bekämpfung der Kinderehen, Verbesserung des traurigen Schicksals der Hinduwitwen, Niederreißen der Schranken enger Kastenvorurteile. Aber auf den hochgestimmten vedântischen Pantheismus scheint das Christentum keinen Einfluss zu haben.

Doch ist in der christlichen Lehre, besonders in den Evangelien genug, was den Vedântin anzieht. So kann es uns nicht wundern, dass, wie früher in der Sphäre von Mohammeds strengem Monotheismus, in unseren Tagen wieder innerhalb der Machtsphäre des englischen Protestantismus das Streben entstanden ist, die Kluft zu überbrücken und die Formel zu finden, welche die höchsten Dogmen der alten indischen Weisheit mit den Lehrsätzen der christlichen Kirche vereinigt, so dass diese neue Religion auf die Dauer an die Stelle der beiden anderen treten könnte.

Es ist der Mühe wert, diese Versuche zu verfolgen und die Resultate, zu denen sie geführt haben.

Sie datieren aus dem Jahre 1830, sind aber erst in der zweiten Hälfte des. 19. Jahrhunderts zu einiger Bedeutung gekommen. Äußerlich erscheinen sie als neugestiftete Kirchen, oder richtiger Vereine — das Wort Samaj (sprich:

Samâtsch), womit sie bezeichnet werden, hat diese Bedeutung. Ich sage: Vereine, denn die ursprünglich eine Kirche beabsichtigende Reformation, welche alle Gebildeten unter den Hindus umfassen sollte, hat sich bald infolge von Meinungsverschiedenheiten ihrer Geistlichen in allerlei kleine Kirchen gespalten. Allen gemeinsam ist die Vermischung vedântischer Begriffe, durch die sie sich in manchen englischen und amerikanischen Kreisen große Sympathien erwarben, wodurch dann wiederum ihr Einfluss in Indien viel größer schien, als er in Wirklichkeit je gewesen ist.

Der Bahnbrecher auf diesem Wege der Reform war *Rammohun Roy*, ein Brahmane aus Bengalen. Dieser merkwürdige Mann wurde 1774 geboren. Von lebhaftem Geist und großem Wissensdrang, war er nicht zufrieden, nur die heiligen Bücher der Religion zu kennen, in denen er zufällig geboren war, sondern er verlangte auch danach, die der Mohammedaner, der Buddhisten, der Christen zu erfassen. Zu diesem Zweck lernte er arabisch, pali, englisch und sogar hebräisch. Den Vedânta stellte er immer noch am höchsten, aber dessen Anwendung auf menschlich vorgestellte und menschlich abgebildete höchste Götter missbilligte er. Er erkannte Christus als ein höheres Wesen an, war aber ein Gegner der christlichen Lehre von der Dreieinigkeit. Durch seinen Eifer gegen jeden Bilderdienst und gegen die Verehrung bestimmter Götter erregte er den Ärger des größten Teiles seiner Landesgenossen. Mit wenigen Geistesverwandten gründete er schon 1816 einen reformatorischen Verein. Im Jahre 1830 tat er den großen Schritt und gründete eine eigene Kirche, den Brahma- oder Brahmo-Samâj. Im nächsten Jahre verletzte er als erster von allen die heilige Pflicht des Brahmanen, die ihm überseeische Reisen verbietet, und kam nach England. Während seines dortigen Aufenthalts starb er 1833 zu Bristol.

Sein Tod war ein schwerer Schlag für die junge Kirche. Lange Zeit führte sie ein kümmerliches Leben. Um das Jahr 1843 kam wieder etwas neues Leben hinein, als sie wieder ein eifriges und kluges Haupt bekam. Man ernannte eine Kommission, um die Veden zu studieren und was darin gut und brauchbar sei, zu einer Art Bibel der Kongregation zu vereinigen. Im Jahre 1848 wurde diese Kompilation theistischer Texte und eine darauf basierte Liturgie für den Gottesdienst fertig; von dem Karma kommt darin nichts vor, wohl aber von dem höchsten Gott, und dieser ist vedântisch aufgefasst.

Die erste Spaltung entstand als *Keshub Chander Sen* (1838—1884) in der Kirche in den Vordergrund trat. Diesem Eiferer hing der Brahmo Samâj noch viel zu viel an Hindu-Gebräuchen und war ihm in seinem Ritus und seinen Gebräuchen zu konservativ. Mehr als seine Vorgänger legte er Sympathien für das Neue Testament und die christliche Lehre an den Tag. Im Jahre 1866 trennten sich die altgläubigen von ihm; sie sind bis auf den heutigen Tag unter dem Namen Âdi (ursprünglicher) Brahma Samâj abgesondert geblieben. Ihr Widerstand gegen Keshubs Puritanismus machte sie nur umso anhänglicher an die nationale Überlieferung und die Kastenvorschriften.

Keshubs Anhang war der größere, dank seiner Rednergabe und der Gewalt seiner Überzeugung. Im Anfang war er sehr abendländisch gesinnt, und frei von dem Hinduismus. In jene Zeit fallen seine Reise nach England (1870) und seine Verhimmelung in gewissen protestantischen Kreisen. Man erwies ihm dort große Ehren und hegte große Erwartungen, durch ihn die gebildeten Hindus für das Christentum zu gewinnen. Keshub hatte andere Absichten. Wiewohl er der christlichen Lehre sehr zugeneigt war, hoffte er nichts Geringeres als eine eigene Kirche stiften zu können, die jedem Glaubensunterschied in der Welt ein Ende machen sollte. Warum sollte nicht sein Glauben, der alles Gute und Wahre aus den verschiedenen Religionen in sich vereinigte, allgemein angenommen werden?

Die Verherrlichung, welche ihm von seinen Glaubensgenossen in Indien und von seinen Bewunderern in England dargebracht wurde, erwies sich als ein zu starker Glanz für seine Augen. Von vielen anderen Vorurteilen hatte er sich losgemacht, aber — dass von Zeit zu Zeit Menschen mit besonderen Anlagen erstehen, die sich über das Niveau der gewöhnlichen menschlichen Natur erheben und dass er selbst ein solcher sei — zu diesem Glauben brachte ihn seine eigene Eitelkeit und die Verehrung seiner Anhänger. Bald kam er dazu, zu behaupten, er habe einen besonderen Auftrag von der Gottheit. Er verlegte sich auf Yoga, erreichte auf diesem Wege die ekstatischen Zustände und sah in seinen Visionen unter anderem Jesus, Johannes den Täufer und den Apostel Paulus. Als er mit der Yogaübung anfing, begann er auch, an einigen Gebräuchen der Hindu strenger festzuhalten, als den jüngeren unter seinen Anhängern lieb war. Wie ihm selbst in früheren Jahren die ursprünglichen Satzungen der Kirche zu altmodisch erschienen waren, geradeso ging es ihm jetzt mit seinen Anhängern und das Resultat war, dass im Jahre 1878 eine neue Spaltung zustande kam.

So ist diese Strömung, welche das verdorbene und Götzen dienende Hinduismus durch eine neue universelle Religion ersetzen wollte, und zu diesem Zweck das Beste der abendländischen Religionen mit der erhabenen Gottesidee des Vedanta verschmelzen sollte, gleich dem heiligen Fluss Sarasvatî im Sande verlaufen. Wir haben jetzt neben den vielen älteren Sekten einige kleine neuen Kirchen dazu bekommen, deren Gemeinden ihre wenigen Mitglieder unter den Gebildeten der Großstädte zählen; durch ihren gemischten Charakter, einige Teile Christentum mit einigen Teilen Vedanta und etwas Hinduismus, schrecken sie die große Menge ab. Überdies sind sie miteinander im Streit; denn die Mischung ist nicht bei allen gleich zusammengesetzt. Es gibt einen Âryasamâj, einen Brahmasamâj, einen Âdibrahmasamâj und einen Dharmasamâj. Bei der Volkszählung von 1901 werden 92000 Anhänger des Âryasamaj gezählt, welche in den United Provinces und im Pendschab wohnen, und nicht mehr als 4050 Mitglieder des Brahmasamâj, welcher seinen Sitz in Bengalen hat. Diese kleinen Zahlen lassen tief blicken.

Deussen, der im Dezember 1892 zu Lahore ein Gotteshaus des Âryasamaj, und im Januar 1893 zu Kalkutta ein solches des Brahmasamâj besuchte, äußert sich über beide folgendermaßen: Das zu Lahore enthielt kein einziges Götterbild; aber in der Mitte, in einem kleinen viereckigen Raum von der Größe einer Schornsteinöffnung, brannte das traditionelle Feuer. Er hatte dort keine Gelegenheit, einen Gottesdienst mitzumachen. „Nach dem, was mir davon erzählt wurde", sagte er, „werden Lieder aus dem Veda und Upanishadstellen rezitiert und darüber Predigten gehalten." Im Gegensatz zu dieser mehr nationalen reformierten Gemeinde fand er zu Kalkutta ein Kirchengebäude, das an den Bau und die Einrichtung einer christlichen Kirche erinnerte, mit einer Kanzel, Galerien usw. Gedruckte Zettel mit Gesängen wurden herumgereicht und von den Anwesenden gesungen. Es waren Rigvedastrophen aus Liedern an Varuna, welche denn auch am geeignetsten sind, heutige Kirchgänger zu erbauen. „Darauf", sagt Deussen, der dem Gottesdienst beiwohnte, „wurde eine gewöhnliche Predigt über einen vedischen Text gehalten."

Jedoch, auch abgesehen von dieser reformatorischen Bewegung, die keine große Zukunft zu haben scheint, hat man das Recht, von einem christlichen und abendländischen Einfluss auf die indischen theosophischen Begriffe und die damit zusammenhängenden Ideale zu sprechen. Äußerlich zeigt sich dieser Einfluss dadurch, dass die durch den Verkehr mit Europäern eingedrungenen abendländischen Ideen sich nun in der Art und Weise geltend machen, wie heute die Theologen ihre Texte erklären und die Asketen ihre Übungen anstellen. Tiefer einschneidend ist die innere Umwälzung, die auf die Dauer eine Erweiterung ihres geistigen Horizontes bewirken wird, so sehr sie auch in den Auffassungen und Theorien, an den uralten, von nationalem Standpunkt aus betrachtet, ehrwürdigen Traditionen der indischen Welt festhalten.

Wie ich dies meine, wird vielleicht am deutlichsten ersichtlich, wenn ich einige Betrachtungen mitteile, die ein gelehrter Hindu, ein Professor der Philosophie, über die praktische Seite der in dem Liede des Herrn verkündeten Lehre, seinen Landsleuten vorträgt. Die Gîtâ, sagt er, lehrt, dass wir gleichgültig sein müssen gegen jedes Lob und jeden Tadel, wie aber ist dies möglich, ohne dass wir in einer anderen Hinsicht sündigen. Ein Geisteszustand der *Gleichgültigkeit*, in dem Sinne, dass jedwedes Interesse für jeden und für jedes fehlt, wird dort als das höchste Ideal geschildert; wie aber kann man, diesem Ideal nachgehend, zu irgendwelchem „Fortschritt" mitwirken? Das Ideal der Gîtâ steht jedem Fortschritt im Wege. Zu sagen, dass man Gold, Stein und Erde als gleichwertige Dinge betrachten müsse und sich mit dem, was der Tag uns zufällig bringt, zufrieden geben solle, würde, wenn man es in die Praxis umsetzte, zu immer größerer Verarmung Indiens führen und jeder Reform entgegenwirken. Ebenso wenig kann er es erhaben finden, dass die Gîtâ uns lehrt, einem jeden gegenüber denselben freundlichen Gleichmut zu bewahren, und keinen Unterschied zu machen zwischen Menschen von ungleichem Wert, „einem Heiligen und einem Sünder, einem gelehrten Gentleman und einem unwissenden Lümmel", und gegen Freude oder Schmerz, Glück oder Elend abgestumpft zu sein. Jemand, der nicht imstande ist, dies zu fühlen, wird sich auch notwendigerweise das Schicksal anderer nicht zu Herzen nehmen. Wer für fremdes Leid gefühllos ist und nicht durch schlechte Gewohnheiten, törichte Gebräuche und unglückliche Zustände schmerzlich berührt wird, kann nichts zur Verbesserung dieser Missstände tun, mit anderen Worten, kann kein wahrer Reformator sein. Und er stellt seine Leser vor das Dilemma, das er selbst übrigens nicht auflöst: entweder die Lehren der Gîtâ sind wahr, und dann ist die jetzige Bewegung, den sozialen, ökonomischen und politischen Zustand unseres Volkes zu heben, unrichtig, oder diese Bewegung ist gerechtfertigt; aber wo bleibt dann die Unfehlbarkeit der Lehre der Gîtâ?

Der Zweifel, der aus diesem Räsonnement zu uns spricht, gibt uns eine Idee davon, wie es gegenwärtig in dem Kopfe eines gebildeten Hindu aussehen muss. Der Begriff „Fortschritt" in dem Sinne, wie er hier gebraucht wird, ist zweifelsohne; aus .Europa, importiert worden. Die Lehre der Väter, wie sie in streng orthodoxen Kreisen herrscht, kennt ihn nicht. Die Wahrheit, die von den Upanishads, den Vedas und den Purânas verkündet wird, ist ewig. Sie hat immer bestanden. Die Unterschiede, die man in jenen Urkunden wahrnimmt, bestehen nur für; den oberflächlichen Betrachter; ein gründliches Studium macht sie verschwinden oder erklärt sie auf befriedigende Weise. So kann man sich auch keine anders geordnete Einrichtung der Gesellschaft innerhalb des Staates denken, als die jetzt existierende. Theoretisch ist sie, wenigstens in der Hauptsache, seit Ewigkeit so gewesen. Die Kastenunterschiede und die vielen zwingenden Bestimmungen, von dem, was man essen und nicht essen darf, mit wem man essen und nicht essen darf, mit wem man bis zu gewissem Grade verkehren darf oder nicht, dieses ganze System von Vorurteilen, welches die Hinduwelt in eine unendliche Menge kleiner, voneinander abgeschlossener Gesellschaften trennt, ist dem frommen Hindu etwas ebenso Natürliches, wie der regelmäßige Wechsel der Jahreszeiten. Belustigend ist es beispielsweise, zu sehen, wie in Geschichten von früheren Existenzen, welche vor tausenden und abertausenden von Jahren bestanden haben sollen, genau dieselben sozialen Einrichtungen und dieselben ökonomischen Zustände vorkommen wie heute. Wahrlich, es wird den Reformatoren nicht leicht werden, in diese schweren Mauern von so zäher Konstruktion eine Bresche zu legen.

Doch ist in. Indien seit Jahrhunderten kein Mangel an Reformatoren; auch: außer den abendländischen Einflüssen, welche wir kurz beschrieben haben. Diese Reformen haben immer, das versteht sich von selbst, einen religiösen Charakter. Insofern sie; moralische Erhebung bezwecken, haben sie, wenigstens für den: Augenblick, einigen Erfolg. Als Versuche aber, um soziale Verbesserungen zu bringen, Linderung der scharfen Abgrenzung der Kasten, Hebung der Stellung der Frau und ähnliches, haben sie wenig ausgerichtet. Den tiefreligiösen Sinn des Volkes haben sie manchmal in neue Bahnen geleitet. Die Reformatoren selbst sind Mystiker, welche Yoga betreiben und in ihrer Verzückung Visionen haben. Zwingt der Geist sie zu predigen, so richten sie ihre Predigt mit Vorliebe gegen den Schlendrian und den Fetischdienst und dringen darauf, dass man, wenn ein Götterbild verehrt wird, das wahre Wesen dieser Gottheit, ihre Einheit mit dem höchsten Wesen und mit dem Betenden selbst sich vor Augen halte. Was wir Pharisäismus zu nennen pflegen, ist ihnen ein Gräuel.

Wer sich von einem solchen Prediger in unserer Zeit ein Bild machen will, möge lesen, was Max Müller über Râmakrishna [1]) geschrieben hat. Dieser, ein Bengale, ein geborener Brahmane, gehörte zu der Art von Menschen, die ein so reizbares Gefühlsleben haben, dass sie bei der geringsten Ursache in einen ekstatischen Zustand geraten. Der Bilderdienst, den die meisten mechanisch verrichten, ohne sich viel dabei zu denken, war ihm heiliger Ernst. Betete er zu seiner Schutzgöttin, der schrecklichen, allmächtigen Kâlî, so stellte er sie sich während des Gebetes vor Augen und dachte an die symbolische Bedeutung ihrer Attribute. Er hat nie Sanskrit lernen wollen. Warum nicht? Weil er meinte, die Theologen, welche ihn dies hätten lehren müssen, gebrauchten zwar viele Worte über das Seiende und das Nichtseiende, über Brahma und Mâyâ, und wie man die Seele erlöse durch das Aufgehen in den einen Âtman; aber ihr Wandel sei keineswegs mit ihren Lehren in Übereinstimmung, und in der Praxis stellten sie Ruhm, Genuss und Geld am höchsten und nicht das Erlöstsein, über das sie so schön disputierten. Schon als Kind hatte er allerlei Visionen. Er führte ein Leben voller Entbehrung und voller Yogaverzückungen. Wie es vielen Leuten gegangen ist, die leicht in ekstatische Zustände geraten, so betrachtete man auch ihn lange Zeit für wahnsinnig, bis man dazu kam, ihn für einen Heiligen zu halten. Seine Lebensbeschrei-

---

1) Râmakrishna, his life and sayings. London und Bombay 1898.

bung, welche Max Müller von einem seiner Schüler als *authentisch* mitgeteilt wurde, erinnert lebhaft an ein mittelalterliches Heiligenleben, wie wir deren so viele haben! Es steht darin so viel Wunderbares, dass Max Müller in Verlegenheit gerät, ob er es wohl als authentischen Bericht benutzen dürfe. Dass das Volk Râmakrishna als eine Inkarnation des höchsten Gottes ehrte, versteht sich fast von selbst. Sie wären keine Hindus, wenn sie es nicht getan hätten. Sogar Keshub Chander Sen, dessen Zuhörerkreis den höheren Klassen angehörte, wurde schließlich zum Gott erhoben.

Die Äußerungen dieses Heiligen zeigen, dass das Talent für scharfsinnige, bezeichnende und sinnreiche Sprüche auch jetzt noch nicht in Indien geschwunden ist. Bemerkenswert für den Mann ist das humane Wort: „Streitet euch nicht. So gut wie ihr treu an eurem Glauben hängt, ebenso müsst ihr auch anderen diese Freiheit lassen. Durch Wortstreitereien wird es euch nie gelingen, einen anderen von seinem Irrtum zu überzeugen. Nur dann sieht jeder seine Irrtümer ein, wenn Gottes Gnade auf ihn niedersinkt."

Abendländische Theosophie unter indischem Einfluss.

Wer sich daran macht, den Einfluss indischer Ideen über das Wesen der Dinge und das Schicksal der Menschen auf den europäischen Geist zu verfolgen, denkt allsobald an den Namen Pythagoras und an dessen Lehre von der Seelenwanderung. Dass dieser uralte griechische Theosoph dieses Dogma aus Indien mitgebracht habe, ist oft, wenn auch in hypothetischer oder fragender Form, behauptet worden. In der Tat scheint allerlei darauf hinzuweisen. So klingt das Fleischverbot für die Mitglieder seiner Kirchengemeinde (man darf die Pythagoreer ruhig eine Kirche nennen) recht indisch; auch die Motivierung dieses Verbotes, an die sich mancher Leser der klassischen Stelle im fünfzehnten Buch von Ovids Metamorphosen erinnern wird. Dem gegenüber steht, dass man in den Berichten von dem Leben und der Lehre des Pythagoras nichts über die Theorie des Karma findet, welche doch der Eckstein des indischen Glaubens ist. Eine große Schwierigkeit bei der Beurteilung dieser Frage ist, dass die Zeugnisse, auf die unsere Wissenschaft über die Lehren des Pythagoras angewiesen ist, aus so viel späterer Zeit stammen, als der, in welcher er lebte, und dass man sie deshalb nur mit der größten Vorsicht benutzen darf. Der Glaube an die Seelenwanderung in irgendeiner Form ist, wie wir schon oben sahen, so allgemein über die Welt verbreitet, dass sich diese Tatsache auch ohne indischen Einfluss auf befriedigende Weise erklären ließe, wie es denn auch vor kurzem geschehen ist.

Urteilt man auf Grund dessen, was später geschah, nachdem regelmäßige Beziehungen zwischen den Ländern des

Mittelmeeres und Indien entstanden waren, so kommt man zu demselben Resultat. Von Alexanders Kriegszug an (326 v. Chr.) bis weit in das Mittelalter hinein, ungefähr bis zu der Zeit, wo die Lehre Mohammeds und die arabische Herrschaft Europa von Indien trennte, bestand ein direkter Handelsverkehr über See zwischen Indien und dem Abendland durch das Rote Meer und den Persischen Golf; dies ist die große Blütezeit Alexandriens. Mit den Häfen am Indischen Ozean unterhielt man regelmäßige Handelsbeziehungen. Eine Menge römischer Münzen, besonders aus dem ersten Jahrhundert unserer Zeitrechnung, sind in Südindien, dem Dekkan, gefunden worden. In Alexandrien gab es eine indische Kolonie. Aber von indischem Einfluss auf die abendländische Weltanschauung kann in jener Zeit kaum die Rede sein.

Die Entstehung und Verbreitung des Christentums fand statt, als die äußerst einfache, in ihren Hauptzügen rein ethische, das Judentum reformierende Lehre Jesu sich zu einem dogmatischen System erweiterte und sich mit griechischer und jüdisch-hellenistischer Theosophie und Philosophie vermischte. Die Elemente, aus denen sich die christliche Welterklärung und Erlösungslehre aufbauen, findet man dort; babylonische und persische Vorstellungen sind darunter; was Indien hierzu beigesteuert hat, ist wenig oder nichts. Wohl kannte man im Abendland mehr oder weniger die Weisheit und die Denkart der Brahmanen, man wusste auch von der Religion Buddhas und von der Legende seiner wundersamen Geburt, doch man stand diesem ganzen indischen Glauben gerade so fremd gegenüber, wie wir z. B. der chinesischen Lehre des Konfuzius Wirkliche buddhistische Ideen hat man in dem System nur eines Gnostikers [1]) gefunden, aber dieses System steht ganz für sich und hat keine Nachwirkung gehabt.

Ein ähnlicher Zustand, nämlich der einer gewissen entfernten Bekanntschaft mit der Weisheit der Brahmanen, bestand vom Ende des sechzehnten bis zum Ende des acht-

---

1) Basilides. Siehe Journ. of the Roy. As. Soc, 1902, S. 377 bis 415.

zehnten Jahrhunderts in der Zeit, als zuerst die Portugiesen, später die Holländer, Engländer und Franzosen den überseeischen Handel mit Indien um Afrika herum in Händen hatten, und durch ihre Faktoreien und Handelsreisen mit der inneren Lage und mit der Kultur des Reiches des Großmogul einigermaßen vertraut waren. Nachdem dieses einst so mächtige Reich das Schicksal so vieler asiatischer Monarchien geteilt hatte, und durch Unverstand und Entartung seiner Herrscher und durch innere Streitigkeiten auseinander gefallen war, übernahm die englische Ostindische Compagnie die freigewordene Erbschaft und begann Beschlag darauf zu belegen. Nun erst, zu Ende des achtzehnten Jahrhunderts, wurde den Europäern durch das Studium des Sanskrit der direkte Zugang zu den Quellen der indischen Weisheit, die man seit vielen Jahrhunderten nur aus zweiter und dritter Hand kennen gelernt hatte, geöffnet. Mit der Übersetzung der Bhagavadgîtâ von Chr. Wilkins im Jahre 1785, der ersten direkten Übersetzung eines vollständigen Textes aus dem Sanskrit, [1] beginnt die Periode, in der das Studium der indischen Weisheit und Theosophie unmittelbar aus den Quellen möglich geworden ist.

Etwas später ist der Text der wichtigsten Upanishads in lateinischem Gewände in Europa bekannt geworden. Wenngleich die Übersetzung nicht aus dem ursprünglichen Sanskrit angefertigt war und deshalb auch anfänglich von verschiedenen Seiten an ihrer Echtheit angezweifelt wurde, fand diese Publikation dennoch ein größeres Interesse als alles, was vorher von indischer Theosophie im Abendlande bekannt geworden war. Ja, man darf mit Recht von einem entschiedenen Einfluss reden, den sie auf das philosophische Denken des neunzehnten Jahrhunderts in Europa ausgeübt hat.

Ein Franzose, Anquetil Duperron, übersetzte eine Sammlung von fünfzig Upanishads aus dem Persischen, die ein

---

[1] Die älteste publizierte Übersetzung unmittelbar aus dem Sanskrit verdanken wir einem holländischen Prediger aus dem 17. Jahrhundert: Abrahamus Rogerius.

Prinz aus dem kaiserlichen Geschlechte des Großmoguls, ein Urenkel Akbars 1656 aus den Sanskritoriginaltexten zusammengestellt hatte, und gab diese lateinische Übersetzung 1801 zu Straßburg heraus, unter dem Titel: *Oupnek'hat (id est, secretum legendum) opus ipsa in India rarissimum, continens antiquam et arcanam, seu theologicam et philosophicam doctrinam, e quatuor sacris Indorum Libris, Rak Beid, Djedjr Beid, Sam Beid, Athrban Beid* [damit sind die vier Vedas gemeint] *ad verbum e Persico idiomate, Samskreticis vocabulis intermixto in Latinum conversum* etc. Dies Buch wurde unter anderen Schopenhauers Quelle für die brahmanische Weisheit. Man weiß, welchen Eindruck die indische Betrachtungsweise und die pessimistische Weltanschauung der Brahmanen und Buddhisten auf diesen ebenso tiefdenkenden wie scharfsinnigen Philosophen gemacht haben, und wie stark sie seine eigene Auffassung beeinflusst haben. Mit ihm kann man sagen, tritt das indische Denken als Faktor in die Geschichte der Philosophie unserer Zeit ein.

*   *
*

Es liegt nicht in meiner Absicht und auch nicht auf meinem Wege, mich über diesen Einfluss auf unsere Philosophen und Theosophen in Einzelheiten zu verlieren. Auch halte ich mich zu einer solchen Untersuchung weder für befugt noch für berufen. Ich muss mich darauf beschränken, anzudeuten, in welchen Formen die indische Theosophie selbst in der letzten Zeit und mit verhältnismäßig gutem Erfolg in Europa und Amerika Propaganda macht, und diese wunderbare Erscheinung zu beurteilen.

Drei Richtungen sind hier zu unterscheiden. Als erste nenne ich die, welche uns den Vedânta als höchste Wahrheit bezeichnet; an zweiter Stelle nenne ich den Neobuddhismus; und schließlich muss ich von der Theosophical Society der Frau Blavatsky sprechen. Allen dreien gemeinschaftlich ist das Streben, die indischen Ideen unserer modernen abendländischen Vorstellungsweise und Begriffswelt anzupassen, und die Übereinstimmung dieser Ideen mit dem, was die Naturwissenschaften uns auf dem wissenschaftlichen Wege der Beobachtung und der Induktion gelehrt haben, zu zeigen. Deshalb möchte man in den indischen Systemen so gern die Begriffe eines steten Fortschritts und, der Evolution im darwinistischen Sinne wiederfinden, Begriffe, die sich dort, darauf darf wohl noch einmal mit Nachdruck hingewiesen werden, nicht finden und nicht finden können — die daher, wo sie aus indischen Lehren herausgelesen werden, keine vorurteilslose, reine Auslegung und Erklärung des Sanskritausdrucks sind, sondern eigene und ungerechtfertigte Schlussfolgerungen unbefugter Schwärmer. Von einer Entwicklungstheorie im darwinistischen Sinne kann die indische Theosophie schon darum nichts wissen, weil dort der ewige, unveränderliche Kreislauf der Erscheinungswelt allgemein angenommen wird; die Weltschöpfung, die Weltexistenz und der Weltuntergang sind regelmäßig wiederkehrende Perioden, in denen die Entfaltung des Bestehenden sich immer wieder in denselben festen unveränderlichen Formen wiederholt.

Die vier Weltperioden, die sogenannten vier *Yugas* gehen, schlimm genug für unsere indisch gesinnten Darwinisten, in niedersteigender und nicht in aufsteigender Linie vor sich; und, was das allerschlimmste ist, wir leben jetzt in dem vierten und schlechtesten, dem Kali-yuga, das zur Weltvernichtung führt — nicht zur höheren Vollkommenheit!

In den früheren Weltperioden denken sich die Inder übrigens die Natur und die menschliche Gesellschaft gerade so, wie sie jetzt ist. Von dem, was unsere Geologen, Astronomen und Biologen uns von dem Wesen und dem Entstehen unseres Planeten und von dem Entwicklungsgang des Lebens auf ihm lehren, wissen die Upanishads nichts, auch Buddha „der Allwissende" nicht, und die „Entwicklung", welche z. B. das Sânkhya lehrt, wo sich die *buddhi* aus der *prakriti*, der *ahankâra* aus der *buddhi* „entfaltet" usw., fasst einen anderen

Begriff in sich; mit unserem Terminus „Evolution" im darwinistischen Sinne könnte sie höchstens den Namen gemein haben.

An dieser Bewegung, die für indische Lehren Stimmung machen will, nehmen auch Inder teil. Die Propaganda geht nicht nur von europäischen und amerikanischen Gläubigen und Bewunderern aus; die Inder selbst wirken mit.

Und warum auch nicht? Das nationale Selbstgefühl fühlt sich geschmeichelt durch das warme, immer wachsende Interesse für ihre alte heilige Weisheit seitens der abendländischen Fremden. Die Hindus sind stolz darauf, dass die christliche Kultur sich auch um ihre Rishis und ihre ewigen Wahrheiten bekümmert, dass sie von ihnen lernen will und zwar gerade in den Dingen, die ihnen als das Höchste und Wichtigste aller Wissenschaft scheinen. Die hohe Meinung, die sie von ihrer Beschaulichkeit und von deren Methoden haben, wird dadurch gestärkt. Groß ist die Zahl indischer Pandits und Vedântakenner, die sich denn auch im Innersten als die Lehrer und Orakel der Welt bezüglich der letzten Fragen betrachten. Predigten von geborenen Hindus in Form von Vorträgen oder Schriften kommen schon vor. Die amerikanische *Vedanta-Society* veröffentlicht und verbreitet populäre Werke von Svami Abhedananda und Svami Vivekananda, zwei Schülern des Râmakrishna, von dem wir oben geschrieben haben, jenes heiligen Mannes, der sein halbes Leben in Verzückung verbrachte. In diesen Werken wird die Lehre von der Seelenwanderung und dem Karma, nebst den Yogatheorien in leichtverständlicher Form auseinandergesetzt. Soweit ich sie kenne, muss ich das Talent rühmen, womit sie geschrieben sind. Aber sie erstreben das Unmögliche. Man kann nicht zu gleicher Zeit upanishadischer Weisheit als seiner Religion zugetan sein und die modernen Theorien der Chemie und der Physik über Kraft und Stoff als seine Wissenschaft anerkennen. Mit der menschlichen „Seele" wirtschaften sie, als ob sie eine Größe sei, die man fassen und messen könne. Und was soll man von einer Vedântalehre sagen, die, wie ich in einem dieser Büchelchen gelesen habe, den feinen Körper, der beim Tode auszieht, um in einen neuen groben Körper einzugehen, in den Himmel „das heißt, nach einem anderen Planeten" gehen lässt! Kurz, der Vedânta des Śankara ist hier so vermischt mit allerlei modernen Theorien und Ideen, und mit so viel Heterogenem, dass wir mit vollem Recht diesen Quell des Wissens als unklar bezeichnen dürfen.

Hiermit möchte ich jedoch keineswegs ein abfälliges Urteil über die hier propagierte Weltbetrachtung ausgesprochen haben. Diese neue Religion, denn als solche muss man die Weltauffassung und Lebenslehre dieser modernen Vedânta-anhänger, wie sie sich nennen, bezeichnen, hat gerade so viel, gewiss nicht weniger, Existenzberechtigung als die bestehenden Weltreligionen, nur deckt sie sich nicht mit dem alten Vedânta, der Lehre des Śankara, was der oberflächliche Betrachter meinen könnte, und wofür sie sich, was nicht zu vergessen ist, ausgibt.

Ganz anders zu beurteilen ist die Tätigkeit eines anderen Verehrers des Vedânta , des Kieler Professors der Philosophie Paul Deussen. Seine Hauptwerke über den Vedânta und die Upanishads beweisen eine umfangreiche Kenntnis und große Vertrautheit mit den Quellen. Ihm sind die Upanishads ungefähr das erhabenste Werk, worin der menschliche Geist sich je ausgesprochen hat, und er ergreift jede Gelegenheit, auf die Übereinstimmung zwischen ihren Theorien und der Lehre von (Plato und besonders von Kant aufmerksam zu machen. Daher sind seine Schriften über die Philosophie der Upanishads und über den Vedânta vor allem darauf gerichtet, diese Übereinstimmung zu beleuchten, aber sie lassen die Unterschiede zu sehr im Dunkeln. Besonders wird darin nicht genügend auf den Offenbarungscharakter hingewiesen, welchen der Vedânta den in den Upanishads überlieferten Aussagen der Rishis zuerkennt. Wenn man Deussen liest, übersieht man zu leicht, was doch kein Geringerer als Śankara als den Rechtsgrund des Glaubens an die Âtmanlehre nennt. „Ohne die heiligen Vedas (die śruti, die Überlieferung der großen

Seher der Vorzeit) ist es nicht anzunehmen, dass jemand imstande wäre, übersinnliche Dinge zu erfassen", sagt Śankara,[1]) und sollte jemand bemerken, dass doch Kapila (der Begründer des Sânkhyasystems) und andere auf ihre eigenen übernatürlichen Fähigkeiten hin diese Gabe besessen haben, so antwortet er, dass der Besitz dieser höheren Fähigkeiten wiederum auf ihrem Wissen von der Heiligen Schrift beruhe und auf der Befolgung ritueller und anderer Vorschriften, die dort gegeben sind. Es geht nicht an, Kants freie Untersuchungen über die Grenzen der menschlichen Vernunft als gleiche Größe neben Śankaras erhabene und anziehende, aber unfreie Betrachtungen zu stellen, welche mit so vielen ihrer Wurzeln in der vedischen Tradition festliegen und ohne diese vedische Überlieferung unverständlich wären. In einer Rede über Śankaras Monismus, die Deussen im Februar 1893 zu Bombay vor einem Hindupublikum hielt, ist er entzückt über die wunderbare Methode, mit welcher jener große Theologe die Gegensätze in den gegebenen Offenbarungen aufzuheben vermochte, indem er nämlich eine esoterische und eine exoterische Wahrheit annahm. Diese Methode ist gewiss sehr scharfsinnig, aber nimmt man an, dass er sie als ein Mittel erdacht hat, um über unüberwindliche Schwierigkeiten hinweg zu kommen, so ist sie nichts als eine Geschicklichkeit und verdient nichts weniger als solche Bewunderung; ist sie aber, was mir die richtigere Auffassung zu sein scheint, ohne andere Absicht als aus dem Bedürfnis nach Einheitlichkeit in der Glaubensüberzeugung entstanden, so fühlt man, wie groß der Unterschied zwischen dieser Weltauffassung und der eines Kant und Schopenhauer ist. Das große Verdienst der alten indischen Denker ist, dass sie die Relativität und Unwirklichkeit der konkreten Welt eingesehen haben, aber nie haben sie ausgesprochen, wie Kant: bis hierher kann das menschliche Denken kommen, und nicht weiter. Im Gegenteil, sie lehren,

---

1) Kommentar zu dem Brahmasûtra, Textausgabe S. 411, in Thibauts, in den „Sacred Books of the East" erschienenen Übersetzung 1, 239.

dass man durch Konzentration, durch Versenkung in sich selbst den Âtman, d. i. das wahre Wesen der Dinge, das Ding an sich kennen lernen kann. Auch Schopenhauer sagt, dass wir aus der Welt der Vorstellung treten und von dem Ding an sich einige Kenntnis bekommen können, er geht aber andere Wege. „Sobald wir", sagt er [1]) „(unabhängig von den Objekten des Erkennens und Wollens) in uns gehen und uns, indem wir das Erkennen nach innen richten, einmal völlig besinnen wollen: so verlieren wir uns in eine bodenlose Leere."

*   *

*

Die zweite Richtung, die ich erwähnte, der Neo-Buddhismus, fühlt sich durch das Ethische in Buddhas Lehre angezogen. Die erkenntnistheoretische Seite der Lehre wird so gut wie ganz vernachlässigt. Was in unserer Zeit bei so vielen Menschen Sympathien für den Buddhismus geweckt hat und sie lebendig erhält, ist die Verwandtschaft unserer modernen, den *älteren Phasen des Christentums fremden*, Verzärtelung des Herzens mit der echt indischen Verherrlichung des Mitleids, die in der Erlösungslehre des vorbildlichen Menschenfreundes gepredigt wird. Noch heute geht ein Reiz von der legendarischen Gestalt dieses Fürstensohnes aus, der das wandernde Leben eines besitzlosen Asketen, aber mit dem Frieden der Seele in sich, höher stellte, als Sinnengenuss und Überfluss ohne die Ruhe des Gemütes. Noch heute blickt man bewundernd zu dem empor, der viele Jahrhunderte vor Jesus, das „Gehet in euch" als Evangelium gepredigt hat.

Hierzu kommt die ziemlich verbreitete Meinung, dass die Lehren des Buddhismus sich nur auf die Vernunft gründeten, unabhängig von Offenbarung oder Wunderglauben; dass wir es also hier mit einem philosophischen System, und nicht mit

---

1) Die Welt als Wille und Vorstellung, S. 131, Fußnote in Steiners Ausgabe, Stuttgart, Cotta.

einer Religion zu tun hätten. Die Art, wie einige europäische Gelehrte das Leben und die Lehre des Stifters des Buddhismus in populären Werken dargestellt haben, besonders Rhys Davids und Oldenberg, die vor allem, wenn nicht ausschließlich, die rationalistische Seite hervorheben, kommt einer solchen Ansicht entgegen und zieht hierdurch alle an, die nach einer Befriedigung ihrer religiösen Bedürfnisse verlangen" ohne Offenbarungen und Wunderglauben annehmen zu müssen. Dass diese Anschauung auf einem Irrtum beruht, ist, meiner Meinung nach, in diesem Buch im fünften Kapitel der zweiten Abteilung, das über den Buddhismus handelt, genügend dargetan worden.

Vor mir liegt die fünfte Auflage eines in deutscher Sprache und von einem Deutschen verfassten *Buddhistischen Katechismus*. Die erste Auflage erschien 1887, die fünfte 1896. Er ist also viel verlangt worden; 1908 erschien bereits das 8.—11. Tausend. Der Verfasser nennt sich mit einem indischen Pseudonym Subhadra Bhikschu und datiert seine Vorrede aus dem soundsovielten Jahre nach dem „Nirvâna des Vollendeten". Die Schwärmerei für indische Dinge und Namen zeigt sich bei ihm und bei anderen in ähnlicher Weise, wie im 15. und 16. Jahrhundert bei den Humanisten, wo die Vorliebe für griechische Studien so manchen dazu verleitete, seinen Namen ins Griechische zu übertragen.

Dieses Büchlein ist kennzeichnend für die Art und Weise, wie die indische und orientalische Lehre den abendländischen Bedürfnissen angepasst wird. Dass die Erlösung nur für einen Mönch erreichbar ist, wird nirgends geradezu gesagt; das Faktum wird zwar nicht verschwiegen, aber es wird unter indischer Terminologie versteckt oder durch großartig klingende Umschreibungen verdunkelt. Die alte Glaubensformel, mit welcher derjenige, der Buddhist werden will, erklärt, sich in den Schutz des Buddha, Dharma und Sangha zu stellen, wird auch von dem verlangt, der der buddhistischen Kirchengemeinde, deren Lehre in unserem Katechismus niedergelegt ist, beitreten will. Sangha bedeutet den Mönchsorden der

Söhne Buddhas, der Weltentsager, welche die Ehe scheuen und in Klöstern wohnen. Ist es nun etwa die Absicht unseres deutschen Verfassers, dass auch hier in Europa buddhistische Klöster gestiftet werden sollen, deren Bewohner sich in einem seligen Nichtstun ergehen und auf die Pflicht der Laienbrüder der Gemeinde, sie zu unterhalten, angewiesen wären? Denn die Notwendigkeit von Klöstern in einer buddhistischen Gemeinschaft, die sich, wie unsere Neobuddhisten es ja tun, buchstäblich an die Pali-Bücher, die Heilige Schrift des ältesten Buddhismus, hält, ist nicht zu leugnen. Oder meint Herr Subhadra Bhikschu, dass wir europäischen Buddhisten uns in den Schutz jener gelbgekleideten Mönche, die in den Klöstern auf Ceylon, in Birma und Siam hausen, als unseres „Sangho" begeben müssen? Ein wunderliches Verlangen fürwahr, sich diese größtenteils unwissenden, beschränkten, von Vorurteilen erfüllten asiatischen Bettelmönche als unsere geistigen Berater und Beichtväter zu wünschen!

In seiner Einleitung sagt der Verfasser, die Lehre Buddhas wende sich an alle, die den Mut haben, nicht *glauben,* sondern wissen zu wollen, welche nicht blindlings auf die Aussage anderer hin etwas annehmen wollen, sondern selbst zu denken begehren. Wie es um dieses Nichtglauben auf die Gewähr eines anderen hin im Buddhismus steht, ersieht man sogleich, wenn man unter den behandelten Punkten zuerst vernimmt: der Buddha ist kein Gott, noch ein Gottesgesandter, sondern ein *Mensch* (Frage 9—11), und später auf die Frage (158), ob der Buddha in einer seiner Lehren je gefehlt habe, zur Antwort bekommt: „nein, ein Buddha lehrt nichts Irrtümliches, nichts Unwahres oder Falsches". Ich meinte immer, *errarehumanum est.* Aber wir finden sub 11: „er war ein Mensch, wie in vielen tausenden von Jahren nur einmal einer geboren wird, einer jener erhabenen Weltbesieger und Weiterleuchter", mit anderen Worten „er war ein Mensch und doch mehr als ein Mensch". Wer so etwas annimmt, glaubt doch auf die Gewähr anderer hin, und verlässt sich nicht nur auf die Resultate seines „eigenen Denkens", sollte ich meinen. Wie er manche *wesentlichen* Elemente aus Buddhas Lehre, die moderne Menschen des zwanzigsten Jahrhunderts nicht so leicht vertragen könnten, geschickt zu entfernen oder zu verändern versteht, möge aus einigen Beispielen ersichtlich gemacht werden. In der Frage 51 werden die Worte behandelt, die der Buddha zu seinen Aposteln sprach, als er sie zum ersten Mal aussandte; dort kommt vor, dass seine Lehre Göttern und Menschen zum Heil gereiche. Der Verfasser fühlt, dass er seinen Lesern, die er zu Selbstdenkern und zu solchen erziehen will, die nicht auf die Gewähr anderer hin glauben, diese „Götter" nicht ohne weiteres auftischen kann, und er fügt deshalb in einer Fußnote folgende Ungeheuerlichkeit hinzu: „Götter leugnet der Buddhismus nicht (!) noch erkennt er sie besonders an; er bedarf ihrer einfach nicht." Dies ist nun nicht gerade „einfach"; wenn diese Götter etwas so Gleichgültiges wären, würde der Buddha nicht an dieser und an so vielen anderen Stellen in der heiligen Schrift verherrlicht werden als das mächtigste Wesen auf der ganzen Welt, Götter und Menschen eingeschlossen. Dann würde nicht in der Legende, was in unserem Katechismus (Frage 41) verschwiegen wird, der höchste Gott Brahma selbst ihn überreden, die wahre Lehre, die er unter dem Bodhibaum gefunden, der Welt zu predigen. Aus den Antworten der Fragen 85 und 86, die von der Wiedergeburt außerhalb der Erde handeln, wird kein moderner Leser verstehen können, dass die buddhistische heilige Schrift eine neue Existenz annimmt, in einer der vielen mit Namen genannten phantastischen himmlischen Wohnungen, oder in einer der diesen in entgegengesetzter Richtung entsprechenden, gleichfalls mit Namen genannten Höllen. Bei dem Worte „Weltkörper" muss jeder moderne Leser natürlich an bewohnte Planeten oder Fixsterne denken. Wiedergeboren zu werden auf einem anderen Planeten ist für die Phantasie manches modernen Theosophen ein reizvoller Gedanke. Es ist auch recht phantasievoll. Aber vor Copernicus konnte niemand auf einen solchen Gedanken kommen, auch nicht der weltbesiegende Buddha. In der heiligen Schrift der Buddhisten findet man denn auch nicht eine Spur oder einen Schimmer von einem solchen Glauben.

Einigermaßen komisch ist eine Fußnote zu Frage 80, wo wir lesen: es sei sehr wahrscheinlich, dass Jesus von seinem 12.—30. Lebensjahre, aus welcher Zeit die Evangelien uns nichts mitzuteilen wissen, der Schüler buddhistischer Mönche gewesen wäre, und dass er unter ihrer Leitung den Rang des Arhat und also auch das Nirvâna erreicht habe. Die Lehre Jesu, heißt es weiter, wurde später entstellt und mit Irrtümern aus dem Gesetze der Juden vermischt. Dieser Unsinn wirft ein eigentümliches Licht auf die Kompetenz des Subhadra Bhikschu, seinen Katechismus zu schreiben. Das schwierige Problem von den Beziehungen zwischen Christentum und Buddhismus wird nicht mit solchen ebenso plumpen wie törichten Machtsprüchen gelöst.

*   *

*

Wir kommen nun zu der dritten Richtung, der der Theosophischen Gesellschaft. Diese Gesellschaft bezweckt angeblich folgendes:

1. einen Kern allgemeiner Brüderschaft der ganzen Menschheit zu bilden, ohne Ansehen der Rasse, der Konfession, des Geschlechts, der Kaste, der Hautfarbe;

2. das vergleichende Studium der Religion, der Philosophie und der Wissenschaft zu fördern;

3. unerklärten Naturgesetzen und im Menschen schlummern den Kräften nachzugehen.

Das sind alles schöne Dinge und sie verdienen die vollste Sympathie aller derer, die sich für die Bekämpfung von Vorurteilen und die Förderung der Wissenschaft interessieren. Aber man könnte fragen: Will die Gesellschaft nicht gar zu viel? Das ist ja Stoff genug für drei Gesellschaften, sollte man meinen. Jeder der drei Zwecke allein könnte schon die

Gründung eines besonderen Vereins mit eigenem Arbeitsterrain und Arbeitsplan veranlassen. Um das sub 1 gestellte Ziel zu erreichen, müsste man einen Bund stiften, der, wie der der Freimaurer und des Monismus, einen gesunden Kosmopolitismus fördert und empörende Hintansetzung aus Rassen-, Standes- oder Glaubensunterschieden bekämpft. Für das sub 2 Genannte muss gesorgt werden, und es wird auch dafür gesorgt durch Universitätsfonds, Stipendien und ähnliches; die geeigneten Mittel hierzu müssen besonders finanzieller Art sein, gut verwaltet und richtig angewendet werden. Was schließlich das 3. betrifft, ja, da ist es nicht jedermanns Sache mitzuarbeiten! Hierzu ist eine gründliche wissenschaftliche Vorbereitung nötig, und zwar in sehr speziellen Anstalten, ehe man sich ans Werk begibt. Die Untersuchung „unerklärter Naturgesetze" gehört zu den Aufgaben, denen sich unsere Physiker, Chemiker und Biologen schon seit langer Zeit widmen und zwar nicht ohne Erfolg. Die Physiologen und Psychologen unter uns beobachten und studieren die Kräfte im Menschen, sowohl die „schlummernden" als die wachenden. Wer Lust hat, sich an diesen Untersuchungen zu beteiligen, gehe bei ihnen in die Lehre. Es ist einigermaßen dunkel, was mit diesem dritten Punkte des Programms gemeint sein könnte.

In Wirklichkeit aber ist es mit diesem „vergleichenden Studium" leider anders beschaffen, als man nach dem Programm annehmen könnte. Die Wissenschaftlichkeit der Untersuchungen dieser „Theosophen" ist schwer zu finden. Die zweifellos hochbegabte Stifterin der theosophischen Gesellschaft, Frau Blavatsky, deren Todestag die „Theosophen", wenigstens die holländischen, unter dem Namen „Weißer Lotostag" feierlich begehen, gilt ihnen als ein höheres, heiliges Wesen; ihren Schriften und Aussprüchen haftet eine mystische Heiligkeit an. Unter dem Scheine, eine freie an keine Dogmen gebundene Gesellschaft zu sein, ist die aus Amerika und England auf den Kontinent herübergepflanzte „Theosophical Society" im Grunde genommen eine Art neuer *Religi-*

on, jedenfalls eine religiöse Sekte, die zwar allen Menschen ohne Unterschied der Rasse oder der Hautfarbe offensteht, aber doch den Glauben an die Heilbringerin, Frau Blavatsky, als Prophetin und als Besitzerin übermenschlicher Kräfte als grundlegendes Dogma in sich schließt. Und wie es in solchen religiösen Gemeinden, man möchte fast sagen, nach einem Naturgesetz, immer zu gehen pflegt, so hat sich auch diese neue Religion schon in zwei entgegengesetzte, einander natürlich sehr feindlich gegenüberstehende Sekten gespalten, deren eine sich an Annie Besant, die andere an Catharine Tingley als die richtige Auslegerin und Förderin der Blavatskyschen Theosophie hält.

Wer ist nun diese Frau Blavatsky, und was ist ihre Theosophie? Diese Theosophie ist ein sonderbarer Mischmasch von indischen, vorderasiatischen und mittelalterlich abendländischen Theorien, wozu noch allerlei aus dem Spiritismus kommt; ihre Bausteine hat sie überall her genommen, und daraus ein System errichtet, das sie in sehr dicken Büchern, voller Mystik und Orakelsprüche, mit außerordentlichem Talent niedergelegt hat. Sie hat den Indern manches entlehnt und hat die 1875 von ihr zusammen mit Colonel Olcott in New York gegründete Gesellschaft einige Jahre nachher nach Indien hinüber gebracht. Seit 1879 ist das Hauptquartier (Terminologie à la Booth von der Heilsarmee) zu Adyar, einer Vorstadt von Madras. Sie predigt auf ihre Weise die Lehre von dem Karma und von den Avatâras; sie benutzt, auch auf ihre Weise, allerlei Termini, die zu den indischen Theosophien gehören; ihre Lehrer — denn sie sagt, sie habe ihr System nicht selbst erdacht — nennt sie mit dem indischen Namen: Mahatma. Dies ist der Grund, weshalb ich in diesem Buch von ihr und von ihrer Lehre reden muss.

Frau Blavatsky (geb. 1831, gest. 8. Mai 1891) war bekanntlich eine hochgeborene Russin, Helena Petrowna Hahn, welche als siebzehnjähriges Mädchen einen alten Mann, der näher den siebzig als den sechzig war, einen gewissen General Blavatsky heiraten musste, den sie, wie es heißt, schon nach drei Monaten verließ. Darauf reiste und zog sie durch die ganze Welt. Wie sie behauptet, hätte sie sich sieben Jahre lang, das müsste zwischen Oktober 1848 und Mai 1857 gewesen sein, in Tibet aufgehalten, wo sie in einer Einsiedelei an dem Himâlaya die Geheime Lehre gelernt habe. Dies stimmt nicht gut mit allerlei anderem, was sie von jenen Jahren behauptet. 1871 und 1872 war sie als Spiritistin in Kairo, wo sie Fiasko machte; man sagte von ihr, sie betrüge die Leute in ihren spiritistischen Seancen. 1874 erscheint sie in New York, wieder im Zusammenhang mit Spiritisten und Seancen, an denen sie teilnimmt und wo sie „Materialisationen" mitmacht und veranstaltet. Dort lernt sie einen amerikanischen „Colonel", einen Herrn Olcott kennen, dem die Redaktion einer New Yorker Zeitung den Auftrag gegeben hatte, über gewisse spiritistische Erscheinungen zu referieren. Diese Bekanntschaft führte zur Freundschaft und zur Gründung eines Vereins oder vielmehr zweier Vereine. Denn anfangs hatte diese Gesellschaft, die am 7. September 1875 gestiftet wurde, ihr Auge auf Ägypten gerichtet; die Lehrer jener Brüderschaft, welcher Frau Blavatsky ihre Weisheit verdankte, hießen damals Brüder von Luxor; hierzu stimmt auch, dass das Buch, in dem sie zum ersten Mal die „Wahrheit" offenbarte, den Titel führte: *Isis unveiled*. Erst später fasste sie Indien ins Auge als den geeignetsten Hintergrund für ihre Theosophie. Sie setzte sich mit dem Pandit Dayânanda Sarasvatî in Verbindung, dem Stifter des Ârya Samâj, einer jener reformierten Kirchen, von denen ich oben (S. 293) gesprochen habe. Bei näherer Bekanntschaft, als Frau Blavatsky sich mit Olcott schon einige Zeit in Indien aufgehalten hatte, zeigte es sich, dass sie und der Inder nicht zusammenpassten. Colonel Olcott nennt den ehrwürdigen indischen Vedakenner „humbug"; und dieser seinerseits schilt die Stifter der Theosophical Society Betrüger und Scharlatane; was sie in Indien als Erscheinungen vorgeführt hatten, nennt er Produkte des Mesmerismus, geschickte Zauberkunststücke, und teilweise vorher verabredete Sachen.

Anfangs glückte es auch nicht in Indien. Später ging es besser, als es ihr durch allerlei geschickt ausgeführte Zauberkunststücke gelungen war, bei geeigneten Leuten den Glauben an ihre Wunderkraft zu befestigen und durch sie das nötige Kapital zu bekommen, um das Geschäft beginnen zu können. Sie gab sich für eine Schülerin der Mahatmas von Tibet aus, den Mitgliedern einer Brüderschaft, welche so alt sei wie die Welt, und *die Geheiml*ehre besitze, und behauptete, sie habe den Auftrag erhalten, diese Geheimlehre, welche alle Welträtsel erschließe, soweit es tunlich und gut sei, mitzuteilen. Mit diesen in Tibet wohnenden Mahatmas gab sie vor, in entfernter Beziehung zu stehen; öfters besuchte sie ein solcher Lehrer, das heißt in seinem unsichtbaren „astralen" Körper, wie sie es nannte; denn diese Meister können selbst in Tibet bleiben und dennoch ihren Astralkörper mit der Schnelligkeit des Gedankens hinsenden, wohin sie wollen. Als Beweis ließ sie allerlei Wunder geschehen: an Stelle einer zerbrochenen Untertasse ließ sie den astralen Mahatma eine neue in den verschlossenen Schrank bringen, Mahâtmabriefe ließ sie von selbst herunterfallen, Mahâtmaantworten erschienen unmittelbar nachdem man ihnen geschrieben hatte. Das ging so lange, bis im Jahre 1884, infolge einer Entzweiung zwischen ihr und zweien ihrer Assistenten, einer gewissen Madame Coulomb und deren Mann, diese ihr die Maske abrissen. Natürlich behauptete sie, die Enthüllungen der Coulombs seien Verleumdung. Darauf schrieb die englische *Society for Psychical Research*, mit Blavatskys und Olcotts Zustimmung, eine strenge und sehr genaue Enquete aus; eines der Mitglieder dieser Enquetekommission, ein gewisser Mr. Hodgson, reiste sogar nach Adyar und untersuchte dort und sonst in Indien alles an Ort und Stelle mit der Sorgfalt eines Untersuchungsrichters. Auf Grund ihres Befundes und der Berichterstattung Hodgsons sprach die Enquetekommission einstimmig das Urteil, Frau Blavatsky sei eine Betrügerin. Auch ohne das Urteil der Kommission zu kennen, wird jeder unbefangene Leser, der sich nur die Mühe nimmt, diesen Rapport (*Procee-*

dings of the Society for Psychical Research, III, 201—400)
durchzublättern, zu dem gleichen Ergebnis kommen.

Im Jahre 1904 kam bekanntlich eine englische Expedition
nach Lhassa, der heiligen Hauptstadt Tibets, welche den
Europäern solange eine verbotene Stadt gewesen war. Bei
dieser Gelegenheit führte Major Waddell, ein Kenner der
Sprache, des Landes und Volkes von Tibet, ein langes Gespräch mit dem Reichsverwalter, einem der gelehrtesten und
gebildetsten Lamas. Er fragte ihn auch nach den Mahatmas in
Tibet. Der antwortete, solche Wesen gebe es nicht. Andere
gelehrte Tibetaner hatten bei früheren Gelegenheiten schon
das nämliche gesagt. Ebenso wenig wusste man zu Lhassa
etwas von einer *Geheimlehre*, die irgendwo in Tibet bewahrt
wäre; „die Lamas", sagte der hohe Geistliche, der damals die
höchste Macht in Händen hatte, „kümmern sich nur um Buddhas Wort und legen keinen Wert auf andere Dinge". Ich teile
dies mit, weil die Bekanntschaft des großen Publikums mit
tibetanischen Zuständen nicht so groß sein dürfte, dass jeder
auch ohne die ausdrückliche Erklärung der tibetanischen
Geistlichen wüsste, welche sichtbare Absurditäten und Un-
möglichkeiten über diese tibetanischen Mahatmas mit ihren
nach Willkür über die Welt versendbaren astralen Körpern
Frau Blavatsky ihren Anhängern vorgeschwindelt hat. Gerade deshalb verlegte sie ihre Besitzer der ältesten Weisheit
nach Tibet. Ein weniger unbekanntes Land hätte ihr dazu
nicht gepasst!

Das Wort *mahâtma* selbst ist ein Sanskritwort, ein Ad-
jektivum, das sich am besten mit „edel" oder „edelmütig"
übersetzen lässt. Als Titel kommt es nicht vor. Außerdem will
ich hier noch nebenbei bemerken, dass in Tibet kein Mensch
Sanskrit spricht, und dass die heiligen Schriften des Buddhismus dort ausschließlich in tibetanischen Übersetzungen
bekannt sind.

Merkwürdig ist auch der europäische, ja kosmopolitische
Charakter jener „tibetanischen Brüder". Die Briefe, die auf
geheimnisvolle Weise Herrn Sinnett und andere erreichten,

sind in englischer Sprache und in Frau Blavatskys Orthographie geschrieben. Sie polemisieren häufig in ihrer Orakelsprache gegen die Männer der Wissenschaft; Bacon kommt darin vor und auch — Leser, lache nicht — Shylock; der neueste Modeausdruck" Schleier der Mâyâ" ist bei einem solchen Millionen von Jahrhunderten überschauenden Mahâtma im Gebrauch. Stil und Gedankengang sind weder tibetanisch noch indisch. Briefe, die der Mahâtma „Koot Hoomi" Herrn Sinnett schrieb, wurden von diesem in sein Werk The *occult world* aufgenommen. In diesem und in einem anderen Buch, *Esoteric Buddhism*, teilt er allerlei Weisheit mit, die er seiner astralen Quelle entnommen hatte. Der leichtgläubige Sinnett ließ sich weismachen, was seine Lehrerin ihm nur aufbinden wollte. Es wäre unnütz, den Unsinn, das oberflächliche Wissen und die Verwirrung der Ideen, durch die sich das hier vorgeführte System auszeichnet, im Einzelnen anzugeben. Man sieht es mit einem halben Blick. Ich will mich auf die indischen Elemente dieser spiritistisch-kabbalistisch-indischen Mischung beschränken.

Die Lehre von dem Karma und von der Reinkarnation ist ein Hauptmoment des Systems geworden, seitdem nicht mehr Ägypten, sondern Indien die Basis des Gebäudes war; in der *Isis unveiled* findet man noch nichts von Reinkarnation. Wie aber schaltet nun Frau Blavatsky mit dieser echt indischen Lehre? Kein Inder wird sagen können, wievielmal er in dieser oder jener Existenzform gelebt hat oder leben wird. Herr Sinnett weiß dies genau. Ein Mensch wird wiedergeboren mindestens 343 x 2 = 686-mal, aber wird wahrscheinlich die Zahl 800 nicht überschreiten. Wie kommt er zu dieser Grundzahl 343? Weil sie = 7^3 ist. *Sieben* ist die heilige Zahl, sagt er; es gibt sieben Naturreiche, nicht drei, nämlich das Tier-, Pflanzen- und Mineralreich, „wie die Wissenschaft fälschlich annimmt"; sieben Menschenrassen; durch sieben Runden in der Weltreihe muss der Kreislauf des Lebens gehen. Diese Wundermacht der Zahl sieben ist nicht eigentlich indisch. Sie geht auf andere Quellen zurück und ist mit der indischen Lehre der

Seelenwanderung durcheinander gewürfelt.
Wer Näheres über diese Betrügerin wissen möchte, lese
A. *Lillie, Madame Blavatsky* and her „*Theosophy*", London
1896. Diesem Buch entlehne ich nachstehendes Beispiel, das
sie aus einem Leben des Paracelsus geschöpft zu haben
scheint. Lillie gibt folgendes Schema:

Die „sieben Prinzipien des Menschen" (Paracelsus):	Die „sieben Prinzipien des Menschen" (Blavatsky):
1. Der tierische Körper (animal body)	1. Rûpa [1]) = der tierische Körper
2. Der Archaeus (Lebenskraft)	2. Jîva = Lebenskraft
3. Der siderische Körper	3. Linga śarîra = der astrale Körper
4. Die tierische Seele	4. Kâma rûpa = die tierische Seele
5. Die vernünftige Seele	5. Manas = Intellekt
6. Die geistige Seele	6. Buddhi = geistige Seele
7. Der Mensch des neuen Olymps.	7. Âtman = Geist

Diese Zusammenstellung der sieben Prinzipien hat mit
indischer Theosophie überhaupt nichts zu tun. Sie hat die Sache nur etwas indisch gefärbt, um sie mystischer zu machen
und um indischer Eitelkeit zu schmeicheln, in einer Zeit, da
ihr dies nützlich erschien. Und wie geht sie mit dem indischen Terminis um! *Jîva* heißt der individuelle Âtman bei den
ndern, insofern es der Weltâtman ist, der sich in jedes Individuum sondert, wir sahen dies schon oben. , Sie macht daraus zwei Prinzipien, eines das niedrig, eines das hoch auf ihrer Preisliste angeschrieben steht: das 2. *jîva*, das 7. *âtman*.
Linga śarîra oder *śûkshma śarîra* ist bei den Indern das, was
von einem Körper in den anderen zieht, das ist *jîva*, bekleidet
mit *manas, ahankâra, buddhi,* den Keimen der Organe der
Sinne und des Handelns, nebst den Keimen der fünf Elemente; unsere Zauberin macht daraus ein besonderes Prinzip neben *manas, buddhi* und *jîva*! Und was soll man von dem Prinzip sagen, das sie mit dem Sanskritwort *kâma rûpa* benennt?

---

1) Die Orthographie der von ihr gebrauchten Sanskritwörter habe ich, wo nötig, verbessert.

Wenn es ein Wort ist, muss es entweder ein Adjektiv sein mit der Bedeutung „je nach Wahl seine Gestalt verwandelnd", oder ein Substantiv, und zwar Eigenname, im letzteren Falle ist Kâmarûpa im Sanskrit der Name für das Land Annam. Es ist kein technischer Ausdruck in der Theosophie. Nirgends besser als in den Willkürlichkeiten im Umgehen mit diesen Namen, zeigt sich, wie oberflächlich ihre Kenntnis von indischen Dingen ist, und wie willkürlich sie damit umgeht.

Die Art und Weise, wie indische Namen in ihren oder in von ihr inspirierten Büchern misshandelt werden, zeigt übrigens schon zur Genüge, woran man ist. Auch mit Buddha und dem Buddhismus wird umgegangen, dass es eine Art hat. Eine der tollsten Sachen, die man in Sinnetts *Esoteric Buddhism* findet, ist die Mitteilung, dass Śankara derselbe sei wie Buddha, und 60 Jahre nach Buddhas Nirvâna geboren sei. Und das Buch, in dem solcher und anderer greifbarer Unsinn steht, soll den Mitgliedern der theosophischen Gesellschaft als eine Art heiliger Schrift gelten.

Ich habe die letzten Seiten nicht ohne Selbstverleugnung niedergeschrieben. Und doch will ich dies unerquickliche Thema nicht verlassen, ohne etwas über ein anderes erstaunliches Märchen unserer genialen Russin gesagt zu haben; sie wusste nicht nur, dass die Welt betrogen sein will, sondern verstand es auch wunderbar, ihr darin zu Diensten zu sein. In der Einleitung zu ihrer *Secret Doctrine* sagt sie, in den Pässen des Gebirges Kvenlun in Tibet, hinter dem westlichen Tsaidam, seien unterirdische Höhlen voll von Büchern, welche die Schätze der Weisheit der „Geheimlehre" enthalten. In einem Flecken jener unwirtlichen Gegend, wo noch kein Europäer jemals gewesen, seien ähnliche unterirdische Gänge, in denen nach Aussage von „Wallfahrern" eine so große Menge Bücher verborgen sein soll, dass das British Museum, und das will etwas heißen, sie nicht fassen könnte. In einem dieser geheimen Depots — genau in welchem darf sie nicht sagen (!) — befindet sich das berühmte Buch Dzyan oder Dzan, das älter ist als die Vedas und dem sie ihre Geheimlehre, ihre *secret doctrine* entlehnt hat. Es ist geschrieben in einer Sprache, „die auf der Liste der Sprachen und Dialekte, von denen die Sprachwissenschaft etwas weiß, nicht vorkommt". Wie sie diese unbekannte Sprache verstehen konnte, teilt sie uns nicht mit. Auch nicht, wie es kommt, dass sie so viele Jahre gewartet hat, bevor sie diese Weisheit, die sie vor 1858 erfahren haben muss (später war sie ja nicht mehr in Tibet) offenbarte. Noch weniger erklärt sie uns, weshalb sie in ihrer, zu New York geschriebenen, *Isis unveiled* ganz andere und auch entgegengesetzte Dinge lehrte.

Sowohl wenn sie selbst redet als auch wenn sie im Namen ihrer „Lehrer, die sie nicht nennen darf" spricht, zeigt Frau Blavatsky sich ziemlich feindlich den Männern der reinen Wissenschaft gegenüber. Physiker, Chemiker usw. können nicht in der Weise in die Geheimnisse der Natur eindringen wie sie; die Orientalisten können den wahren Sinn der heiligen Schrift nicht verstehen, nur ihre Geheimlehre erfasst sie so, wie es sich gehört. In dieser Beziehung hat sie gewiss recht: die Wissenschaft und ihre Männer werden immer auf die Grenzen der menschlichen Denkfähigkeit beschränkt bleiben, an die Erscheinungswelt gebunden, die wir uns nicht anders als in den Formen des Raumes, der Zeit und der Kausalität vorstellen können, ein Gebiet übrigens, das, sollte ich meinen, groß genug ist, um auch weiterhin der menschlichen Vernunft zum Arbeitsfeld zu dienen. Wer sich, wie sie, aus diesen Grenzen begeben will, um das eigentliche Wesen der Dinge, die wahre Wahrheit, das Ding an sich, zu erforschen, muss sich dazu auch außerhalb der Wissenschaft stellen. Dadurch dass sie ihre Theorien, die auf Offenbarung beruhen, als Wissenschaft ausgibt, verdunkelt sie die wahre Natur ihres Strebens.

Jede Theosophie behauptet, eine sichere, unzweifelhafte Kenntnis zu sein von dem, was, ehrlich gesagt, außerhalb des Bereiches des menschlichen Erkenntnisvermögens liegt. Die Griechen, die diesen Ausdruck in den ersten Jahrhunderten unserer Zeitrechnung zuerst gebrauchten, brachten damit unbeabsichtigt der wissenschaftlichen Untersuchung eine Huldigung dar. Indem sie ihren Betrachtungen den Charakter einer *Wissenschaft* von Gott gaben, erkannten sie an, dass die einzige Weise, menschliches Wissen zu vermehren, in der Untersuchung nach wissenschaftlichen Methoden besteht. Auch die indischen Theosophen betrachten ihre Dogmen über übersinnliche Dinge, über Gott und die Seele als *Wissenschaft*. Sie erkennen alle neben der Wahrnehmung und der Induktion auch die Offenbarung als eine Quelle sicheren Wissens an.

Dass jene Griechen und Inder so taten, kann niemand, der kein Fremdling in der Geschichte des menschlichen Denkens ist, verwundern. Dass man aber jetzt, mehr als ein Jahrhundert nachdem die *Kritik der reinen Vernunft* erschienen ist, wo die Grenzen der Wissensmöglichkeit menschlicher Wissenschaft sich deutlicher als je vor uns zeigen, im Ernst glaubt, auf den Wegen, welche die Blavatsky gegangen ist, zu einem reinen, sicheren, zuverlässigen Wissen kommen zu können, das lässt tief blicken. Spiritistische Seancen waren ihre erste Lehrschule, und vieles von jenen Vorstellungen, namentlich der Glaube an uns erreichbare Geister Verstorbener, an unsichtbare Wesen, die um uns schweben und mit uns in Beziehung stehen können, ist in ihr haften geblieben. Darauf studierte sie ohne Methode und kritiklos allerlei mittelalterlichen und orientalischen Okkultismus. Der Schlusseffekt dieses Studiums war, dass sie die Karmalehre annahm und indische Ausdrücke verkehrt gebrauchte. Wo ist hier die „Wissenschaft", welche die modernen Theosophen, wie sie behaupten, nicht nur verfechten, sondern auch besitzen?

Ob sie es erkennen wollen oder nicht, die Überzeugung dieser modernen Theosophen ist keine Wissenschaft, sie ist eine Religion, eine Glaubensüberzeugung. Sie brauchen sich dessen nicht zu schämen. Die Wissenschaft allein ist dem Menschen nicht genug. Neben seiner Wissenschaft kann er den Glauben nicht entbehren. Er hat ihn nötig als Richtschnur seiner Handlungen, als Kompass auf dem Lebensmeere, als

Maßstab seines Urteils in Fragen, die die Wissenschaft ihm nie wird lösen können und über die er eine Überzeugung besitzen muss, um als sittliches Individuum leben zu können. Seine Lebensführung, seine Taten in Bezug auf seine Mitmenschen und die Gesellschaft, in der er lebt, werden davon beherrscht. Diese Glaubensüberzeugung steht in einem engen Zusammenhang mit der Wissenschaft, die er besitzt, jedoch sie ist nicht die Wissenschaft. Man ehre Glauben und Wissenschaft, aber mische diese zwei nicht durcheinander. Der Glaube darf die Wissenschaft nicht in Bande legen, aber dem gegenüber darf sich die Wissenschaft nicht einbilden, dass sie dem menschlichen Bedürfnis in Bezug auf einen festen Glauben, der das Gleichgewicht seiner Persönlichkeit erhält, entgegenkommen könnte.

Es ist eine kindische Illusion, zu meinen, man könne den Streitigkeiten zwischen seinem Glauben und seiner Wissenschaft dadurch ein Ende machen, dass man in die Geheimnisse einer Wissenschaft „höherer Ordnung" eindringe, die über alles, was außer dem Bereich der gewöhnlichen Wissenschaft liegt, Aufschluss verschafft. Ob man sich einbildet, auf dem Boden der christlichen Weltanschauung zu stehen, wie die vielgenannte „Christian Science" der Mrs. Eddy, oder auf dem Boden altindischer Weisheit wie Frau Blavatsky, die unter den Beifallsrufen vieler chauvinistischer Hindus ihre Anhänger glauben machen will, die Untersuchungsmethoden und die Weise, in der man zum Wissen kommt, seien in ihrer Pseudowissenschaft von ganz anderer Art, als das, was man im Allgemeinen unter Wissenschaft verstehe. Es gibt keine Wissenschaft höherer Ordnung. Christian Science und Blavatskysche Theosophie sind Glaubensformen, Religionen. Neben der Vernunft gelten ihnen Offenbarungen höherer Wesen, die man nicht sehen kann und an deren Existenz und Macht man vor allem glauben muss. Ob diese höheren Wesen Geister, himmlische Stimmen, tibetanische Brüder oder Mahatmas heißen, macht wenig aus.

Ich kann nicht sagen, dass die Zunahme eines solchen

Glaubens an allerlei Offenbarungen gerade ein Fortschritt zu nennen wäre. Man sollte meinen, dass im zwanzigsten Jahrhundert kein verständiger Mensch aus den gebildeten Kreisen unserer Gesellschaft an Gespenster und Geistererscheinungen glauben könnte, wie halbwilde Völkerschaften auf Borneo und Celebes. Doch ist die Gesamtzahl der Menschen, die sich in irgendeiner Form, sei es als Spiritisten, Christian Scientists oder Blavatskysche Theosophen, einbilden, mit einer unsichtbaren Geisterwelt in Verkehr zu stehen, nicht so klein. Die Praxis dieser Religionen führt den Geist in eine Richtung, die sowohl der körperlichen als der geistigen Gesundheit des Menschen schädlich ist. Es ist die Aufgabe des Psychologen und des Mediziners, die Gefahr anzuzeigen, die in der künstlichen Hervorrufung hypnotischer und ekstatischer Zustände liegt; denn darin besteht doch schließlich diese sogenannte Untersuchung der im Menschen „schlummernden Kräfte" und das Arbeiten mit denselben. Man warnt die Menschen vor den Leidenschaften des Spiels, des Alkohols, der Unzucht; die Leidenschaft der Hypnose ist nicht weniger gefährlich. Denn ob man es auch zu bemänteln sucht oder nicht, die von mir gebrandmarkte Geistesrichtung kann gar leicht ein Mittelpunkt der Geistesbetäubung werden und dadurch verhängnisvolle Folgen haben für den, der sich ihr ergibt.

Aber, so wird behauptet, es sind in dem Menschen okkulte Geisteskräfte verborgen, durch die er viel mehr erreichen kann, als die gewöhnliche und alltägliche Erfahrung lehrt. Das ist möglich. Aber solange sie okkult — das ist ein lateinisches Wort für „geheim" — und also unbekannt sind, können wir sie nicht anwenden. Die Methode, durch die Magnetiseure, unsichtbare Mahatmas sie in spiritistischen Seancen erscheinen lassen, sind im besten Fall Anwendung von Hypnose. Bestehen sie wirklich, so werden wir abwarten müssen, bis die Wissenschaft ohne weiteres ihr Licht über sie wird scheinen lassen, und dann werden sie aufhören „okkult" zu sein. Es ist merkwürdig, dass, wo man doch in allen Teilen unserer so komplizierten Gesellschaft dem Prinzip der Arbeitsteilung huldigt, dennoch so viele Leute sich einbilden, die wissenschaftliche Untersuchung der „geheimen Kräfte" unserer Seele — das schwierigste Problem, das man sich stellen kann — könne von einem jeden angestellt werden, auch von solchen, die kaum ahnen, was wissenschaftliche Untersuchung *heißt* und *enthält*. Wann wird man doch aufhören, mit dem Worte „Wissenschaft" zu spielen?

*   *

*

Ich habe mich bemüht unparteiisch, aber nicht ohne Kritik, die wichtigsten Strömungen aufzuzeigen, durch welche die indischen Formeln zur Lösung des Welträtsels und die indischen Erlösungstheorien ihren Weg zu empfänglichen Seelen in Europa und Amerika finden. Diese Empfänglichkeit ist bei vielen vorhanden und ich halte sie für natürlich und gerechtfertigt. Sie ist ebenso natürlich und gerechtfertigt wie eine ähnliche Geistesbewegung in den Tagen des Hellenismus, als die Griechen sich in so hohem Maße für die Religions- und Glaubensideen Westasiens und Ägyptens zu interessieren anfingen. Jetzt, so gut wie damals, hat sich der geistige Horizont des gebildeten Abendlands in verhältnismäßig kurzer Zeit gewaltig erweitert, und hat es die Schätze der Wissenschaft und der Denkarbeit orientalischer Kulturen, mit denen es früher nur sehr oberflächlich und entfernt bekannt war, in sich aufgenommen. In der zweiten Hälfte des neunzehnten Jahrhunderts sind infolge der gewaltigen Erleichterung und der hierdurch verursachten Ausdehnung des Völkerverkehrs, Indien und der ferne Orient uns in ganz anderer Weise erschlossen worden, als es durch die kühnen portugiesischen Abenteurer des sechzehnten Jahrhunderts geschehen war.

Was aber auch für die Zukunft aus der Einwirkung der indischen Ideen und Ideale auf unsere eigene philosophische und religiöse Weiterbildung entstehen möge, es sei viel oder wenig, das alleinige Faktum, dass diese Ideen und Ideale einer banalen Lebensanschauung und einer Vergötterung der Materie diametral entgegengesetzt sind, muss uns wohltun. Gegenüber der ruhelosen Tätigkeit unserer modernen abendländischen Welt, die fast einer riesigen Fabrik mit unendlich vielen Abteilungen und Verzweigungen zu gleichen beginnt, wo man alle Kräfte der Natur den vielen Bedürfnissen und Launen des immer mehr fordernden und nimmer zufriedenen nervösen modernen Menschen Untertan macht — hebt sich die ruhige Selbstbetrachtung jener weltverachtenden indischen Weisen, die sich mit so wenig wie nur möglich zufrieden geben wollen, in starkem Kontrast ab. Gegen die Gefahren, mit denen diese Beschaulichkeit verbunden ist, sind wir besser gewaffnet als die Inder selbst; wir stehen ihr überdies frei und nicht befangen durch alte Tradition und Gewohnheit gegenüber. Und wenn die nähere Bekanntschaft mit der indischen Theosophie nur den einen Erfolg hat, dass man sich ernstlicher als je die Frage vorlegt, auf welche Weise man — jeder auf seine Art — das höchste Lebensglück, dessen Grundlage denn doch Selbsterkenntnis und Gleichgewicht der Seele sein muss, am besten erreichen kann, so liegt schon darin ein bedeutender suggestiver Wert, der vielen von Nutzen sein kann.

Spiritistische Bibliothek
für Anfänger und Eingeweihte!

Zu beziehen über den Verlag dieser Schrift.

Dr. Fritz Quade: *Die Befragung der Jenseitigen.* Wie man sich praktische Beweise für die Tatsächlichkeit des Fortlebens der Seele nach dem Tode schaffen kann.
— *Die Jenseitigen.*
— *Odlehre* (Odik).

Hans Arnold: *Der Adept.* Eine vollständige Anleitung zur Erlangung der höchsten Glückseligkeit und Weisheit, sowie übersinnlicher magischer Kräfte, welche befähigen zur selbsteigenen Ausführung phänomenalster Wunder.
— *Magische Kräfte in uns.*
— *Vollständiges, kurzgefasstes Illustriertes Lehrbuch des praktischen Spiritismus.*
— *Das Jenseits.* Leben und Weben, Zustände und Verhältnisse im Jenseits
— *Die Heilkräfte des Hypnotismus, der Statuvolence und des Magnetismus.*

Adelma von Vay: *„Reformierende Blätter" zur Bildung reiner Ethik. HERAUSGEGEBEN DURCH DIE MEDIEN DES VEREINES „GEISTIGER FORSCHER"* Budapest. (7 Bände).
— *Reflexionen aus der Geisterwelt.* (3 Bände).
— *Studien über die Geisterwelt.*
— *Geist, Kraft, Stoff.* Mit 25 Tafeln zum Zahlengesetz.
— *Visionen im Wasserglas.*
— *Vergleiche zwischen den geistigen Offenbarungen des Alten Testamentes und jenen des heutigen Tages.*
— *Tagebuch eines kleinen Mädchens.*
— *Klingelbeutel. Gesammelte Erzählungen.*

— *Hephata. Gebete.*
— *Geisterkundgebungen aus den Jahren 1865—1910.*
— *Erzählungen des ewigen Mütterleins.*
— *Erzählungen der Sonnenstrahlen.*
— *Die Sphären zwischen der Erde und Sonne.*
— *Bilder aus dem Jenseits.*
— *Aeonen.*
— *Aus meinem Leben.* (2 Bände).
— *Dem Zephir* abgelauscht.

E. B. Duffey:
— *Himmel und Hölle.* Erlebnisse im Jenseits.

Dr. Erich Bischoff:
— *Das Jenseits der Seele.* Zur Mystik des Lebens nach dem Tode (Unsterblichkeit - Ewige Wiederkunft - Auferstehung - Seelenwanderung). Reihe: Geheime Wissenschaften. Band XVIII

Carl du Prel:
— *Entdeckung der Seele durch die Geheimwissenschaften.* 2 Bde.
— *Der Tod - Das Jenseits - Das Leben im Jenseits.*
— *Die Mystik der alten Griechen.*
— *Die Planetenbewohner* und die Nebularhypothese. Studien zur Entwicklung des Weltalls
— *Das Rätsel des Menschen*

Zahlreiche weitere Schriften namhafter Autoren sind im Verlag erhältlich.